U0907436

“安徽红色历史记忆丛书”编委会

主　编

陆发春

编　委

（按姓氏笔画排序）

朱贵平　张启兵　郝欣富　徐　京

唐国富　唐　莉　黄文治

★安徽红色历史记忆丛书

红色六安

苏明波 编著

时代出版传媒股份有限公司
安徽教育出版社

丛书主编 陆发春

图书在版编目（CIP）数据

红色六安 / 苏明波编著. —合肥:安徽教育出版社,2021.4(2024.1 重印)
（安徽红色历史记忆丛书 / 陆发春主编）
ISBN 978-7-5336-9014-4

Ⅰ.①红… Ⅱ.①苏… Ⅲ.①革命史—六安 Ⅳ.①K295.43

中国版本图书馆 CIP 数据核字（2019）第 208090 号

红色六安
HONGSE LU'AN

出 版 人:费世平
总 策 划:郑　可　费世平
项目统筹:姚　莉　王宗琦
策划编辑:王宗琦
责任编辑:郚　旻　葛明月
装帧设计:吴亢宗
责任印制:李松伦

出版发行:安徽教育出版社
地　　址:合肥市经开区繁华大道西路 398 号　邮编:230601
网　　址:http://www.ahep.com.cn
营销电话:(0551)63683012,63683013
排　　版:安徽时代华印出版服务有限责任公司
印　　刷:三河市同力彩印有限公司

开　　本:710 毫米×1010 毫米　1/16
印　　张:20.75
字　　数:210 千字
版　　次:2021 年 4 月第 1 版　2024 年 1 月第 3 次印刷
定　　价:75.00 元

（如发现印装质量问题,影响阅读,请与本社营销部联系调换）

总 序

2016年7月1日，习近平总书记在庆祝中国共产党成立95周年大会上的讲话中指出："我们党已经走过了95年的历程，但我们要永远保持建党时中国共产党人的奋斗精神，永远保持对人民的赤子之心。一切向前走，都不能忘记走过的路；走得再远、走到再光辉的未来，也不能忘记走过的过去，不能忘记为什么出发。面向未来，面对挑战，全党同志一定要不忘初心、继续前进。"中国共产党一贯重视对党史国史的学习和研究，从这些历史中，可以看到中国共产党人的初心和使命，可以获得面对各种挑战所应具备的经验与勇气。

"安徽红色历史记忆丛书"在原有的安徽革命历史研究基础上，充分利用近现代历史文献、档案资料，真实全面地反映了安徽革命斗争历程。丛书试图构建一个红色文化研究平台，连点成线，系统地对安徽省内各地红色文化予以陈述。丛书选取安徽省最有红色革命历史传统的十个县市，即合肥、宿州、六安、黄山、寿县、定远、金寨、无为、泾县、岳西，对1912至1949年间这些地区

的红色革命历史予以梳理叙述。为避免与以往出版的同类型书籍同质化，本丛书在体例上采取专题叙事方式，即每本书均以专题方式，突出该地区重大主题的红色革命历史。各专题之间，有一定逻辑关系，按照事件的先后关系，分章叙事论述。丛书强调权威性、学术性和社会大众性有机结合，希望能够打造既有学术含量，又有文宣效果，能够深入人心的系列图书。

一、安徽红色文化的富矿，有待深入挖掘。

安徽是新民主主义革命时期的重大事件发生地、重要历史人物出生地和革命家活动地，是闻名国内外的红色文化资源大省，因此，研究和保护、开发和利用好红色文化资源，打造和传播好具有安徽特色的红色文化，既有重要的文旅经济价值，也有深远的社会意义和历史意义。

安徽红色历史文化除具备中国革命共通特征之外，另有几个主要特点：

首先，安徽是马克思主义思想传播较早，地方党组织组建较早的省域。有先进思想武装的革命组织是革命事业发展的发动机。1921年10月，当时的省城安庆即成立了安徽社会主义青年团组织，1923年安庆成立中共安庆基层支部，寿县乡村小甸集成立中共特别支部。这样一个特点与皖籍出身的中共早期创建者有着紧密关联。我们从《红色岳西》《红色合肥》等卷帙对王步文、蔡晓舟等早期接受新文化思潮的安徽人物的叙述中，可以了解马克思主义思想在安徽传播的概况。

其次，安徽是贯彻八七会议精神，较早进行土地革命，用武装暴动方式发动农民群众，建立独立乡村红色政权的革命先进地区。大革命失败之后，安徽地区的革命者没有被白色恐怖所吓倒，发动了皖西大别山商南立夏节暴动、六霍暴动和请水寨暴动三大农民暴动，成立了红色苏维埃政权和建制的军事武装，如红三十二师、红三十三师。1928 年 4 月 9 日，皖北阜阳爆发著名的“四九”武装起义，成立了皖北苏维埃政府，建立了皖北工农红军。

第三，在 1930 年代初期，依托大别山区建设的鄂豫皖红色革命根据地，是仅次于中央苏区的红色苏维埃革命政权，覆盖了湖北、河南、安徽的广大地域，是土地革命战争时期中国共产党探索由农村包围城市革命新路径的另一个重要实验区；以红二十五军、红二十八军为主干建立的红四方面军，是发挥了红色种子作用的军队，是中国革命军队的一支源泉队伍。

第四，全国抗日战争爆发后，皖南泾县新四军军部成为大江南北新四军抗战的指挥中心，解放战争时期皖西、淮南、蚌埠、合肥瑶岗相继成为革命武装千里跃进大别山、挺进豫皖苏、淮海战役、渡江战役的指挥枢纽之地。横跨江淮的皖北、皖南是中国革命战争年代革命志士抛头颅洒热血，为建立新中国英勇奋战的热土，是追随中国共产党的革命群众贡献聪明才智的沃壤。

二、要认识到安徽红色文化的时代价值。

安徽是红色文化的富矿，值得研究者条分缕析，阐发隐微。红色文化作为一种独特文化标识，得到党中央的高度重视，其时代价值应该被清晰认知：

第一，安徽红色文化展示了20世纪革命年代以陈延年、陈乔年、王步文、曹渊、许继慎、胡底、陈原道、刘淠西、周维炯、漆德玮、舒传贤、王效亭等为代表的安徽革命志士，为了民族独立和人民解放，前赴后继、无畏牺牲的革命英雄主义气概和血战到底的对敌战斗意志；为了追寻国家光明前景和革命真理，宁肯舍弃一切献身革命事业的崇高革命信仰和历史情怀。这是新时期安徽人民仰之弥高的精神财富。

第二，安徽红色文化展示了革命年代安徽进步人士，始终以爱国主义为精神内涵，为了追求社会进步、国家富强，勇于走在反帝反封建斗争的时代前列，极大地丰富了20世纪安徽思想文化历史，为新时期安徽人民树立了力学笃行的精神丰碑。

第三，安徽红色文化展示了革命年代形成、新中国成立之后不断被阐释宣扬、历经百年风云已经内化为安徽历史传统的精神财富，是新时期安徽人民建功立业、创新进取、奋斗于民族复兴大业、建设美好家园的重要传家之宝。

重视红色文化，学习红色文化，实践红色文化，不仅是安徽文化强省的重大举措，更是中国人民增加文化自信的重要精神源泉。我们不能让富有特色的安徽红色文化，躺在历史的尘埃中。

陆发春

于安徽大学问津楼

目录

★★★★★

导 语

六安地处大别山东北部，北傍淮河衔中原，南通长江连吴楚，是中原腹地向东南沿海过渡的咽喉，是进出大别山的门户，自古战略地位重要，为兵家必争之地。

十月革命一声炮响，给中国带来了光明与希望。在中国共产党的领导下，皖西人民前仆后继，创造了无数可歌可泣的英雄事迹。五四运动曙光初照，朱蕴山、沈子修、刘希平、蒋光慈、舒传贤、许继慎等一大批进步知识分子为寻求革命真理，或东渡日本，或远赴欧洲，或到上海大学、黄埔军校、中央农民运动讲习所学习，或创办书店、学校，组织读书会、研究会，积极学习和宣传马克思主义，并与反贿选、维护土地永佃权等实际斗争结合起来，为皖西党组织的建立奠定了思想和组织基础。从 1925 年到 1926 年，中共六安特别支部、中共土门店小组和中共乌龙庙特别支部等党的组织纷纷建立。1927 年 8 月成立的中共六安特别区委员会领导六安、霍山、霍邱、合肥 4 县党的工作。正因为皖西党组织建立早，党的干部多，革命力量发展快，所以在新民主主义革命时期，皖西一直是中国共产党在安徽活动的中心区域之一。

大革命失败后，皖西革命群众没有被国民党反动派的屠刀吓倒，在各地党组织的领导下，高举土地革命和武装斗争的大旗，英勇战斗。1929年11月，中共六安中心县委领导的六安独山暴动和霍山西镇等地农民起义相继爆发，形成六霍起义的高潮，创建了红三十三师和皖西革命根据地。此后，皖西军民先后粉碎敌人的三次"围剿"，特别是1932年春取得苏家埠战役一举歼敌3万多人的空前大捷，使皖西北革命根据地扩大到东起淠河以东、舒城附近，西抵固始郭陆滩，南至太湖、宿松，北濒淮河的广大地区。皖西军民在苏区开展了轰轰烈烈的土地革命，建立了各级革命政权和党群组织，使得苏区各项建设事业蓬勃发展，呈现一派欣欣向荣的景象。

1932年夏，蒋介石亲自指挥30多万大军发动对鄂豫皖苏区的第四次"围剿"。由于张国焘等人的错误指挥，根据地军民血战4个月，未能打破敌人的"围剿"，红四方面军主力被迫西征川陕。中共皖西北道委先后组建红二十七军、红二十八军，发展地方武装，与红二十五军配合作战，坚持保卫革命根据地。1934年11月，红二十五军奉命长征后，重新组建的红二十八军在极端艰苦的环境下坚持了三年游击战争，使革命红旗始终飘扬在大别山上。

皖西是红军的故乡、将军的摇篮，是鄂豫皖革命根据地的重要组成部分。1930年3月，红一军成立，辖3个师，其中2个师是皖西部队。黄埔军校一期学员许继慎任红一军军长，从此统一了鄂豫皖边区的军事指挥。此后，在皖西地区或以皖西地方武装为主，先后组建了红一军新的第三师、中央独立第一师、中央教导第二师、红四军第十二师、红二十五军、红二十七军等主力部队，3 次组建红二十八军，并建立游击师、独立团、游击队、便衣队等大量地方武装，为人民军队的发展壮大做出了巨大贡献。

当全面抗战的烽火燃起之时，为拯救民族危亡，红二十八军的主要领导人于 1937 年 7 月率先发起与国民党代表谈判，实现了区域性的国共合作。红二十八军和鄂豫皖边区的游击队、便衣队改编为新四军第四支队，于 1938 年 3 月奉命东进皖中抗日，支队指挥机关进驻舒城东、西港冲。与此同时，国民党安徽省政府于 1937 年 12 月由安庆迁至六安，1938 年 6 月又从六安迁至立煌(今金寨县)金家寨。中共中央和长江局也从延安、南京、武汉等地选派大批干部到皖西开展工作，加强党的组织和抗日武装的建设，先后成立中共安徽工委、中共安徽省工委、中共鄂豫皖区委和中共皖西省委，推动成立并实际领导统一战线组织安徽省民众总动员委员会，实行全民总动员，形成了空前规模的全面抗战的大好局面。皖西因其优越的地理位置和政治基础，成为安徽省及大别山区抗日的指挥中心和活动中心。1938 年夏秋间，日军第二军 10 余万兵力取道六霍、进攻鄂豫、包围武汉，国民党军第五战区左翼兵团正面阻击，新四军第四支队深入敌后袭击，地方武装和人民群众积极参战、支援，使入侵日军陷入人民战争的汪洋大海之中。霍山鹿吐石铺之战毙日军1370余人，是安徽抗战歼敌最多的一次战斗。董必武、叶挺、张云逸等领导人曾到六安视察指导工作；日本友人石锦昭子、苏联援华飞行员落索夫斯基、美国记者史沫特莱等先后到达皖西，与皖西军民共同反抗日本侵略者。皖西军民为打败日本侵略者、争取中华民族的解放做出了不可磨灭的贡献。

抗战硝烟尚未散尽，国民党反动派在美帝国主义扶持下又发动反共反人民的内战。中共皖西工委在极其困难的条件下，恢复和发展党组织和革命武装，建立皖西游击根据地和基层政权，开展反"清剿"斗争。1947年3月，皖西支队与从鄂西北军区突围而来的部队合编为皖西人民自卫军，增强了皖西人民反"清剿"的力量。

1947年8月，遵照党中央和毛泽东主席实行战略反攻的战略决策，刘邓大军千里跃进大别山，其第三纵队迅速在皖西展开作战。10月上旬，刘邓大军在六安东南发起张家店战斗，在无后方依托条件下首次取得歼敌一个正规旅以上兵力的重大胜利。11月，中共皖西区委、皖西行政公署、皖西军区成立，领导机关活动于舒城、六安、霍山之间。皖西根据地在斗争中不断得到巩固，成为解放大军举行淮海决战、渡江作战的前进基地和渡江后的巩固后方。

1949年5月，以皖西三地委、三专署、三分区为基础，中共六安地委、六安专署、六安军分区正式成立，随后领导人民开展剿匪反霸、生产救灾、镇压反革命和土地改革运动，掀起社会主义革命和建设的高潮。

在漫长的革命岁月里，六安儿女不屈不挠，英勇奋斗，表现出坚贞不屈、无私无畏的崇高品质，用自己的一腔热血谱写了中国革命的胜利之歌。他们中有安徽早期共产党组织创建者，北伐铁军叶挺独立团将领，被反动派钉在城门上还痛骂敌人不休的共产党员刘仁辅，倾家荡产为革命的共产党员周狷之、李大刚、汪维裕等，大义灭亲的六安赤卫军司令毛正初，日机轰炸时为掩护群众而牺牲的中共六安县委书记邹同礽。新中国成立后仅被民政部门列为优抚对象的六安籍在册革命烈士就有2.56万余人。

辉煌的历史，造就了六安光荣的革命传统，凝练成了“坚贞忠诚、牺牲奉献、一心为民、永跟党走”的大别山精神，形成了丰富而独特的六安红色文化。艰难曲折的革命斗争历程，锻炼出一大批久经考验的革命干部，许多人后来成为治党治国治军的栋梁。同时，革命斗争中还涌现出大批功臣、模范。他们中有革命先驱朱蕴山、中国现代革命文学的开拓者蒋光慈、中央军委确定的无产阶级军事家许继慎、皖西革命根据地主要创始人舒传贤、红军著名将领周维炯、领导农民起义的中华女英雄汪孝芝等。

六安是中国著名的革命老区。从中国共产党的成立到新中国的诞生，六安28年红旗不倒，30万先烈牺牲。六安的每一寸土地都有先烈英勇战斗的足迹，每个村庄、每片山林都有革命者机智斗争的传奇故事，山山水水都浸润着英雄儿女的青春热血，都

熔铸着英雄儿女的不屈忠魂。六安市现有登记在册并立有标志的革命旧址 563 处，其中金寨革命旧址群和独山革命旧址群 2 处红色基地被列为全国重点文物保护单位；有重点革命纪念地 7 处，其中全国重点烈士纪念建筑物保护单位 2 处；有馆存革命文物 4400 多件，其中全国一级革命文物 21 件；有全国爱国主义教育示范基地 3 处，省级爱国主义教育基地 10 处，市级爱国主义教育基地 19 处。在全国 100 个红色旅游经典景区中，六安市的皖西烈士陵园、金寨县烈士陵园、独山革命旧址群、红二十五军和红二十八军军部旧址名列其中，并被列入全国 12 个重点红色旅游景区，是全国 30 条红色旅游精品线路之一。

第一章

★★★★★

五四惊雷——马克思主义的传播和皖西党组织的建立

六安不仅风光秀丽，资源富饶，而且历史悠久，人杰地灵，文化底蕴厚实。几千年来，六安人民辛勤开拓了这片沃土，在中华文明史上留下璀璨的一页。但长期沉重的封建剥削，尤其是近代帝国主义和封建势力的双重压迫，使六安人民长期陷入水深火热之中，不甘屈服的六安人民进行了一次又一次反抗。但由于时代和阶级的局限，六安人民参加的一系列反帝反封建斗争，都以失败而告终。十月革命一声炮响，给中国送来了光明与希望。在五四运动影响下，马克思主义开始在六安传播，六安人民在中国共产党的领导下，前仆后继，浴血奋战，开启了新民主主义革命的新篇章。

一、马克思主义的传播

1.新文化运动的影响和六安三农的创办

在辛亥革命和反军阀的斗争中，新文化运动逐渐影响六安。早在1908年，高语罕、朱蕴山就主办了《安徽通俗公报》，宣传自由与革命。1915年9月，陈独秀在上海创办了《青年杂志》，高举民主和科学的旗帜，标志着新文化运动的开始。六安青年学生，除一部分到安庆、芜湖等地求学或出国留学外，大部分在本地与进步知识分子一起努力探索救国救民的真理。

1917年2月初，在芜湖从事教育工作的高语罕、刘希平、朱蕴山等人磋商，从改革教育、培养青年入手，通过普及国民知识，提倡新文化，竭力而慎重地介绍新思潮，增强青年们的社会责任感。11月，朱蕴山和刘希平去安庆同安徽公立法政专门学校校长光明甫等人筹划，决定由朱蕴山回六安筹建安徽省立第三甲种农业学校（简称“三农”）。1918年9月，朱蕴山邀请六安教育界知名人士桂月峰来到六安，筹集5000元的开办费，借赓飏书院旧址为校址。1919年春，三农正式开学，由时任安徽省教育会总干事的沈子修任校长，桂月峰任学监，朱蕴山任文牍兼修身教员，其他教员也多是思想进步的教育界名流。在治校上，三农发扬民主，废除封建教规，实行师生平等，成立教职工联合会和学生自治会，参与决定学校的大事；在生活上，校长和教员以身作则，不用雇员，外出不坐轿子，自背行李，与学生同桌共餐，一起过简朴生活；在教学上，取消尊孔读经，侧重于新思想、新文化的传授，不学文言文，教以白话文，还开辟 100 亩田地，作为学生实习的农、林场所；在社会活动上，成立爱国剧社，指导学生上街演出《不平鸣》《新家庭》等文明新戏，并在六安城内举办工人、职员和失学青年夜校，宣传革命。

当时，六安以清朝翰林王畹香为代表的地方封建势力，仍然顽固地坚持尊孔读经的封建考试制度。对此，三农师生联合校外学生，冲破一切阻挠，派代表团到省里告状，终于将此制度废除。三农学生在学习和斗争中逐步觉醒，翟其善、黄人祥、桂伯炎、刘淠西、吴干才、吴岱新、陈绍禹（王明）等成了当时六安新文化运动的坚强骨干。

六安青年中的进步分子为了探求救国之路，先后出国学习西方的政治学说和自然科学。1903 年至 1918 年，仅东渡日本留学的就有寿县高语罕、舒城陶环中和六安刘希平、高一涵、王肖山、高可鸣等 10 多人。他们学成回国后，有的从事教育工作，有的参加辛亥革命和讨袁战争。1906 年春，刘希平同朱蕴山、王肖山等在六安毛坦厂召集群众，宣传民主思想，遭到当地封建势力的反对。因此，刘希平认为当务之急是“先开民智，而开民智又必自兴学始”。但兴学必须有合格的师资，刘希平自己亦深以学业未成为恨，乃于当年东渡日本，先后入东京弘文学院和明治大学攻读法律专业，获法学学士学位回国。1912年民国初建，他拒绝担任安徽省司法筹备处处长及高等检察厅厅长，却应聘到江淮大学任教，决心以教育为终生事业。

新思想的宣传是由学校进而发展到社会的。1917年，舒城第二高小校长王蔼如通过在北京大学读书的弟弟王天羽，获得《新青年》《改造》《解放》等进步刊物供师生阅读。全校200多名师生在学习宣传新文化、新思想的文章后逐步觉醒，不久即创办了校刊《桃溪浪》。1918年夏天，毕业于北京女子师范学校的高君曼，与丈夫陈独秀回家乡霍邱探亲，随身带回一些进步书刊。陈独秀应邀在霍邱讲学，揭露帝国主义和封建军阀的罪行，号召青年学生和各界人士冲破封建思想的束缚，革新教育和政治。

六安的新文化运动对封建思想无疑是一次空前的冲击，不仅促进了人民的觉醒，也为马克思主义在皖西的传播创造了有利条件。

2. 五四爱国运动

1917年俄国十月革命的胜利，开辟了世界无产阶级革命的新纪元，使中国人民看到了民族解放的新希望。1919年5月4日，北京爆发了大规模的爱国运动。由于陈独秀和刘希平、朱蕴山、沈子修、高语罕、李光炯等人联系密切，因此北京爱国运动一爆发，安徽就立即响应。在安庆、芜湖读书的舒传贤、许继慎、蒋光慈等立即成为当地爱国运动的骨干。

霍邱和六安城关的青年学生、工人、市民也纷纷走上街头，游行示威，高呼口号，并致电北京学生，表示声援。他们还通电全国，强烈抗议北洋军阀政府的卖国行径。在学生罢课、工人罢工运动的推动下，霍邱县城商人罢市3天。就读于北京高等师范学校的霍山籍学生储承之、汪与之在参加五四示威游行之后，被派往上海进行宣传活动，在日租界被日本军警开枪杀害。1919年6月，消息传来，激起了霍山全县人民的极大愤怒，上千人在城关参加了追悼大会。大会控诉了帝国主义的罪行，宣读了以反帝爱国为主要内容的悼词，发表了声援五四运动的宣言。刘希平、沈子修、朱蕴山、洪世奇等积极组织与支持，并在《皖江日报》上发表文章，声讨日本军舰游弋长江的行径。

紧接着，六安各地学生会纷纷成立，推动各界人士把反帝的口号变成抵制"仇货"的实际行动。霍邱进步教师陈子珍、王焕南和学生阮凌川、李养泉等，与叶家集、河口集等集镇高小联系，成立了全县学生联合会和教职工联合会，号召广大群众不买日货。在三农的倡导下，六安成立全县学生联合会。学生们将自己用的日本货集中后当众焚毁。三农校长沈子修和学生会干部翟其善、黄人祥当场发表演说，宣传"以抵制日货为荣、以买卖日货为耻"。学联还组织了"仇货"纠察队，到各商店搜查登记日货，禁止买卖。六安商会也于1919年5月27日发出通电，表示"坚持到底，不购日货，以为外交后盾"。

舒城留日学生陶环中在五四运动爆发后毅然回国，发动全县中小学校声援北京学生。舒城县学生成立了全县学生联合会，深入大街小巷和附近农村，进行反帝爱国和抵制日货的宣传。学联把各地学生分别组成“十人检查团”，沿水旱两路逐船逐店检查日货。1919 年 7 月下旬，舒城同泰源杂货店为牟取暴利，偷偷从上海购进日本洋糖 125 包、红头火柴 48 听，运到下七里河时被学生查截。同泰源重贿县商会会长，并向县知事蔡继培请求武装保护。学联得知后，立即在城关明伦堂开大会，数百名学生、工人、市民及商人参加，会后举行了示威游行。桃溪、南港等地的高小师生也从 20 里外赶来支援。接着，学生列队在前，市民紧跟于后，拥到下七里河，把这批日货全部抛进河里。队伍返回时，全城悬灯结彩，燃放鞭炮，群众夹道欢迎。事后，桃溪镇的油业、木业工人，肩扛榨锤，手持板斧，配合学生检查日货，将万禾丰商店私藏的日本洋糖 30 包、脸盆 50 多个、洋伞 20 多把、洋布 50 匹全部销毁。

3. 马克思主义的传播

五四运动以后，在北京、上海、芜湖等地读书的六安进步青年不断地传回各种进步书刊，使马克思主义的学习、研究活动逐步展开。在此期间，高语罕编写的《白话书信》于 1921 年 1 月出版，这是安徽最早、最系统传播马克思主义的书籍。它通俗地叙述了马克思的科学社会主义的基本知识，主张中国社会运动应该以科学社会主义为指导，应该用俄国十月革命的方法来解决中国的社会问题。

为使马克思主义的宣传逐步深入，六安开始建立一些学习和研究马克思主义的组织。1920 年初，六安三农教师朱蕴山、桂月峰和学生会会长翟其善等组建了“中国革命小组”，学习和研究马克思主义。同年，在霍山县燕溪小学校长徐狩西、教师刘长青的倡导下，霍山县第六区成立了马克思主义学习小组，一面学习革命理论，一面讨论如何推翻封建军阀统治和打倒帝国主义的问题。他们开办夜校，吸收附近贫苦农民入学，分析中国贫困落后的原因，讲述救国的道理。在芜湖、安庆相继毕业的六安进步学生，一部分回家乡小学教书，采取办夜校等方式，向学生和农民讲解革命道理；另一部分转入上海学习，但与家乡仍保持联系，传播马克思主义。

六安三农的进步师生，从 1920 年开始不断地从外地获得介绍马克思主义的书籍和《新青年》《每周评论》等进步刊物。1921 年以后，进步教师钱杏邨来三农教授国文，在课堂上宣讲十月革命的伟大意义，讲解列宁、高尔基，以及陈独秀、李大钊、鲁迅等人的作品，让学生正确认识社会。

1920 年至 1921 年，霍山人洪世奇，以马克思、列宁的学说教育青年，并派在安庆读书的侄儿洪实和省学生联合会会长舒传贤一道回乡宣传马克思主义。在他们的宣传和推动下，霍山县劝学所所长赵辅仁、第一高小校长黄楚三、第四高小教职员秦维纲等，

开始学习马克思、列宁的著作，把“马克思学说、列宁小史编入正课”[1]，并在第一高小和女子高小成立“新文化学社”。

六安进步知识分子还纷纷办报刊、办学校、开书店，作为开展新文化运动和传播马克思主义的阵地。1920年，朱蕴山和宋竹荪主办《评议报》，评议安徽政局，宣传革命思想，推动反帝反封建斗争的开展。霍山第二高小进步教师郑普燕于1921年在黄栗杪创办新衡书店。胡苏明、施亚春、朱瑾怀于1923年在六安城关鼓楼开办进化书局，从汪孟邹在芜湖长街开办的科学图书社进书，公开或秘密地发行各种进步书刊。

通过对马克思主义的初步学习，更多的人开始懂得，中国革命要想取得胜利，必须学习俄国革命的经验。在全国革命知识分子赴俄留学时，霍邱县白塔畈（今属金寨县）的蒋光慈和叶家集的韦素园也赴俄学习。韦素园是中国社会主义青年团的代表，于1921年去莫斯科参加列宁主持召开的共产国际第三次代表大会，会后留在莫斯科学习。蒋光慈于同年秋赴莫斯科，与韦素园一同进入东方劳动者共产主义大学学习。1922年暑假，韦素园因病提前回国，带回一些革命书籍。他回乡探亲后即去北京法政专门学校继续学俄语，并鼓励其四弟韦丛芜和同乡同学李霁野、台静农到北京学习，共同致力于翻译和研究俄国等国的文艺理论和文学作品。他们4人和曹靖华在鲁迅的指导下，成立了中国现代文学

① 中共霍山县委党史办公室：《霍山革命史（1919—1949）》，合肥：安徽人民出版社，1989年，第21页。

史上“一个实地劳作，不尚叫嚣”的青年文艺社团——未名社。韦素园还不断地给家乡传送《共产党宣言》和《新青年》等书刊，引导他的许多亲友先后走上革命的道路。

由于马克思主义在六安迅速广泛地传播，六安的革命形势发展很快。五四运动后，六安各地掀起反贿选、驱逐反动县知事、罢斥反动校长、声援二七大罢工、维护土地永佃权等一系列反帝反封建的斗争，造就了一大批革命骨干。这些都为皖西党组织的创立做了思想上和干部上的准备。

二、皖西党组织的创立和发展

1. 皖西党、团组织的萌芽

皖西党组织的建立是从团组织的建立开始的，而团组织的建立又是由旅外青年学生发起的。在高语罕的教育与指导下，霍山学生舒传贤于1921年10月在安庆开始组织社会主义青年团，负责团的工作，并担任省学生联合会会长。五四运动以来，皖西地区涌现出来的骨干，如许继慎、杨溥泉、宋伟年、张本国、皮皎如、朱石龙、王逸常等也先后加入社会主义青年团。1922年，在芜湖求学和工作的进步青年王逸常、刘长青、王坦甫、徐梦周、薛卓汉、薛卓江、薛卓俊、朱松年、毕仲翰入团，芜湖团地方执委会成立时

又发展徐梦秋、曹渊入团。在安庆、芜湖建立团组织的同时，寿县小甸集中国社会主义青年团特别支部成立，书记是曹蕴真，属上海社会主义青年团领导。

青年团组织的建立为皖西地方党组织的创建准备了条件。高语罕在党的一大以前入党，一大以后他在“中央直属的上海的党组织”工作一段时间后返皖。这时，皖西本地的党组织也开始筹建，曹蕴真、徐梦周、鲁平阶于1922年春在上海由施存统介绍入党。

正当皖西党、团组织建立和发展之际，安徽省长许世英为了扑灭学生运动，以公费输送一些斗争骨干到外国留学。高语罕于1922年8月到德国学习。舒传贤于1922年冬赴日本留学。与舒传贤一起赴日的还有刘志夔、刘耀西、宋树人、胡浩川等30多人。大批青年骨干的外流，给皖西一带地方党、团组织的建立和发展带来极为不利的影响。

2. 中共六安特支、中共土门店小组和中共乌龙庙特支的建立

1923年11月22日，在上海大学读书的薛卓汉、徐梦秋和王逸常，被中共上海地方兼区执行委员会批准为中共候补党员。1923年寒假期间，薛卓汉、徐梦秋先后介绍方运炽、曹练白和陈允常入党，中共小甸集特别支部同时在寿县小甸集小学成立，直属党中央领导，是全省成立最早的农村党支部。

1925年秋，薛卓汉动员在杭州甲种农业学校读书的共产党员

王亦良、担任芜湖团地委“经委”的刘大蒙及田崇厚等人回乡建立团组织。同年冬，上海大学党组织派共产党员王绍虞回原籍六安建立党组织。这些同志回到六安后，在城区成立了中共六安特别支部，王绍虞任书记，党、团员在一起过组织生活。特支按照薛卓汉在芜湖同王亦良等人商量的办法，发挥刘大蒙、田崇厚等在芜湖工业职业学校学会的木工专长，在西门外横街租了房子，合资办起了青年实业社。他们从芜湖请来江浙一带的木工、雕刻工、藤工、漆工师傅，经营宁波式木质和藤编家具，并以此为掩护进行工农群众工作。

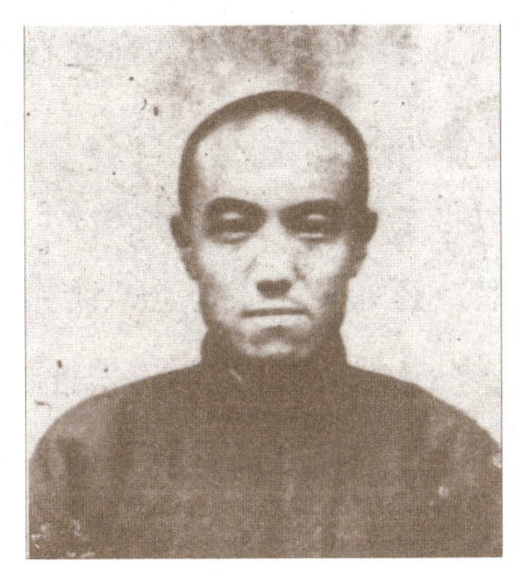

▲ 中共六安特别支部书记——王绍虞

1926年2月初，共产党员许继慎回到家乡六安土门店。经过考察了解，许继慎介绍其弟许希孟和王子久、李童入党，并建立了中共土门店小组，许希孟任小组长。小组成立后，对党员工作做了分工，许希孟去郝家集一带，王子久和李童去苏家埠、西两河口一带做群众工作，发展党员。

1926年2月，上海东吴大学毕业的共产党员樊逸仙回到家乡霍邱，在乌龙庙、河口集和陡岗一带发展党员。他以探访亲友为名，组织穷人会和烟业工会，介绍会员任怀俊、周继禹、陈德生等人入党，陈德先等人入团。6月，他在乌龙庙黄大庄东岗召开党、

团员会议，成立中共乌龙庙特别支部，并任书记。特支后来设5个分支部，分别由王少九、任怀俊、胡泽夫、陈少山、刘仁辅担任分支部书记。每个分支部5到7人，党、团员在一起过组织生活。特支还在乌龙庙街上开设一家烟店，作为交通联络点。

这时，在外地的六安进步青年也纷纷加入党的组织。高语罕于1925年5月回国后，向陈独秀推荐，经陈延年批准，吸收朱蕴山入党。时任芜湖团特支书记的六安人周范文也在芜湖入党。1926年二三月间，高语罕在芜湖将一些团员转为党员，并吸收留日归国的六安人胡浩川等人入党，成立了中共芜湖特别支部，周范文担任书记。舒城人胡底于1925年入党，后来成为党的初期情报工作战线上的“三杰”之一。霍山留日学生舒传贤，于1926年受东京特支派遣，担任留日讨张反日归国党团书记，并由北京地方介绍入党，在北京担任过支部书记。六安人周狷之于1926年6月入党。

从1925年到1927年，在上海、南京、芜湖、安庆、武汉入党的有六安的吴干才、吴伯孚、吴仲孚、施新民、王少周、桂伯炎、吴逸等，霍山的徐仙骥、徐育三、喻宁、赵慧爰、刘渭西等，霍邱的杨晴轩、廖仲杰、李树人等。他们保持着与家乡的联系，有的还被派回原籍工作。学生中的党、团员则利用寒暑假回乡活动，不仅使寿县、六安、霍邱已建立的党、团组织增加了活力，而且为霍山、舒城等县建立党、团组织培养了骨干。

3. 党组织领导下的学习和斗争

六安的党、团组织在发展壮大的过程中，继续抓紧学习和宣传马克思主义，通过各种渠道输送人员出去学习，培养各方面的人才。

在革命理论学习方面，六安的党、团组织不断从党中央及在外地的党、团员中得到介绍马克思主义的进步书刊。在北京俄文法政学校读书的霍邱籍学生王青士，因参加反帝反军阀斗争受到监视，愤然退学回乡，于 1926 年 9 月在霍邱县城内与别人合股开办开明书店，经销进步书刊。六安籍党员王绍虞和团员周范文等于 1924 年寒假分别从上海、芜湖回乡，以胡苏明在六安县城内开的进化书局为据点，联络地方知识界，召开青年会议，成立了以"研究学术，促进民治"为宗旨的六安青年协进会。霍山籍团员徐育三于 1925 年从安庆回乡，在黄栗杪第二高小建立了马克思主义学习小组。六安籍党员罗亨信于 1926 年春从安庆回到苏家埠，在第三高小组建了马克思主义学习小组，又于 1927 年夏在苏家埠成立了青年研究社，有 70 多人参加，其中 2/3 是学生，1/3 是工人。在阜阳省立第三师范读书的袁新民、李何林等 10 多人参加了马克思主义读书会，在 1923 年寒暑假期间，向家乡霍邱的青年学生宣传马克思主义，帮助建立学习组织。陈绍禹在家乡金家寨联络从外地回乡度假的学生，成立了豫皖青年学会，学习和宣传马克思主义，到 1925 年参加学会的已有 100 多人。

在培养干部方面，除就地在实际斗争中进行以外，六安党、团组织还通过上级和兄弟党、团组织，选派党、团员和进步青年到苏联和中央农民运动讲习所、黄埔军校学习。1925 年至 1927 年，六安有陈绍禹、王退之、陈维祺等人先后赴苏联莫斯科中山大学深造。1925 年至 1926 年，六安的翟其善、施新民，霍山的张友印，霍邱的赵善夫、刘亚白先后到中央农民运动讲习所学习。

从 1924 年到 1926 年，六安有 70 人分别参加黄埔军校第一至第四期学习。其中有寿县的曹渊、孙一中等 17 人，六安的许继慎、杨溥泉、王逸常等 5 人，霍邱的江霁、张嗣杰等 4 人，舒城的吴展、吴捷等 4 人，英山的彭干臣、姜镜堂、熊受暄等 39 人，霍山的汪石林。他们均成为国民革命军中的骨干，在统一和巩固广东革命根据地的战斗中荣立战功。

1925 年初，党的四大召开以后，党的工作重点转移到了工农群众方面。中共六安特支建立后，广泛调查工人的劳动、工资和生活状况，研究过去工人为改善自身生存条件所进行的斗争。六安城区及麻埠等集镇的黄烟工人曾在烟业公所的领导下，于 1920 年 9 月、1923 年 2 月、1924 年夏进行了 3 次“挂刨子”斗争，迫使资方把工人的月工资由铜圆 5400 文增加到 8000 文。特支认为，这些斗争表明工人阶级已由自发的斗争走向有领导的斗争，但仍然是经济斗争。为了使工人的经济斗争同政治斗争结合起来，进而转变为有远大目标的斗争，特支在城内棚场开办工人夜校，宣传革命理论，组织工会开展多种形式的斗争。乌龙庙特支先后在乌龙庙、河口集组建烟业工会和码头工会，派党员到各工会去工作。

共产党员黄照林、周亚廷从1926年7月开始，在霍邱城组织工人学习政治理论和文化，并组建理发店员工会。

在党的领导下，农民运动轰轰烈烈地开展起来。从事农民运动的党、团员深入农村，联络贫苦农民中的积极分子，建立农民协会。在乌龙庙特支成立之前，已有从事农民运动的共产党员袁新民、张松武在叶家集、开顺街一带活动，向农民宣传贫困的原因并指明翻身的道路，还组织了穷人会。1926年秋，区农民协会成立，辖6个支会，拥有会员500多人。乌龙庙特支成立后，书记樊逸仙就地建立农协小组。党员李大岗、潘荣初、汪映西等在大岗孜、白塔畈一带建立农民协会。六安特支在涂家公馆举办民众师资训练所，专门培训农民运动骨干。经过3个多月的培训，农民运动骨干分赴城郊农村开办农民夜校，建立农民协会。土门店党小组和从外地回乡的党员周狷之、吴干才，于1926年在苏家埠、独山等地开办平民夜校，建立农民协会。同时，党员桂伯炎、袁继安在金家寨、古碑冲、七邻湾开办农民夜校或识字班，从中发展农协会员。

农民协会的逐步建立和发展，使农民群众能够有组织、有领导地进行经济、政治斗争。1926年，霍邱干旱，地主却霸水养鱼，农民协会组织农民轮流到各地主家进行说理斗争，迫使地主同意放水。河口集农民协会在1927年春节期间，组织玩灯，宣传革命，并将企图逮捕农协干部的保董何炳臣处死。广大农民在党的领导和农协的组织下，开展经济、政治斗争，初步显示出有组织的农民的巨大威力。

4. 中共北方区委对皖西大刀会的调查和争取

1925年秋，六安的黄人祥、王泽农等考入国立北京农业大学，他们传出的皖西大刀会曾经占领六安、霍山两县城，组建农民政府的消息，引起了中共北方区委的重视。中共北方区委书记李大钊嘱组织部负责人陈为人与农委研究，派人到六安开展调查。适逢六安三农向国立北京农业大学聘请教员，中共张家口地委农委书记乐天宇奉组织之命应聘。乐天宇来到六安后，以在三农任教为掩护，就地调查，并到苏家埠、麻埠、金家寨等地访问，写成了详细的调查报告，于1926年1月交北方区委陈为人转报李大钊。

乐天宇经过调查认为，皖西大刀会"是一个受压迫的半迷信团体，有仇恨之奋，有迷信之勇"。早在1920年，河南固始县的梅广恩到六安宣传"农难临头，要打富济贫，各保身家"，招收徒弟，组织大刀会，开设香堂，画符念咒，以保刀枪不入。入会乡民渐多，引起县署注意，梅广恩被拘留。同狱的六安城内杠抬工人谢有龙和苏家埠农民夏云峰拜梅广恩为师。他们被营救出狱后，以"斩除妖子(指军阀)，改良政治，复我民权"为口号，在寿县、六安、合肥、霍山4县交界地区，普设香堂，广招会员。参加大刀会的"多自耕农、佃农、雇农、游民，并有少数知识分子及小商

人等”①。

反动统治阶级加重苛捐杂税，促使大刀会迅速发展和武装起事。1924 年 6 月下旬，六安县署派粮差 11 人前去太平集拘捕不交田赋的农民。适逢舒城一农民到太平集卖大蒜头，豪绅周祝亭的儿子周宏勋压价，农民不肯，反被毒打一顿。在场的大刀会堂主李家浩、李家让兄弟为农民鸣不平，打了周宏勋。周祝亭密禀县署，县知事丁景炎命令派去的粮差抓人，李家让被捕。时在此地的大刀会首领夏云峰当晚邀集 100 多名会员，杀死县署的粮差 9 人。逃脱的 2 名粮差星夜回县报告，县署派警佐徐树人带司棚(法警)12 人赶往太平集弹压，结果反被杀死 11 人。夏云峰见事态已经扩大，一面派人急邀梅广恩、谢有龙、王竹池等到太平集共商大事，一面就地紧急动员会员。太平集一带的几百名大刀会会员齐集誓师，提出“攻下六安，杀尽贪官污吏”的口号，会后向六安进军，途中打败县署派往太平集的六安防军一连和警备营一队，将余敌追至城下。这时，霍山大刀会也赶到，联合攻城，守城军队慌忙“弃城逃遁”，县知事丁景炎只得“缒城匿民间”。

大刀会于 1924 年 6 月 29 日进入六安城，打开监狱释放囚犯，搜获步枪五六百支、土炮一门。大刀会自称“自治第一军”，公推谢有龙为总司令，夏云峰、鲁品三、王竹池为司令，梅广恩为参谋

① 《六安县委关于大刀会的政治地位、内容给省委的报告(1928 年 4 月 26 日)》，见《六霍起义》编辑委员会:《六霍起义》，北京：中共党史资料出版社，1989 年，第 54 页。

长，吴献之为秘书长，下编2个支队，共5000多人。大刀会委任县知事出示安民公告，严禁欺压百姓。大刀会纪律严明，受到群众欢迎。在农民的支持下，大刀会于7月13日攻下霍山县城，又挫败马联甲调遣的原驻六安的王尚林团，引起反动统治阶级的恐慌。马联甲遂派皖北镇守使史俊玉率第五混成旅"进剿"，大刀会在敌人的强攻面前最终溃散。

不久，第五混成旅他调，大刀会于1924年11月1日再起，以六安龙穴山为活动中心。后来夏云峰等首领被反动统治阶级收买，地主豪绅混入大刀会，使组织性质起了根本变化，由"本是一些没有出路的贫苦农民的反抗地主豪绅、自己找出路的组织"，逐渐变为"被会中首领利用来升官发财，地主豪绅利用来保护自己的身家性命"①的组织。

1926年12月，中共北方区委派乐天宇重返六安，对大刀会进行争取工作。乐天宇到六安不久后被捕，争取工作被迫中断。

三、皖西地区国共两党的第一次合作

1923年夏，党的三大确定了国共两党合作建立革命统一战线

① 《安徽省临委致六安县委信(1928年5月1日)》，见中央档案馆，安徽省档案馆：《安徽革命历史文件汇集(第二册)》，内部印行，1986年，第132页。

的方针。皖西党组织积极执行党的统一战线政策，帮助国民党建立基层组织机构，建立了国共合作的革命统一战线，为大革命高潮的到来准备了条件。皖西的大革命风暴以支援五卅运动为起点，到支援北伐战争时席卷全地区。

1.帮助国民党建立基层组织机构

1923年秋，在芜湖二农学习的霍山学生王夔回乡秘密组建国民党组织机构，第一高小校长黄子山、第四高小教员张景昆为常务委员。

高语罕从德国回到北京时与朱蕴山会晤，并同去上海与陈独秀接洽，后于1925年9月中旬回皖从事统战工作。1926年1月，国民党第二次全国代表大会召开，国民党中央委派共产党员朱蕴山、薛卓汉、周范文和国民党左派人士光明甫、周松圃、沈子修、常恒芳、史恕卿、黄梦飞，组成国民党安徽临时省党部执行委员会。朱蕴山、薛卓汉随即返皖，设国民党安徽临时省党部于安庆。

中共安徽地委成立之后，推动国民党安徽临时省党部派员到各县去组建国民党县党部。1926年10月，霍邱县党部成立，由共产党员黄照林、周亚廷和国民党左派人士王振武、刁仲旦等7人组成，共产党员何香霭任秘书。1926年冬，经沈子修推荐，国民党安徽临时省党部正式委任黄子山、张景昆、杨蔚轩、秦维钢、赵辅仁为霍山县党部委员暨县政府重要职员。同期，国民党安徽临时省党部委派涂行健、刘子寿、李景轩等7人组成六安县党部筹备

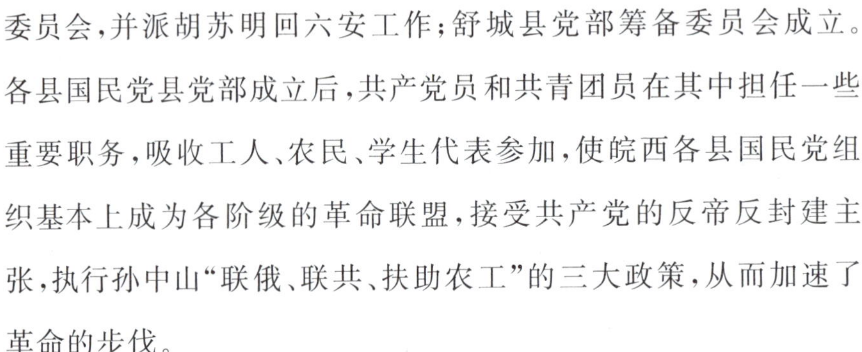

委员会，并派胡苏明回六安工作；舒城县党部筹备委员会成立。各县国民党县党部成立后，共产党员和共青团员在其中担任一些重要职务，吸收工人、农民、学生代表参加，使皖西各县国民党组织基本上成为各阶级的革命联盟，接受共产党的反帝反封建主张，执行孙中山“联俄、联共、扶助农工”的三大政策，从而加速了革命的步伐。

2. 皖西人民对北伐战争的支持

1926 年夏，国民革命军以中国共产党直接领导的叶挺独立团为先锋，出师北伐。时任皖军总司令的军阀陈调元加紧镇压革命势力，捕杀共产党人和国民党左派人士，解散进步学校。国民党安徽临时省党部被迫迁往上海。9 月下旬，常恒芳就职安徽宣慰使，通电讨伐军阀孙传芳、吴佩孚和北洋政府。他委派沈子修为国民革命军皖西中路司令，同共产党员朱蕴山等回六安、霍山，联络地方民军相机起义。由于消息泄露，霍山县警备营营长沈子成（沈子修胞弟）及戴汝成被陈调元的第二混成旅旅长马祥斌捕杀。但是霍山县警备营和六安县麻埠等地的民军毅然发动起义。起义队伍由陈龙甫、于昆伯率领，开赴霍山县西镇地区，在回头岭与马祥斌的追击部队展开激战，后撤到罗田县僧塔寺。六霍民军起义和随后的太湖、吴山庙等地武装起义，在一定程度上打乱了驻皖军阀的阵线，动摇了敌人的军心，鼓舞了人民的斗志，有力地配合了北伐战争。12 月底，陈调元在内外交困的情况下，派代表到

武汉交涉投降事宜。

在六霍、太湖、吴山庙武装起义期间，柏文蔚到天津策动国民革命军第二军的袁家声十五旅响应北伐。袁家声率部由石家庄南下，于1926年冬回到六安金家寨与麻埠一带，同军阀马祥斌第二混成旅大战于苏家畈附近的鹅毛岭，后转到罗田县与六霍、太湖起义的部队相互支援。国民革命军总司令部于1927年1月8日任命柏文蔚为国民革命军第三十三军军长，任命常恒芳为党代表兼政治部主任，王铸人为参谋长，设军部于湖北武穴，设办事处于汉口。柏文蔚于27日通电就职，以袁家声暂编师和岳相如独立旅为基础，召集淮上旧部和江淮民众武装，逐步扩编成3个师和2个教导团，共3.5万多人。英山、霍山、六安等县民众武装共2000多人编为第一师第三旅，其中六霍民军起义的部队编为第一团。随后，柏文蔚“下令向皖北一带集中”，以适应军事进展的需要。

1927年2月，刚从广州迁到武汉的国民政府继续兴师北伐。以第七军（军长李宗仁，党代表黄绍竑）为主力的江左军沿长江北岸北进直指蚌埠，掩护以第二军（军长谭延闿，副党代表李富春）和第六军（军长程潜，副党代表林伯渠）为主力的江右军，沿长江南岸东进南京。3月初，第七军从英山、霍山边区出发，会同从九江北渡的第六军合围安徽省会安庆，迫使皖军总司令陈调元归顺。在第六、第七两军合围安庆时，由归顺的湘军叶开鑫部改编的第四十四军于3月4日进抵六安和霍邱边区。第三十三军第一师和第四独立旅于3月8日从罗田开拔，经英山，于11日进入霍山城。3月中旬，第七军的一、二两师从安庆出发，经桐城、舒城进抵合肥，后又向蚌埠、凤阳挺进。4月初，第三十三军各师暨所指挥的暂编第五、第六两军及第五独立师向北发起总攻，2日占领霍邱，5日占领凤台，7日占领寿县正阳关及颍上，接着围攻寿县城，共计毙敌2000多人，俘敌5000多人，缴获步枪4000多支、战马500多匹、大炮及机关枪20多门(挺)，以及大量其他军用品。4月中旬，北洋军阀袁家骥、张敬尧等部陷六安，第三十三军遂回师与王普的第二十七军等部围城，同时石寅生部进驻霍邱县三元店、姚李庙、洪家集断敌后路，马文伯师在合肥县金桥歼敌，叶开鑫部进抵六安县马头集一带，形成与敌会战之势。敌军袁家骥、张敬尧等部遂从六安突围，逃往淮北。

北伐战争得到皖西广大人民特别是工农大众的热情援助。在国民革命军进入皖西作战时，工人、农民或争先恐后地当向导、提供情报，或踊跃参军，或供应军需。国共两党以县党部名义组织宣传队，配合军队政治部开展宣传活动；组织运输队、担架队和慰劳队，随军行动；组建地方武装，配合主力作战。由于第七军“多系桂人”，进军英山、霍山时与“地方语言不通，习尚殊异”。为避免发生误会，在武汉的国民党安徽临时省党部特派皖西籍的“交际员20人，随该军前往，办理一切交际事宜，俾军民水乳，以利戎机”。在国民革命军进入霍邱时，国民党县党部从商会和妇女会等组织中挑选出200多人，为大军烧茶做饭，洗补征衣；派遣进步人士王振武和共产党员李克农，到接受改编的直鲁联军张宗昌的第三十九师中，分任政治部主任和秘书，以加强思想政治工作；征召先进青年组成国民自卫军皖属先遣队第三支队，共计 200 多人枪，共产党员郑伯甫任支队长，王振武兼任副支队长。六安新组建了第三十三军第二独立团，有 100 多人枪，朱衡山（朱蕴山胞弟）任团长。

国民革命军每到一地都受到群众的夹道欢迎，各县城和大集镇还召开军民联欢大会或欢迎大会。霍山县于 1927 年 3 月 16 日在城关召开军民联欢大会，参加大会的有第三十三军第一师和第四独立旅全体官兵，农民协会、商民协会、妇女协会等数十个团体，有 2 万多人。会毕，参会人员依次环城游行，散发军民联欢大会宣言传单，盛况空前。

3. 皖西工农运动的迅猛发展和反击国民党右派的斗争

北伐战争推动了皖西工农运动的迅猛发展。国民革命军各军政治部的工作人员有不少是共产党员，他们每到一地，便派出宣传队张贴标语，组织演讲，向人民群众宣传北伐的意义，宣传组织起来加入革命的道理。沿途均留下部分政工人员指导工作，进一步改组当地的国民党，成立群众团体，打击土豪劣绅，扶助工农群众。

1927 年 3 月上旬，国民党安徽临时省党部从武汉迁回安庆，正式组织省党部，并成立了安徽省农民协会筹备委员会。农民协会筹委会机关工作人员半数以上是共产党员和共青团员，其余为国民党左派。各县的共产党组织和由从事农民运动的共产党员所建立的农民协会，得到了大力发展。霍邱县乌龙庙、大岗孜和白塔畈一带的农协会员发展到1000多人，六安县苏家埠、独山、金家寨一带的农协会员发展到3000多人。农民协会在支援北伐战争的同时，开始了抗租抗债或减租减息斗争，并提出了“耕地农有”的要求。3月中旬，安徽省总工会筹备委员会成立，舒传贤为委员长。在国民党六安县党部筹委会工作的共产党员周狷之等，在城关成立了烟业、纺织、杠抬工会，开展五一国际劳动节纪念活动。发展壮大的农协和工会组织，成为反帝反封建人民运动的中坚力量。工农联合各界人民打击不法地主、土豪劣绅和反动官僚，按其罪恶大小，分别采取清算、罚款、戴高帽子游街、组织审判等方式处理，对个别民愤极大的恶霸，则召开群众大会宣判死刑。

第三十三军第一师政治部和国民党六安县党部联合召开群众大会，处决了作恶多端的县衙门差头，逮捕了依靠北洋军阀大发横财的县商会会长和县劝学所所长。霍山县在军民联欢大会后，赶走了反动县知事，通缉潜逃罪犯，没收劣绅财产。大革命的风暴席卷六安城乡，革命人民扬眉吐气，反动势力威风扫地，显示了革命统一战线的威力。

这时，随着大革命的蓬勃发展，国民党右派从害怕革命到处心积虑地反对国共合作，镇压革命运动，再到最后公开背叛革命。对此，皖西的党、团组织和旅外的党、团员同国民党左派共同奋起

反击，在大革命的危急关头，组建新的中共地方组织机构，领导人民继续战斗。

在国共合作之前，安徽国民党已经分裂成为左、右两派。以柏文蔚为首的国民党左派，以袁家声、岳相如等为骨干；以管鹏为首的国民党右派，以陈紫枫、管曙东等为骨干。国民党左派临时省党部成立时，管鹏等人代表大地主、大资产阶级的右派也成立了国民党省党部，并于 1926 年 2 月在安庆宣家花园 13 号挂起了牌子，打击左派，破坏革命。国民党右派的倒行逆施，激起了共产党人和国民党左派的愤怒，舒传贤率领一批进步青年砸掉了国民党右派省党部的牌子。国民党中央接到安徽左派临时省党部关于右派捣乱情况的报告后，遂于 3 月决议致函光明甫、朱蕴山、沈子修、常恒芳等人，“勉其努力党务，并斥管鹏、陈紫枫等举动为叛党行为，决为中央所不容”。

在反对国民党老右派的同时，皖西人民对国民党新右派也进行了反击。1926 年冬，以共产党员为骨干的国民党霍邱县党部宣传孙中山的三大政策，组建群众团体，发动群众继续抵制日货，并同以县财政局长邹述孔为首的国民党右派进行了斗争，把国民党右派的反动气焰压了下去。

随着北伐战争的不断胜利和工农运动的迅猛发展，统一战线内部的资产阶级同无产阶级争夺领导权的斗争也日益尖锐化。蒋介石于 1927 年 3 月 23 日在安庆指使国民党右派收买流氓打手，捣毁国民党左派省、市党部和工、农、青、妇等群众团体机关，

打伤共产党员、国民党左派人士和革命群众数十人，制造了一起严重的反革命事变，即三二三事变。接着，在蒋介石的指令下，安庆公安局逮捕舒传贤、周新民、谢硕、王绍虞、沈子修、周范文、薛卓汉、许杰、麦焕章9人，通缉100多人。

面对蒋介石和国民党右派举起的屠刀，共产党人和国民党左派毫不畏缩，进行着英勇的斗争。在三二三事变当晚，国民党左派临时省党部的主要负责人光明甫、周松圃、朱蕴山、沈子修等，在安庆城郊集贤关外召开紧急会议，决定由胡浩川、周范文起草通电，揭露反动派的暴行，要求武汉国民党中央从速对反动派"尽法治罪，以惩反动，而维党务"。第三十三军党代表兼政治部主任常恒芳率领全军各级政工人员通电讨蒋。1927年4月初，迁到武汉继续举行的国民党第一次安徽全省代表大会，声讨蒋介石的反革命罪行，成立由共产党员和左派人士任执行委员的正式省党部，增选柯庆施、李宜春、高语罕、周新民、高一涵等人为执行委员和监察委员（当时共产党员约占省党部委员的1/3名额）。会后再次印发了《三二三事变宣传提纲》，号召安徽人民在左派省党部的领导下，"团结起来"，"集中革命力量"，"杀开一条血路"，求得真正解放。

蒋介石在一手策划安庆三二三反革命事变的半个多月后，又在上海制造了四一二反革命事变，血腥屠杀共产党人和革命群众，公开背叛革命。1927年7月15日，汪精卫集团在武汉叛变革命，标志着轰轰烈烈的大革命失败，白色恐怖逐渐蔓延到皖西。

为了领导安徽人民继续进行革命，1927 年 5 月下旬，中共安徽省临时委员会在武汉成立，柯庆施为书记，王坦甫、王心泉、李宜春、郭士杰、周范文、王步文为委员。安徽省临委举行了第一次全体委员会议，传达了党中央的指示，讨论了恢复安徽党的组织、发展工农运动和创造条件回安徽等问题。会议确定当前的工作是调查安徽的组织成员，联系在武汉的安徽同志，并进行登记。会后，安徽省临委派出 20 多人到安徽各地调查党的组织，开展农民运动。为了加强对工人运动的领导，安徽省临委于 7 月决定由时任中华全国总工会执行委员的舒传贤任安徽省临委工委书记。

尽管大革命失败了，但是六安的党组织在大革命中经受了锻炼，初步探索了建立无产阶级政党、建立革命统一战线、发动工农运动、进行武装斗争的经验，为紧接着进行土地革命战争、创建皖西革命根据地创造了有利条件。

第二章

★★★★★

红土狂飙——六霍烽火燃遍皖西

六霍起义是以六安、霍山为中心区域，以农民暴动为主体与民团兵变相结合的一系列武装起义的总称。它是土地革命战争初期继黄麻起义、商南立夏节起义之后，在鄂豫皖边区爆发的一次更大规模的武装起义。六霍起义创建了鄂豫皖边区三大主力红军之一的红十一军三十三师，创建了鄂豫皖革命根据地的重要组成部分皖西革命根据地，从而使共产党创建整个大别山区工农武装割据的设想得以实现。

一、六霍起义的准备

大革命失败以后，六安笼罩在白色恐怖之下，国民党大肆逮捕、屠杀共产党人和革命分子，舒传贤、朱蕴山等人遭到通缉，六安党组织的活动也被迫转入地下。党的八七会议确定了实行土地革命和武装反抗国民党的总方针，六安籍共产党员纷纷从外地回到家乡，同坚持本地斗争的共产党员一起形成领导核心，积极发展党的组织，领导革命运动走上了以土地革命为中心的新阶段。

1. **中共六安特别区委、中共六霍县委的成立及其领导的斗争**

1927年8月初，胡苏明、储克圣、吴干才、桂伯炎、毛正初等20多名六安籍共产党员，分别从上海、武汉、安庆、芜湖等地返回家乡。他们同本地的共产党员周狷之、罗亨信等人取得联系后，在六安城西门外的紫竹林小庙召开党员会议，宣布了中共安徽省临委关于成立中共六安特别区委员会的决定及其领导成员名单（书记为胡苏明，委员为周狷之、储克圣等3人）[①]。六安特别区委辖2个支部，有党员36人。六安特别区委成立后，决定利用教育文化机关职员和中小学教师等正当职业作掩护，着手在六安、霍山、霍邱、合肥4县恢复和发展党的组织，发动工农群众，宣传土地革命，秘密组织武装，准备武装起义。

10月，国民革命军第三十三军被调离六安，国民党在六安开

① 《安徽省临委关于党务工作概况给中央的报告（1927年10月）》，见中央档案馆，安徽省档案馆：《安徽革命历史文件汇集（第二册）》，内部印行，1986年，第45页。

始“清党”，白色恐怖更加严重。六安特别区委开始有秩序地撤退到农村，除个别在城区有掩护条件者外，其余共产党员一律转入农村，开展农民运动。由于受这一时期中央“左”倾盲动错误的影响，安徽省临委决定划六安、霍山、霍邱、英山、寿县5个县为第一暴动区[①]，首先在皖西发动暴动，开展土地革命，建立红色政权。为加强对第一暴动区的领导，安徽省临委成立中共皖中特别委员会，指派安徽省临委执委周范文为书记，指导第一暴动区工作；要求六安特别区委伺机夺取300支枪械，秘密组织农民武装，先发动零星暴动，3个月内发动大暴动。六安特别区委在认真分析当时的形势以后，多数同志认为立即组织暴动的条件不成熟，于是最终讨论通过暂时不暴动的意见。

1928年1月，中共中央巡视员尹宽到达六安，开展巡视和指导工作。1月29日，在南岳庙周范文家召开六安、霍山、霍邱3县党的活动分子会议，决定将3县党组织合并，成立中共六霍县委，书记为王逸常，委员为周范文、周狷之、桂伯炎、吴宝才、吴干才等。六霍县委成立后，又成立了城区、东南乡（毛坦厂）、西南乡（独山）3个区委。六霍县委紧密结合斗争形势，宣传革命主张，声讨国民党右派罪行，并加紧武装起义的准备。

1928年3月，中共安徽省临委重建，仍继续坚持“左”倾盲动错误，指示六霍县委以六安为中心立即举行农民暴动。但六霍县

---

① 《安徽省临委给长江局的报告(1927年10月28日)》，见中央档案馆、安徽省档案馆：《安徽革命历史文件汇集(第二册)》，内部印行，1986年，第32页。

委坚持认为:要发动大暴动绝非易事,周边地区多次暴动的失败说明盲动主义不可取,因而一再抵制盲动主义命令。

为解决安徽省临委与六霍县委的意见分歧,中共中央政治局常委周恩来于1929年3月11日在上海英租界召集安徽省临委书记尹宽、六霍县委书记王逸常及在沪的许继慎、柯庆施召开专门会议,明确指出:六霍一带立即举行暴动的条件不成熟,要积极创造条件准备起义;六霍县委采取抗反霸、争取群众的策略,是符合党的六大决议精神的,不能说是右倾改良主义。[①] 这使六安革命力量避免了盲动主义。

当时,在六霍县委领导下,六安各地党组织发展迅猛。1928年3月,中共霍邱县委成立,杨晴轩为书记,戴铸九、袁新民、李养泉、廖杰吾、李立三等为委员,后发展党员120多人,辖7个支部和15个党小组。1929年1月,中共霍山县委成立,舒传贤为书记,刘淠西、徐育三、高维奇、喻石泉、朱雅清、朱体仁为委员,辖东北、西镇、南乡3个区委和城关、西乡2个支部,共有党员107人。紧接着,中共六安县委成立,邹同礽为书记,吴干才为候补书记,周狷之、吴宝才、吴承三、吴仲孚、王逸传、桂伯炎、吴逸、吕大绶、赵启清为委员,许希孟为候补委员,辖5个区委、24个支部,有党员240多人。舒城县也先后建立起4个支部,有党员60多人。

在广大乡村,一大批革命者与工农群众打成一片,宣传革命

① 《王逸常给中央的报告(1929年3月12日)》,见中央档案馆,安徽省档案馆:《安徽革命历史文件汇集(第二册)》,内部印行,1986年,第295页。

道理，发展农协会员，播撒革命火种。1928 年 11 月，六霍县农民协会成立，辖 5 个区农协、150 个分会，组织广大农民开展抗租、抗债、抗捐、抗税、抗夫斗争。各地纷纷组建起武装小组、钢枪队、别动队（群众称之为“摸瓜队”）等农民武装，对为害乡里、民愤极大的地主豪绅和反革命分子进行镇压，打击敌人的嚣张气焰。同时，利用国民党地方当局建立和发展民团之机，经党组织选派的一些共产党员借助各自的社会关系打入民团，开展兵运工作，在敌军内部以合法身份进行秘密斗争，启发阶级觉悟，发展党员。

2. 六霍地区三次局部武装斗争的尝试

1929 年 5 月，商南立夏节起义后，红三十二师游击队来到六安，给驻扎在六安一带的国民党军造成很大威胁。敌军毫无斗志，士气低落。驻六霍一带的桂振远旅，先后有士兵在金家寨、叶家集、霍山西镇和霍山城内哗变，投奔红军。与此同时，群众武装斗争的要求十分强烈，仅在 5 月份，就先后爆发了诸佛庵民团起义、武陟山农民暴动和南庄畈六保联络自卫团起义。

1929 年春末，反动分子甘达用出任霍山县长，扩充地方反动武装，阴谋收缴被共产党控制的民团枪支。此时，霍山的农民运动已由经济斗争、政治斗争逐步上升到武装冲突，县委急需建立自己的革命武装。5 月初，刚组建的红三十二师游击到霍山黄石河一带，县委决定发动诸佛庵民团起义，建立武装配合红三十二师游击。正当刘淠西等人筹划起义时，六安“红学”头目陈乾士带领30多人到新店河一带开堂收徒，民团起义的困难骤然增加。刘淠西当机立断，派县委委员朱体仁利用昔日师生关系，趁同宴饮酒之机击毙陈乾士，缴了30多人的枪械。紧接着，又缴了前去“调查”的霍山县自卫团十几人的枪。县长甘达用得知情况后，决定立即解除刘淠西、朱体仁的兵权。刘淠西等人率部起义，起义取得成功。起义队伍同东北乡赤卫队合编为诸佛庵游击队，朱体仁任队长，在六霍边境游击。刘淠西则因共产党员身份暴露，被迫连夜转移，前往上海，后回安庆担任中共安庆中心县委书记。

5月17日，中共六安县西北区委领导发动了武陟山农民暴动。共产党员王绍周、田胡子、姚宗海带领两三千赤卫队员和农民汇集武陟山下，举行声势浩大的农民起义。起义队伍先后围攻了5个地主圩子，战斗3昼夜，打死了周启炳等恶霸地主，缴了20多支枪和1门土炮，分了地主的财产，使淠河以西方圆数十里的土豪劣绅受到震慑，驻莲花庵的民团亦逃往淠河以东。暴动队伍后来组成了红军游击队，武陟山至莲花庵地区的农民运动蓬勃发展，为六霍起义奠定了基础。

与此同时，5月19日，中共六安县委委员桂伯炎、袁继安领导了南庄畈六保联络自卫团起义。自卫团30多人全部起义。在红三十二师的配合下，起义人员活捉了六保保董汪建青。自卫团同六区赤卫军100多人一分为二，一部分编入红三十二师补充团，一部分编成六区游击队。次日，六区游击队配合红三十二师首次攻克金家寨，击溃守敌汪东阁民团200多人，活捉了在牛食畈逃

走的丁埠民团团总杨晋阶。

这三次局部武装起义的举行，标志着六霍地区的革命开始由日常的经济斗争、政治斗争，发展到武装斗争的新阶段。三次起义分别组建了游击队，为整个六霍地区的暴动提供了有生力量和经验，揭开了六霍起义的序幕。

3. 中共六安中心县委的建立

1929年8月5日，在中共中央巡视员方英的主持下，六安、霍山、霍邱、寿县、英山、合肥六县党组织于六安、霍山边界的豪猪岭召开了党的联席会议，集中讨论了武装起义问题，并报请中共中央批准成立中共六安中心县委，以加强对六县的集中统一领导，积极准备开展武装起义。

10月6日，六县党的代表会议在六安县郝家集召开，宣布中共中央关于成立中共六安中心县委的指示，由舒传贤任书记，周狷之、桂伯炎、吴宝才、余道江为常委，桂伯炎兼任组织部、宣传部部长，吴宝才兼任工委书记，余道江兼任农委书记、常委会主任，吴干才、朱体仁、余道江、许怡亨、范在中、翁翠华（女）、谢为法、袁继安等为委员和候补委员。六安中心县委管辖上述六县，并取代六安县委，直接领导六安县各区。

会议认真分析了六安当时的形势和客观条件：因秋收不好，六安经济恐慌；因财政困难，统治阶级的压迫力较薄弱；因军阀混战，敌军以少数军队守城；商南红军已到金家寨，要求到麻埠游

击；六安西南多山这一自然环境适于游击。主观条件：有钢枪百余支，与大刀会合在一起，可以组织3000人的赤卫队；有干部40余人，在军事与政治方面可以指导。会议认为，武装起义的时机已经成熟，党的任务就是要积极发动群众，组织武装起义，领导农民由群众示威的形式转变为地方暴动的形式，遂决定于11月15日开始在六霍一带发动秋收起义。会后，六安中心县委成员即分赴各地，全面投入发动武装起义的紧张工作中。

二、六霍起义全面爆发

六安中心县委发出举行秋收起义的指示后，各地农协会员无比振奋，摩拳擦掌。独山、郝家集一带的山洼丛林里炉火昼夜不熄，人们连夜赶制大刀、长矛；钢枪队员、赤卫队员们擦枪、磨刀、操练；妇女会员们绣红旗、扎袖章、缝粮袋、赶做军鞋……武装暴动已如箭在弦、刀出鞘，一触即发。

1.六安独山暴动取得胜利

正当六霍地区的全面起义处于一触即发之际，1929年11月7日晚，在六安三区二乡发生了农民协会秘书何寿全和两名农协会员被捕事件，二乡农协会员花名册亦被搜去，情势十分危急。

消息传出后，很多农协会员自动聚集起来，纷纷要求立即举行暴动，用武力营救被捕农友，夺回花名册。六安中心县委常委余道江、县委委员吴干才及三区区委书记许希孟等人，立即赶到独山紧急磋商，一面报告六安中心县委，一面采取措施派人营救。经过交涉，驻独山民团魏祝三部释放了被捕的两名农协会员，但坚持要5000银圆和5架盒子枪才能释放何寿全，否则就要押送何寿全到六安。

在郝家集主持六安中心县委机关工作的常委周狷之接报后，连夜赶到独山，与在独山的县、区委干部紧急商谈，研究分析何寿全被捕后的事态发展。最后决定，趁三区农友群情激愤之际提前暴动，营救何寿全，消灭魏祝三，推翻国民党反动统治；迅速通知周围15个乡的农协会员，于11月8日拂晓到独山周围集合，并于8日下午行动。在独山的全部党、团员迅速行动，通知各乡农协宣布暴动，并立即报告六安中心县委书记舒传贤。

11月8日拂晓，近万名农协会员手持大刀、长矛、钢锥及少量土枪，从四面八方拥向独山镇，独山的党、团员也都分散在了暴动队伍之中。暴动队伍于8日下午3点集合，下午4点左右开始行动。队伍分为徒手队、大刀长矛队和钢枪队，拉着豪绅走在前面要求保释何寿全。在魏祝三自卫团驻地马氏宗祠门前，起义群众打死两个哨兵，夺下枪支，迅速将敌人包围起来。敌人慑于起义群众的声威，被迫释放了何寿全，并交回了农协会员花名册。但激愤的群众怒不可遏，一定要魏部全部缴械。魏部士兵自动缴了

10余支枪。8日夜，南岳庙民团头子姚子厚带100多人赶来支援魏部，起义群众奋起抗击援敌。被围之敌见起义群众越来越多，愈战愈勇，困守无望，就纵火焚烧民房，乘暴动队伍救火之机突围逃往苏家埠。暴动队伍胜利占领独山，一面救火，一面向独山商民们宣传魏部纵火逃走的丑行。独山暴动取得胜利。

▲ 独山暴动指挥部旧址——六安县立第四高等小学

11月9日，六安中心县委书记舒传贤赶到独山召开紧急会议，并通知六安各区和邻近各县立即举行武装起义，响应独山暴动。中心县委召开三区区委和区农协负责人会议，决定成立六安三区工农革命委员会，由15名委员组成，设政治部、总指挥部、参谋部、财政部。总指挥部由鲍益三任总指挥，方英任党代表，黎本益、朱休仁为副指挥。六安三区工农革命委员会将暴动武装组建为辖6个中队72人的游击队,另从农协会员中挑出一批骨干组成了2300余人的赤卫队,严防六安守敌的进犯。独山暴动胜利后,附近的西两河口、龙门冲、郝家集、落地岗等地纷纷起义,六安三区所辖15个乡纵横几十里的范围内,全部飘起了革命红旗。

独山暴动打响了六霍起义的第一枪,是在党的领导下皖西乃至整个安徽地区第一次大规模的农民武装起义。六安三区工农革命委员会的成立,总指挥部及游击武装的组建,独山—西两河口根据地的建立,标志着六安人民开始在党的领导下,建立起红色政权,走上武装割据的光辉道路。

2. 霍山西镇暴动成功

西镇,是霍山西部山区的统称,包括漫水河、大化坪、上土市和现属金寨县的燕子河、闻家店一带。国民党霍山县政府在漫水河设有西镇事务所、自卫团和经济维持会等机构统治西镇地区。经过西镇地区共产党组织和党员的长期艰苦工作,人们反压迫、反剥削的要求日益增长,并成立了一支游击队,发展农协会员500余人。独山暴动胜利后,中共霍山县委成员深入西镇一带布置、指导暴动事宜,并邀请商南红军来西镇支援暴动。

1929年11月19日,六安中心县委书记舒传贤和霍山县委书记喻石泉在燕子河领导发动了西镇农民暴动。红三十二师师长周维炯率80多名战士星夜来援,同当地农民赤卫队200多人一举击溃驻闻家店的自卫团,打掉了楼房湾豪绅地主反动武装,缴获钢枪 50 多支。21 日，起义队伍乘胜攻打漫水河，击溃自卫团 70 多人，捣毁了西镇事务所等反动机构，击毙、俘获了一批民团头子及豪绅地主，同时缴获了大批枪支弹药。西镇暴动获得全胜。

西镇暴动的胜利，沉重地打击了反动势力，人民扬眉吐气，高声欢歌："河南老红军，来到我西镇。钢枪打前阵，后跟赤卫军。先打闻家店，后打楼房湾，回头捎带打了三个保安团，打土豪，杀劣绅，反动团总消灭净。"

为了巩固和扩大暴动成果，霍山县第五区苏维埃政府于 11 月 22 日在漫水河成立，第六区苏维埃政府在闻家店成立。为"统一西镇起见，又组织一个革命委员会，暂时执行一切政治"①，成立西镇革命委员会，没收、分配豪绅的财产；成立军事指挥部，由徐育三任总指挥；将起义队伍编为西镇游击队，计 360 人。

西镇游击队成立后，曾三次打退西镇地区残余自卫团伙同英山自卫团的进攻，并在道士冲打退霍山县自卫团的进攻。同时，西镇游击队还支持了毗邻地方农民的起义，使暴动范围扩大到深沟铺、黄栗杪、上土市、杨家河、包家河、高山、太平畈、道士冲、新铺沟、烂泥坳等地，霍山西部各乡相继建立了苏维埃政权。

3. 六霍暴动成果迅速扩大

独山、西镇暴动引发了皖西各地农民起义和民团兵变，革命

① 《霍山县委关于经济、政治等情况的报告(1930 年 4 月 17 日)》，见《六霍起义》编辑委员会：《六霍起义》，北京：中共党史资料出版社，1989 年，第 218 页。

烽火迅速燃遍皖西的山山岭岭，国民党统治阶级防不胜防，惊恐万状。1929年11月16日，六安中心县委委员桂伯炎和六安六区区委领导了七邻湾、古碑冲、南庄畈一带农民起义，又一次击溃驻金家寨的汪东阁民团，建立了六安六区工农革命委员会。17日，六区游击大队和起义农民配合红三十二师一部攻克流波_。鲍益三、方英带领六安三区、六区游击队和赤卫队大举围攻麻埠，以期在这一带建立革命根据地。因守敌武器好，又有正规军一个团增援，虽经17日至21日、26日至28日两度围攻，“每天都有二三千支短土枪及徒手的农民围着麻埠猛攻”[①]，但未能攻下。后因驻六安之敌向麻埠增援，红三十二师未能及时赶到，围攻麻埠的队伍伤亡、被捕者有200多人，队伍被迫退回西两河口。

独山、西镇暴动后，六安中心县委为了打通六安独山与霍山西镇之间的障碍，使红色区域连成一片，决定发动桃源河暴动。12月16日，徐育三率西镇游击队一部100余人北进到桃源河，与当地农协会员和赤卫队员一起举行暴动。桃源河周围的石家河、西石门、新店河、黑石渡等地也相继起义成功。以桃源河暴动为代表的霍山西乡的一连串暴动，使北到独山、东临淠河、南抵下符桥、西到西镇的范围均成了红色区域。接着，霍山七区苏维埃政府在诸佛庵成立，六安、霍山两块红色区域基本连接起来。

① 《六安中心县委给中央的报告(1929年12月4日)》，见中央档案馆，安徽省档案馆:《安徽革命历史文件汇集(第四册上)》，内部印行，1987年，第31页。

在农民起义的风暴中，一些为共产党控制或影响的徐集、江店等地民团也相继起义。12 月 25 日，六安县徐集民团在六安中心县委常委周狷之及原民团队长、共产党员毛正初的领导下，里应外合，起义成功。由于徐集离驻有敌军重兵的六安城太近，起义队伍连夜西进，配合江店民团队长、共产党员李野樵发动江店民团起义并取得成功。徐集、江店两支起义武装合编为六安县四区游击大队，毛正初任大队长，并成立了六安四区工农革命委员会。随后，四区游击大队前往南岳庙、真人庙、王祠堂一带，开展游击战争，开辟了以王桥子为中心的游击区。

霍邱县委于 12 月 20 日领导发动了白塔畈农民暴动。300 多人的农民武装打下王家老楼等八九个地主庄园，缴获 50 多支枪，组建了游击队，成立了霍邱县第一区苏维埃政府。1930 年 1 月 24 日，霍邱县委又领导尧冲农民起义，俘敌 50 多人，缴枪 60 多支，后成立了霍邱县第二区苏维埃政府。

三、红三十三师的创建

1. 红三十三师的成立

六霍地区武装起义的连续爆发与胜利，引起了反动统治阶级的恐慌，各县反动政府和地主豪绅纷纷向南京政府告急。蒋介石改变了从六霍抽调一部分军队去鄂豫的计划，以独立第一旅为主力，集中近千人的反动武装大举进攻红色区域，捕杀革命群众和共产党员。

敌人的疯狂反扑对革命的打击十分沉重，仅在独山一地就有共产党员和革命群众200多人被杀害，不少地方党的活动甚至一度停止。面对严峻形势，六安中心县委成员分头深入各地指挥战斗。1929年12月16日，中心县委组织部部长吴干才、军委主任朱体仁到六安三区，与区委书记许希孟等人一起，开展党组织的恢复与整顿工作，不幸在郝家集被敌武装和便衣100多人包围。在突围战斗中，朱体仁英勇牺牲，其余同志被捕。

严峻的现实使六安中心县委深刻认识到，只有群众性的武装已不能适应新的斗争形势。要保卫和发展暴动的成果，必须在群众武装的基础上，建立主力红军。因此，中心县委于1930年1月6日召开第二次全委会议，讨论了军事组织的原则，并向中共合肥特别区委要了一名懂军事的同志来负责军事工作。接着，第十次常委会决定把中心县委直接掌握的武装编为安徽红军第一游击纵队，由冯晓山任纵队长；把西镇的游击队编为安徽红军第二游击纵队，由徐育三任纵队长。会议还决定继续发动群众支援革命战争，恢复和发展红色区域。

1930年1月20日，舒传贤在流波of主持六安中心县委常委与游击队党、团负责人会议，决定将安徽红军第一游击纵队、第二游击纵队和六安县六区游击武装合编为中国工农红军第十一军

第三十三师，任命合肥特别区委军事委员徐百川为师长，张建民为政治部主任(数日后由中共英山县委书记姜镜堂担任)。红三十三师辖两个团：由第一游击纵队和六安县六区游击队及霍山县东、北、南乡农民武装合编的第一〇六团，冯晓山、高天栋分任正、副团长，余爱民任党代表；由第二游击纵队改编的第一〇七团，徐育三、李锡三分任正、副团长，孙能武任党代表。全师有200多人(其中党员40多名)、长短枪145支。师部除政治部外，还有军务处、军需处、参谋处、副官处及特务队等。

红三十三师的成立，标志着皖西苏区正规红军的建立，这是鄂豫皖边区诞生的第三支主力红军，对巩固和扩大皖西根据地起到了重要作用。

2.红三十三师成立后的主要战斗

红三十三师成立后，立即投入紧张的战斗中。“因为想予统治阶级一个重大打击，树立红军的声威，同时可以扩大我们的武装”①，于是选定了敌人统治阶级力量较为薄弱的霍山县城，作为首攻目标。1930年1月30日凌晨，红三十三师向霍山进攻，霍山县委集合游击队、赤卫队协同红军作战。霍山县东北区2300多名赤卫队员埋伏在六霍通道，检查来往行人，折断三尖铺以北电线两根，使霍山与六安联络中断。当时，在霍山城内，敌人有县自

① 《六安县委军事报告第一号(1930年2月20日)》，见《六霍起义》编辑委员会：《六霍起义》，北京：中共党史资料出版社，1989年，第104页。

卫大队的三个中队近200人，其中第一中队60多人守西门，第二中队40多人守北门，第三中队70多人守东门和南门。30日午前，红三十三师由西门强攻入城，在城内与敌激战至下午4时，敌军败退，红军焚烧了两家大商店，打开监狱放出在押犯50多人。但由于东门碉堡未能攻下，加上红军初建，为保存实力，红三十三师主动撤出霍山县城。第一〇七团开赴西镇肃清后方民团残部，第一〇六团驻流波礚一带整训。红三十三师第一次攻打霍山县城，虽然没有完全取胜，但充分显示了红军的战斗力，震慑了反动统治阶级。

2月中旬，红三十三师又在红三十二师两个团的配合下，攻下了有守敌300多人的重镇麻埠，缴枪30余支。继而进攻独山，迫使守敌退往苏家埠，缴获敌地方自卫团16支长枪。为统一指挥，红三十三师与红三十二师组建为前敌指挥部，周维炯任总指挥，徐百川任副总指挥，准备东渡淠河。因山洪暴发，不能渡河，延误两日，红三十二师退守麻埠，后返回商南。红三十三师后攻下流波礚，击溃敌民团200余人枪，使独山、麻埠一带起义后又重陷敌手的红色区域完全恢复。

2月底，红三十三师游击到舞旗河、大化坪一带，打掉舞旗河自卫团，乘胜进军大化坪，成立了霍山县三区苏维埃政府，使得霍山西部和南部的红色区域连成一片。

3月19日，红三十三师第一〇六团、第一〇七团主力和六安三区游击队，由龙门冲进攻西两河口，击溃守敌，缴枪30多支，残

敌逃往淠河以东。

四、皖西革命根据地的形成

1. 七邻湾会议的召开

在六霍起义不断取得胜利的形势下，为了把武装斗争、根据地建设和土地革命紧密结合起来，形成工农武装割据，六安中心县委于1930年3月21日至25日，在六安县七邻湾关帝庙召开了所辖六县和红三十三师党的联席会议，领导广大工农群众和革命武装力量乘胜前进，为创建皖西革命根据地而斗争。

七邻湾会议是皖西革命根据地开始建设的标志性会议。在这次会议上，六安中心县委听取了六县的工作报告，"依照中央最近的通告及六县的经济政治和群众的革命形势"[①]，总结"过去的一切斗争经验"，提出了"动员六县全党同志"，"推进六县的革命高潮"[②]的总任务，分别做出九项决议案：一、接受中央反对机会主

---

① 《六安中心县委关于六县联席会议情况给中央的报告(1930年4月13日)》，见《六霍起义》编辑委员会：《六霍起义》，北京：中共党史资料出版社，1989年，第149页。

② 《六霍六县联席会议政治任务决议案(1930年4月1日)》，见中央档案馆，安徽省档案馆：《安徽革命历史文件汇集(第四册上)》，内部印行，1987年，第49页。

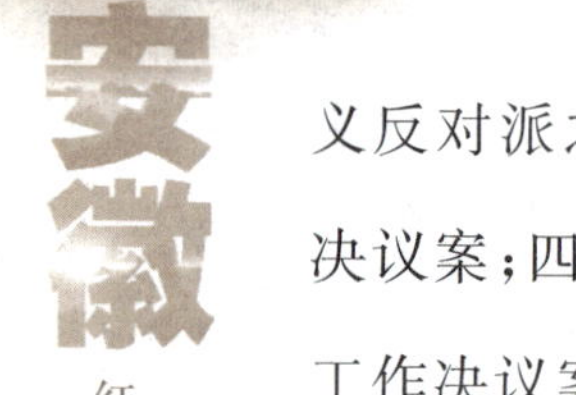

义反对派之决议的决议；二、政治任务决议案；三、六县工作计划决议案；四、群众工作决议案；五、军事问题决议案；六、宣传教育工作决议案；七、纪律问题决议案；八、秘密问题决议案；九、对六县C·Y工作决议案。这些决议案，规定了各方面的具体任务。

会议明确了当前党的各项任务。党在政治上的任务：坚决反对帝国主义瓜分中国和国内的军阀混战，推翻豪绅地主买办资本家的统治，建立工农兵代表会议政权，坚决反对机会主义与托洛茨基反对派，加紧领导群众开展武装斗争，进行土地革命，扩大苏维埃区域，壮大红军的力量，扩大党的政治宣传，争取广大的无组织群众围绕在党的周围。

党在组织上的任务：加强党的无产阶级意识，克服小资产阶级和农民意识，扩大党的无产阶级基础，吸收工农同志参加党的指导机关，实行干部工人化、党员军事化；切实训练工农干部，提高党员政治水平，加强组织生活，切实执行党的纪律，纠正党内右倾和“左”倾思想等。

党在工人运动中的任务：加强各城市产业工人运动，鼓动工人反对黄色工会，注意在合肥城、三河镇、六安城、寿县城等处的工人群众中建立赤色工会组织；发动工人开展斗争，争取工会公开活动；建立农村中雇农工会的组织，并加强对农会的领导，注意城市工人与乡村农会的联系工作。

党在农民运动中的任务：加强农会中雇农、贫农的领导权，加紧组织农民武装，领导农民群众开展日常斗争，以走向大的政治

斗争，直至武装起义；苏维埃区域应采用各种方式鼓动农民群众起来执行目前一切革命任务。

党在游击战争与红军中的任务：扩大红军的武装，红军军事行动应注意与邻县及附近地区斗争相配合；扩大游击战争的范围及红色区域；游击战争必须与城市工人斗争相联系，从游击战争中训练士兵，扩大党与群众的组织；在游击战争中要加强党的领导，坚决执行土地革命的任务等。

此外，会议还规定了兵运、青运和妇运等方面的任务。

为了克服过去 6 个县党的工作的缺点，完成当前的革命任务，会议还规定了各县开展工作的中心区域。会后，六安中心县委向中共中央建议成立中共皖西北特委，除领导原属六安中心县委所辖的 6 个县外，还领导潜山、舒城、凤台、阜阳、颍上 5 个县，协调统一各县更好地开展工作。

六安中心县委召开的这次联席会议，是在皖西土地革命战争已在六霍地区掀起高潮的形势下召开的。尽管会议所做出的各项决议还不够完善，并提出了“加紧反对国民党各派及第三党”[①]和“执行中央最近指示反富农的策略”[②]的错误主张，但总体来说，

---

① 《六霍六县联席会议政治任务决议案(1930 年 4 月 1 日)》，见中央档案馆，安徽省档案馆：《安徽革命历史文件汇集(第四册上)》，内部印行，1987 年，第 50 页。

② 《六霍六县联席会议政治任务决议案(1930 年 4 月 1 日)》，见中央档案馆，安徽省档案馆：《安徽革命历史文件汇集(第四册上)》，内部印行，1987 年，第 52 页。

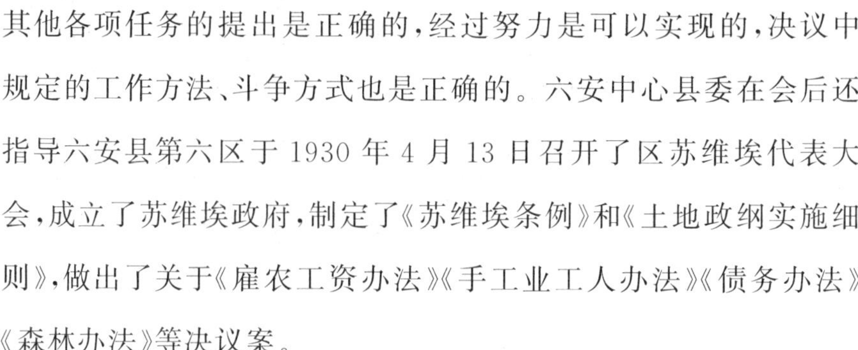

其他各项任务的提出是正确的，经过努力是可以实现的，决议中规定的工作方法、斗争方式也是正确的。六安中心县委在会后还指导六安县第六区于1930年4月13日召开了区苏维埃代表大会，成立了苏维埃政府，制定了《苏维埃条例》和《土地政纲实施细则》，做出了关于《雇农工资办法》《手工业工人办法》《债务办法》《森林办法》等决议案。

随着七邻湾会议各项决议和六安六区苏维埃代表大会各项具体政策的全面贯彻执行，以武装斗争为中心的各项工作蓬勃开展，根据地建设开始走上正轨，整个皖西地区革命运动发展明显加快。

2.霍山县全境“赤化”

六霍起义后，霍山革命形势发展迅速，六安中心县委十分重视霍山县工作。在霍山东北一区，1930年初，六安中心县委便派吴泽民率便衣队十多人到舒家庙一带开展工作，并在元宵节处决3个国民党特务。4月6日，六安县自卫团到下符桥一带搜捕农协会员，“进剿”舒家庙并抄了舒传贤的家。赤卫队奋起反抗，数千名群众将自卫团紧紧围住，形成了对峙局面。霍山县委决定采取果断措施，动员东北区人民实行总暴动，并派人到红三十二师、红三十三师请求支援。六安中心县委闻讯，派舒传贤亲临指挥。4月7日，舒家庙暴动开始，赤卫队打垮了民团的数次进攻，消灭了青山街的团防局，并一直打到苏家埠的马家庵。与此同时，下

符桥300多名农协会员也起来暴动，将六安民团围困4天，没收地主粮食，分给群众并准备接济红军。

红军主力接信后，决定在赤卫队和农协会员的支援下攻下霍山县城。红军主力在红三十二师师长周维炯、红三十三师师长徐百川的率领下，迅速向霍山城进发。在县城西黑石渡、县城南管驾渡两次击溃阻敌，直逼霍山城下，将敌团团围住。潜山独立师和东北乡、西镇等地的游击队、赤卫队也参加了战斗，战斗部队达3000余人。霍山县委和东北区委还动员四五万农民，手持大刀和长矛，配合主力红军围城。4月12日6时，红军率先从西门发起猛攻，烧毁城楼，冲入城中；南门、东门、北门也相继被攻下。红军入城后，与敌自卫队展开肉搏苦战。敌人弹尽不支，至12时全部退出县城。霍山县城第二次获得解放。

4月12日下午，霍山县第一届苏维埃政府在霍山县城关宣布成立，选举曹品三为主席，政府委员会执行委员21人（含常委9人，候补委员5人）。县苏维埃政府下设土地、经济、裁判兼肃反、粮食、武装、文化、交通、赤卫等委员会，负责全县的各项行政事务。霍山县苏维埃政府是皖西地区成立的第一个县级苏维埃政府，也是安徽省第一个县级苏维埃政府。

霍山县东北一区起义农民和主力红军在攻克霍山县城后，乘胜进兵下符桥、三尖铺、青山，全歼六安县两个民团，召开了万人大会，成立了霍山县第一区苏维埃政府，各乡也相继成立苏维埃政府。至此，东北乡暴动获得全胜。

霍山南乡在南乡区委的领导下，为武装暴动做了大量的准备工作，以潜山、舒城、霍山三县边境的头陀河（今属岳西县）为中心组建了100多人枪的赤卫队。4月1日，南乡区委书记胡祥仁率领赤卫队处决了地主劣绅3人，在头陀河发动农民暴动，组建了乐道乡赤卫大队，成立了乡苏维埃政府。霍山县苏维埃政府成立后，南乡广大人民群众更受鼓舞。4月15日，黄尾河农民举行起义，并成立了黄尾乡苏维埃政府和赤卫大队。4月28日，南乡农协会员、赤卫军等各路大军汇集头陀河，成立了霍山县第四区苏维埃政府，赤卫队发展到400余人，下辖10个乡苏维埃政府，纵横近百里，使霍山、潜山苏区连成一片。在此前后，霍山县三区（管驾渡）、四区（杨家河）以及磨子潭、大化坪等地农民纷纷揭竿而起，相继建立区、乡苏维埃政府。至此，霍山县成为安徽红色区域的中心。

3. 六安县红色区域的迅速扩大

1930年4月中旬，六安三区区委领导赤卫队，再次摧毁了敌人反攻后在独山、郝家集、西两河口等地建立的反动统治，在独山建立了三区苏维埃政府，组建了一支200多人的游击队。4月下旬，队伍发展到1000多人枪，并被改编为县独立团，由苏广田任团长，张尚谷任政委。

4月19日，六安南山起义爆发。吴伯孚、吴善章在抱儿山下的朱氏祠召开毛坦厂、南官亭、嵩寮岩、东石笋、太平桥等乡赤卫队员、农协会员共3000余人大会，宣布成立六安二区（毛坦厂）苏维埃政府。吴伯孚率领起义队伍攻打并击溃毛坦厂反动民团、商团及其他地主武装2000多人，没收地主粮食、衣物，救济贫苦人民。与此同时，舒城、六安、霍山边界地区的毛坦厂、与儿街、石河子、山王河、东西溪、真龙地、樊冲、指峰河、迎水庵、元口、南官亭、嵩寮岩、东河口、凤凰台、张家店、横塘岗、白塔寺等地农民也发动起义，并取得胜利，使得苏区扩展到六安、舒城边境。

4月12日，六安中心县委派余干臣、汤衡等人，前往时驻高庙冲、月牙塘一带的权广义匪部商谈收编事宜。权广义部共1000多人，对共产党和红军表示友好和信任，向国民党军采取攻势，在孙岗一带与敌激战。中心县委遂以红军东路指挥部的名义，将权广义部改编为工农革命军第三十五师，委任权广义为师长。该师后来在与国民党军队激战中失散，仅有少数人回归红军。

随着六安县老苏区的恢复和新苏区的开辟，1930年春，六安县革命委员会正式成立，下辖6个区委，即三区（独山）、五区（苏家埠）、六区（金家寨）、四区（徐家集）、二区（毛坦厂）、七区（麻埠）。至此，六安、霍山红色区域基本连成一片，成为皖西革命根据地的重要组成部分。

4.皖西革命根据地的形成

在六霍起义的影响和推动下，毗连的潜山、英山两县部分地区的农民相继举行武装起义，推动了以六霍为中心的皖西革命根据地的形成。

1929 年 12 月初，中共潜山衙前中心区委书记王效亭等人到六安、霍山与六安中心县委取得联系，学习六霍起义经验。中共安庆中心县委向中共潜山县委指出："潜山与六霍毗连，又在安徽省会的肘腋之下，六霍的革命已经爆发，如果潜山工作基础建立起来，一方面可以保障六霍斗争的胜利，一方面又可以震动安庆，影响安徽全省工作。因此，更加紧了目前潜山工作的意义。"①安庆中心县委并派张有余等熟悉军事的干部到潜山加强起义的指挥，中心县委书记刘湃西还根据领导诸佛庵民团起义的经验到潜山精心部署。潜山党组织又派人到舒城、霍山南部待暴动地区，联系当地党组织，争取发动起义时得到他们的支援。在安庆中心县委的领导下，1930 年 2 月 4 日，在潜（山）、太（湖）、霍（山）、舒（城）4 县边陲的潜山县后北乡天堂地区爆发了请水寨农民起义，组建了工农革命军潜山独立师。王效亭任师长，陈履谦任党代表，严宽任参谋长，张有余任教练长，下辖 3 个大队，全师共 100 多人。3 月上旬，独立师为避开进攻的强敌，向霍山苏区转移，于中旬到达闻家店，与红三十三师会合后改名为潜山工农革命军。

英山县委根据六安中心县委指示，于 3 月 31 日领导了以金家铺为中心的农民起义。因敌人反扑，县委将起义武装的 280 多

---

① 《安庆中心县委给潜山县委的信（1929 年 12 月 3 日）》，见中央档案馆，安徽省档案馆：《安徽革命历史文件汇集（第三册）》，内部印行，1991 年，第 606 页。

人转移到霍山县境，组成英山游击队。4月6日，红三十三师第一〇七团和潜山工农革命军协同英山游击队打回英山，于8日解放了英山县城，开辟了与霍山苏区相毗连的一块纵横50里的红色区域。

4月下旬，红三十二师和红三十三师配合潜山工农革命军，打回潜山，再克水吼岭。潜山工农革命军改编为工农革命军第四十三师（一说第三十四师），由王效亭任师长，陈履谦任政治委员，严宽任参谋长，苏民任政治部主任，下辖4个团，全师有200多人。5月3日，潜山县革命委员会在衙前镇成立，王焰才、王子成分别任正、副主席。在六霍红色区域的东南部，又形成了以天堂为中心包括舒城县晓天"红三区"在内的一块根据地。

至此，六霍起义的烽火燃遍了皖西大地，在六安、霍山、霍邱、英山、潜山5县相毗连的地区，初步创建了东起淠河，西接商南，南抵金家铺、水吼岭，北至白塔畈、丁家集，南北200多里，东西100多里，人口40多万的革命根据地，为鄂豫皖革命根据地的最终形成奠定了坚实基础。

1929年5月到1930年4月，是皖西工农革命掀起高潮，举行武装起义，创建工农红军，建立革命根据地的阶段。这一时期，皖西党组织发动和领导的六霍起义，同鄂东黄麻起义、商南立夏节起义并称为鄂豫皖边区的"三大起义"。由起义武装组建的红三十三师，是鄂豫皖边区工农红军三大主力师之一。起义胜利后创建的皖西革命根据地，是鄂豫皖革命根据地的重要组成部分。红三十三师的组建和皖西革命根据地的创建使党在整个大别山区实行工农武装割据的设想得以实现。

皖西革命根据地是在党的领导下，以大批革命知识分子出身的共产党员为骨干，广泛深入地发动和组织农民起义，建立革命武装，就地开展游击战争，实行武装割据，而逐步建立起来的。以舒传贤为代表的革命知识分子较早接受马克思主义，走上与工农相结合的道路，并在国内国外参加革命斗争的经历中积累了较为丰富的经验。他们熟悉本地群众和上层社会情况，能够从实际出发运用马列主义，制定出切合实际的武装斗争、土地革命、根据地建设等政策和策略。他们抵制"左"倾盲动错误以城市为中心的不符合实际情况的路线、方针，逐步走上了以农村包围城市、武装夺取政权的革命道路。以周狷之、方英为代表的出身于地主富农家庭的同志，公开背叛自己的家庭，与工农群众一起英勇斗争。他们大义灭亲，毁家纾难，深得群众的信任，鼓舞了农民的斗志，为创建皖西革命根据地做出重要贡献。

第三章

★★★★★

红色中心——皖西革命根据地的发展与鼎盛

鄂豫边、豫东南、皖西革命根据地和工农红军的创建与发展，为建立鄂豫皖革命根据地奠定了基础。在国民党新军阀之间矛盾日益尖锐、中原大战一触即发的有利形势下，中共中央决定把鄂豫皖边区的三块根据地和三支主力红军统一起来，将土地革命战争推向新的高潮。这一时期，皖西军民先后粉碎了敌人的三次“围剿”，特别是在1932年春取得了苏家埠战役一举歼敌3万多人的空前大捷，使皖西北革命根据地范围迅速扩大。根据地发展到东起淠河以东、舒城附近，西抵固始县，南至太湖、宿松，北濒淮河的广大地区，成为整个安徽红色区域的中心。1932年夏，蒋介石亲自指挥30多万人的军队发动对鄂豫皖苏区的第四次“围剿”，根据地军民血战4个月，未能打破“围剿”，红四方面军主力被迫转移。

一、红一军东征与皖西革命根据地的巩固

1.红一军的组建与改编

1930年2月下旬，中共中央决定成立中共鄂豫皖边特别区委员会，统一领导鄂豫皖三省边区的革命斗争。3月18日，又将红三十一师、红三十二师、红三十三师合编为中国工农红军第一军，统一指挥作战。与此同时，周恩来召集在上海的郭述申、许继慎、熊受暄等人，根据中央决定将这些同志派往鄂豫皖边区担任党和红军领导职务。

3月20日，中共鄂豫皖边区党代表大会在湖北省黄安县箭厂河召开。会议通过了改编红军的决议，组成中共鄂豫皖边区特委，特委书记为郭述申；成立红一军军部及前敌委员会，军长为许继慎，政治委员、前委书记为曹大骏。各地的党组织中，鄂东北、豫东南各县由特委直接领导，皖西仍由六安中心县委领导斗争。会后，红一军军部成立政治部、参谋处、军需处、军械局和军医院。红三十一师改编为红一军第一师，师长由徐向前兼任，政治委员为戴克敏，下辖5个大队，共800多人。此时，红三十二师和红三十三师正在皖西活动。红一军前委决定第一师留鄂东北，军部东进继续整编部队。

5月中旬，红一军军部与红三十二师在南溪会合，将红三十二师改编为红一军第二师。师长为漆德玮，政治委员为王培吾，副师长为周维炯，参谋长为漆海峰，下辖九十七、九十八、一〇一、一〇二团，共600多人。另以原红三十二师一部和当地游击队300多人，组成红一军独立旅，由廖业祺任旅长，留豫东南根据地战斗。

紧接着，红一军军部率第二师来到六安，在霍山流波𬒈附近与红三十三师会合。5月23日，红一军前委召集六安中心县委和红一军第二师、红三十三师师委举行联席会议，决定从红一军第二师的一〇一团和一〇二团中抽调105人枪，与红三十三师合编为红一军第三师。师长为周维炯，政治委员兼政治部主任为姜镜堂，副师长为肖方，下辖一〇六、一〇七团，共300多人。至此，红一军主力完成改编。

2. 红一军东征与皖西革命根据地的巩固

六安、霍山各地苏维埃政权建立以后，皖西之敌一直伺机反扑。1930年5月2日，六安驻敌潘善斋旅进攻霍山城，霍山县委和苏维埃机关被迫转移到诸佛庵。六安的地方反动民团也同时向苏区进犯。敌军进占苏区后，在六安、霍山两县杀害共产党基层干部和群众共1800多人，仅在六安三区就有100多家绝户，霍山东北区有500多户群众的房屋被烧毁。

红一军组建后，在军长许继慎的率领下，东征皖西。当时，驻皖西之敌大部分被调往中原参战，各据点多由地方武装守备，为红军收复失地、扩大苏区提供了时机。6月中旬，许继慎、曹大骏等率领红一军第二、第三师，向六安、霍山西部地区的反动据点发动进攻。红一军在流波䃥全歼守敌六七百人，收复六安西南重镇麻埠，歼敌1700余人，并第三次攻克霍山县城。驻六安之敌潘善斋旅两个团反扑，红一军予以迎头痛击，毙俘其副旅长以下官兵700多人，缴获迫击炮一门、重机枪一挺，收复独山、郝家集、西两河口等苏区。

战后，红一军继续南进霍山、英山等地。7月12日，红一军与英山县游击队在霍山县燕子河会合，随后向南疾进，打击盘踞英山的国民党韩杰旅。13日，红一军第二师向驻金家铺的韩部一个团发起进攻，敌军仓皇南逃，红一军追至狮子坳将其全部歼灭。驻英山城的敌军倾巢出援，也被包围歼灭。这次战斗共歼敌1000多人，敌残部逃往浠水，红一军遂占英山县城。在6月至8月短短两个月的时间里，红一军在皖西、鄂豫地区歼敌就达到7000余人。到10月，红一军已由初建时的2100余人，发展壮大到6000余人。红一军在皖西作战取得如此重大胜利，一方面是由于抓住了军阀混战的有利时机，实施了正确的战略战术，发扬了英勇顽强的战斗作风；另一方面则是由于六安人民的大力支援。

为了支援红一军东征，六安中心县委召开会议，号召群众踊跃参军参战，支援和慰劳红一军。六安和霍山一些区、乡的苏维埃政府还专门成立了“扩大红军委员会”，使红一军第二、第三师由原来的900多人迅速发展到1800多人。同时，各地还捐献了大批慰劳品，组织起救护队、运输队、侦探队、交通队、洗衣队、做鞋队，支援红军作战。六安县郝家集的群众，两天就为红一军运送烧柴2万多斤、粮食30石，做军鞋150多双。当红一军第二师、第三师在西两河口、郝家集活动时，六安中心县委在这里召开了5000多人的大会，庆祝红一军东征的胜利。

经过东征、南下两次胜利作战，红一军经受了较大规模进攻作战的考验，根据地也得到恢复与发展。红一军占领麻埠时，六安三区苏维埃政府恢复，六安七区苏维埃政府宣布成立，由六安县革命委员会统一领导。霍山县境内几乎全部为革命势力控制，县委和县苏维埃政府机关由诸佛庵迁回霍山城内。英山战斗胜利后，英山县革命委员会成立，全县群众运动迅猛发展。农民协会纷纷建立，赤卫队迅速扩大，六安中心县委从霍山抽调20多名干部前去组织开展工作。这一时期，皖西革命根据地进一步向南扩展，拥有了两座县城——霍山、英山，4个县级工农政权——霍山苏维埃政府和六安、潜山、英山革命委员会，同鄂东蕲黄广红色区域相呼应。

二、第一次、第二次反“围剿”的胜利

正当皖西革命形势快速发展之际，李立三“左”倾冒险错误开始在苏区贯彻，给革命造成了严重损失。接着，蒋介石又连续发动两次大规模军事“围剿”。六安的党组织和人民群众在鄂豫皖边区特委领导和主力红军支援下，逐步纠正了党内的“左”倾错误，粉碎了敌人的“围剿”，使原有的根据地得以巩固，并使六安的北部地区也扩展为新的根据地。

1.皖西党组织反对李立三“左”倾冒险错误的斗争

1930年6月，“左”倾冒险错误统治中央领导机关，李立三主张发动“以武汉为中心的全国总暴动”。鄂豫皖边区特委贯彻中央指示，与红一军前委合并组成“京汉特别区行动委员会”，中央军委巡视员朱瑞专程来到皖西。7月初，六安中心县委在豪猪岭召开六安、霍山两县党的联席会议，成立六霍总暴动指挥部，并制订六霍总暴动计划。计划强调凡有党员的地方都要举行起义，按照上级提出的“一支枪也要集中到红军中去”的要求，把工人纠察队、农民赤卫队和少年先锋队合并组成红色补充军，将各县、区的游击队编入主力红军。

会后，红一军第三师拨出一个连和皖西部分地方武装组建成中央独立第一师，师长为徐百川，政治委员为王文生，副师长为薛骞。全师辖5个团，共3000多人，500多支枪，归六安中心县委领导。六安中心县委又以六安三区游击队为基础，集中六安、霍山部分赤卫队和零星枪支，组成六霍赤卫师，约四五千人，师长为车厚桥，政治部主任为吴岱新，总指挥为柴维德。

7月16日至18日，六安中心县委及所辖六安、霍山、英山、霍邱4县举行联席会议，进一步落实总暴动计划。红一军在豫东南作战期间，六安中心县委发起了六霍总暴动。但由于没有主力红军的支援，相互间缺少配合，暴动很快失败。8月，六安驻敌潘善斋旅纠集六安、霍山自卫团600多人，并网罗红枪会、黄缨会匪徒5000多人，大举向苏区进攻。六安中心县委领导中央独立第一师、六霍赤卫师和广大群众，奋勇抗敌，苦战月余，仍未能打退敌人进攻。

为保存革命力量，六安中心县委于9月3日率部队和部分地方干部及逃难群众向商南转移，霍山县苏维埃政府带领部分群众由漫水河向英山、潜山转移，与中央独立第二师会合。可是，中央独立第二师也在执行“先打梅城，后攻安庆，截断长江”的任务中，在梅城、衙前镇战斗中先后失利，只得与从霍山来的干部、群众一起转向舒城沈家桥，后遭敌包围，牺牲惨烈。到10月初，皖西苏区“几乎完全塌台，军事上只留很少部分”。

敌人侵占根据地以后，在各县设“清共委员会”和“清共队总

部”，在乡、镇设“清共队”，颁布“自首条例”和“清共条例”，采用各种手段血腥屠杀共产党人和革命群众。仅在六安、霍山两县，敌人就杀害干部500多人，屠杀群众1.96万多人，拍卖妇女1690人。尤其是革命中心区域的舒家庙、团墩、三尖铺、匡黄冲、郝家集、白衣庵、新店河、西河口、大化坪、千笠寺、漫水河、长山冲、独山、闻家店、燕子河、七邻湾、金家寨等地，几乎没有人烟。

根据地人民面对敌人的屠刀，坚贞不屈。六安中心县委宣传部部长兼前方办事处主任周狷之，因被叛徒出卖而被捕。在敌人的威逼利诱、严刑拷打下，他始终保持共产党员的革命气节，在狱中慷慨咏诗：“头颅抛千斛，风雨撼孤舟。宁为革命死，不作阶下囚。”六霍赤卫师师长车厚桥于龙门冲被捕，在被解往六安城的途中高唱《国际歌》，敌人凶残地把他钉死在六安城北门上。被关押在霍山县“感化院”中的100多名共产党员、革命干部，任凭敌人诱降拷打，无一人屈服。

六安中心县委对于李立三的“左”倾冒险错误，由怀疑、不满到坚决反对。1930年8月下旬，中心县委停止了盲目的武装起义，撤销了六霍总暴动指挥部。舒传贤从商南到上海，以血的事实向党中央说明“左”倾错误给革命事业造成的严重损失。10月18日，中央向鄂豫皖边区特委发出指示，说明目前全国还不具备“直接武装暴动的形势”，指出根据地党组织的中心任务是“巩固根据地的发展”，“加强红军，巩固红军”，进一步建设苏维埃政权；并对红军的发展方向，统一各个根据地领导和统一整编红军的问

题，做了具体规定；纠正了红一军过去直属中央指挥的决定，改为“一切直接集中于特委指挥之下”[①]。

2.第一次反“围剿”的胜利

党的六届三中全会以后，六安各地的党组织积极纠正“左”倾冒险主义，着手恢复革命根据地。转移到商南的六安中心县委，于1930年10月初同中共商城行委和红一军独立旅旅委举行联席会议，研究根据地失陷后的斗争方针。会上，商城行委主张将来自皖西的部队进一步撤到黄安和金刚台，舒传贤则认为根据地正在被敌人蹂躏，应立即打回皖西去。经过争论，会议同意舒传贤带领六安赤卫队回皖西。中心县委又派秘书长薛英随由蕲黄广地区转移来的红十五军到黄麻，向红一军报告皖西情况。

红一军前委接到皖西和商南几次告急信后，派肖方率补充营东进，与中央独立第一、第二师和军属独立旅合编为新的红一军第三师（约1000人），由肖方任师长，配合地方党组织和武装恢复六安、霍山和商城苏区。红一军前委与六安中心县委决定组织六英霍行动委员会，统一指挥恢复苏区的斗争。

此时，蒋介石在武汉召开湘鄂赣三省“绥靖”会议，决定以江西中央苏区为“围剿”的重点，由汉口行营主任何成浚负责“围剿”

① 《中共中央给鄂豫皖特委的指示信（1930年10月18日）》，见《鄂豫皖革命根据地》编委会：《鄂豫皖革命根据地（第一册）》，郑州：河南人民出版社，1989年，第109页。

鄂豫皖苏区。国民党集结8个师近10万兵力"围剿"鄂豫皖苏区,其中进犯皖西的敌军于1930年11月5日推进,开始对苏区的第一次"围剿"。

在敌军压境的紧急情况下,刚由中央派来的曾中生与鄂豫边区特委书记郭述申商定,于1930年12月上旬在黄安县七里坪召开特委成员和临近各县委负责人紧急会议,解决组织领导和反"围剿"问题。会上,组成了中共鄂豫皖临时特委和临时革命军事委员会、临时苏维埃政府,统一领导和指挥反"围剿"。考虑到皖西根据地被敌侵占已达2个月之久,商南形势也十分危急,红一军决定帮助皖西、商南肃清反动势力,扩大和巩固六、英、商、霍苏区。12月初,红一军主力北上进入商南地区,与新的红三师会合。

当时,"围剿"皖西之敌一部已进到金家寨一带,红一军决定立即东进消灭敌人。12月14日,红一军攻克金家寨,全歼敌第四十六师一个营及反动民团1000多人,缴步枪1000多支、手枪300多支。战后继续东进。18日,在苏家埠、韩摆渡再歼敌四十六师两个营,恢复了六、霍苏区大部。

红一军在皖西的胜利,令敌人措手不及。安徽省国民政府主席陈调元急令第四十六师、警备第二旅全力防守六安、霍山,寻机反扑。同时,敌第三十师一个旅由商城进占金家寨,第二十五师一个旅进占叶家集,第四十五师由蚌埠派兵驰援,企图进行新的合围。鉴于上述敌情的变化,红一军将主力集中于麻埠地区,准备相机歼灭进犯之敌一路,粉碎敌人的合围。

12月29日，敌第四十六师分三路向麻埠进犯，中路两个团由苏家埠、独山向东香火岭（今称东鲜花岭）推进，右路一个团由韩摆渡经石婆店、西香火岭（今称西鲜花岭）推进，左路一个团由霍山、诸佛庵向麻埠进犯。而进占金家寨、叶家集之敌第三十师、第二十五师则迟疑观望，未敢继续前进。这样，敌第四十六师就处于孤立作战、突出冒进的地位。

红一军前委根据敌情，果断做出了集中主力于运动中击破各路敌人的部署。12月30日，红一师第一、第三团与红二师第四团迎击中路敌军于东香火岭，经4小时激战，全歼其先头一个团；后又将敌军后续的另一个团歼灭于同兴寺。同日，右路之敌进至西香火岭，军部调红二师第四团痛击，敌溃不成军，团长被俘。接着，第四团在石婆店附近与第六团南北夹击，全歼溃敌。

红一军主力在与敌中路、右路作战时，钳制敌左路的仅有地方游击队和赤卫队，敌乘隙进至麻埠外围，并以一部冲入镇内。军长许继慎率军部直属队将敌击退，形成对峙局面。同兴寺之敌被歼后，军部调红一师第一团星夜返回麻埠，会同军部直属队和赤卫队，一起向敌军发起反击，将敌击溃。香火岭战斗仅1天时间，歼敌3个团，毙俘敌团长以下官兵3000多人，缴枪1700多支，并全歼六安保卫总团第二团队。

在敌军进犯时，六安各地游击队和赤卫队沿途阻击和钳制敌人；在红军反击时，又主动配合夹击敌人，给主力红军以有力支援。香火岭战斗给敌第四十六师以沉重打击，其残部退入六安、霍山城内不敢再出击。敌第二十五师、第三十师也慌忙分别从叶家集、金家寨向固始、商城退去。

红一军在六安地方武装的配合下，在这次反"围剿"的战斗中，共计歼敌 4 个团又 4 个营，击溃敌军 4 个团和 1 个营，毙俘敌 5000 多人，缴枪近 3000 支。这一重大胜利，大大增强了人民群众的革命信心。他们纷纷斗地主、分田地，踊跃报名参加红军。六安县革命委员会在麻埠再次成立，并组建了县独立营。皖西党政军民在欢庆胜利中迎来新的一年。

红一军在皖西作战期间，曾将第三师大部编入第一、第二师，另将第二师两个连及六霍补充营和第三师余部合编为第三师第七团。1931 年 1 月 3 日，红一军前委留这个团在皖西活动，率第一、第二师西进，在商城四顾墩歼敌一个团。到此，进攻鄂豫皖边区的敌军完全转入守势。

1931 年 1 月中旬，红一军与红十五军在麻城福田河合编为红四军。军长为旷继勋，政治委员为余笃三，参谋长为徐向前，政治部主任为曹大骏。下编两个师和一个独立团：原红一军第一师与红十五军第一团合编为第十师，师长为蔡申熙，政治委员为陈奇，副师长为刘英；原红一军第二师与红十五军第三团合编为第十一师，师长为许继慎，政治委员为庞永俊，副师长为周维炯；原红一军第三师第七团改为军属独立第一团。全军共 1.25 万多人，由中共鄂豫皖临时特委直接领导。红四军成立后，从 1 月下旬到 3 月上旬，先后攻占了麻城县磨角楼、光山县新集，平汉线的李家

集、柳林车站及应山县双桥镇，拔除了许多反动围寨和据点，共计歼敌1万多人，宣告了敌人第一次"围剿"的彻底破产。

被红四军派回皖西活动的军属独立第一团也积极出击敌军。1931年1月间，先后在霍山县土地岭、闻家店、长山冲等地击溃了潘善斋旅的两个团和陈调元的一个营，全团由500多人迅速扩大到1100多人。2月初，奉中央军委指示，该团在麻埠扩编为中国工农红军中央教导第二师，肖方任师长，王效亭任师政治委员，下辖第一、第三团，并设有随营学校、军医院和兵工厂。

3. 六安兵变

在红军不断取得胜利和共产党对待敌军的正确政策的影响下，退守六安城的敌第四十六师余部军心日益动摇。加之反动军官克扣军饷，士兵们强烈不满。这时，早期打入该师并在一三八旅二七二团担任二营营长的共产党员魏孟贤，决定利用这一有利时机，与该营六连连长、共产党员柴洪儒一起，制订起义计划，秘密召集共产党员开会，进行周密布置。随后联络一营副营长李鸿烈等进步军官，决定乘农历年关之际，发动士兵以闹饷名义举行武装起义。

1931年2月15日(农历腊月廿八)深夜，一营、二营官兵在敌驻地涂家公馆附近的广场上紧急集合，魏孟贤发表讲话，揭露旅、团长们在年关扣兵饷、不顾士兵死活的罪行，号召大家起来闹饷，1000多名士兵起而响应。魏孟贤、柴洪儒、李鸿烈分别率领一营、二营向旅部、团部和国民党县政府发起进攻。当抵抗的士兵听到“扣饷是喝兵血”“打死喝兵血的官长”“投奔红军去”的口号时，纷纷对天打枪或掉转枪口，参加起义。柴洪儒、李鸿烈率领一营缴了三营的械，攻占了县政府，打开了监狱；在进攻文庙的警二旅旅部时，击毙了旅长陈孝思，炸死了该旅参谋长；魏孟贤率领二营攻占了敌二七二团团部和城防司令部，击毙了团长兼城防司令杨慕铭；敌一三八旅旅部未遭攻击，旅长陈众孚闻风先逃，腿部中弹。

2月16日拂晓，敌大批援兵赶到，起义士兵在魏孟贤、柴洪儒等人的率领下，且战且退，出六安城南门抄小路由韩摆渡过淠河，前往山区寻找红军。经过3天转战，起义士兵到达麻埠苏区，受到了苏区群众和中央教导第二师师长肖方、政委王效亭等红军官兵的热烈欢迎。不久，六安兵变队伍被编入该师，魏孟贤被任命为师参谋长，李鸿烈、柴洪儒分别任第一团第一营和第三营营长。

参加这次兵变的一营、二营，加上被缴械的三营，实际起义的队伍达一个团的建制。在这次兵变之后，霍山黑石渡驻军、霍邱宋世科部等又发生多次兵变，敌军成班、成排、成连建制的官兵投向红军。

4. 中共皖西分委及军、政机关的建立

在皖西第一次反“围剿”胜利后，鄂豫皖临时特委即派常委余笃三来到皖西，于1931年1月20日在金家寨召开联席会议。参加会议的有六安中心县委成员、皖西各县委负责同志，商城行委

和红一军、红十五军前委也派代表参加。会上，姜镜堂、薛英传达了中央的指示和鄂豫皖临时特委七里坪紧急会议的精神，宣布成立中共皖西分委、鄂豫皖特区苏维埃政府东方办事处及皖西分军委，制订苏区和非苏区的工作计划。

中共皖西分委指导六安、霍山、英山、霍邱、寿县、合肥、舒城、桐城、潜山 9 县工作，商城县工作也暂归皖西分委指导。会议推选姜镜堂、余道江、吴其昌、窦克难、曾泽民、舒传贤、张德山、岳凌云（女）、仲德、冷清 10 人为委员。第一次执委会议推选姜镜堂（任书记）、余道江（负责工人部）、吴其昌（负责组织部）、窦克难、曾泽民 5 人组成常委会。中共六安中心县委完成了历史使命而被撤销。

鄂豫皖特区苏维埃政府东方办事处由余道江、曾泽民、杜旭凯、张德山、窦克难等人组成执行委员会常务委员会，主持日常工作，行使苏维埃政权职能。

皖西分军委由姜镜堂（任主席）、曾泽民（任副主席）、吴精赤、胡植民、毛正初 5 人组成，负责军事工作。

会议还决定将六安、霍山两县委合组为一县委，书记为余道江，并建立六霍县革命委员会。在非苏区仍设前方办事处。

联席会议经过讨论，决定会后两个月内的中心任务：召开皖西分委党员代表大会，恢复原有苏区，扩大党的组织，加强党的无产阶级基础，改造各级苏维埃政府，建立各行业工会和贫农团，重新彻底分配土地，集中武装力量统一指挥等。

联席会议的召开是皖西革命斗争中具有重要意义的大事。在政治上，这次会议通过的各项决议已着手纠正皖西贯彻李立三"左"倾冒险错误的做法。在组织上，纠正了合并党、团、工会等为"行动委员会"的错误做法，进一步统一和加强了对皖西各县的领导。在工作上，会议明确提出了皖西当时的斗争任务，指明了前进方向。

但是，继这次会议后召开的皖西分委第一次扩大会议，仍受李立三"左"倾冒险错误影响，在原六安中心县委书记舒传贤缺席的情况下，诬指他为"妥协改组派"，做出了开除他党籍的错误决定。

1931 年 2 月初，鄂豫皖临时特委召开扩大会议，正式组成中共鄂豫皖特委和鄂豫皖革命军事委员会。会议进一步纠正了李立三"左"倾冒险错误指导下造成的各种错误，总结了反"围剿"的经验，制定了新的斗争方针，在军事工作、根据地建设，以及整顿党、政、群组织等方面提出了一系列的重要措施。

2 月 15 日，中共安徽省委员会正式成立，书记为方英，组织部兼职工部部长为霍锟镛，宣传部部长为王步文，军委书记为郭春华。省委将全省划为 4 个中心县，红色区域以霍山为中心，白色区域以安庆、合肥、屯溪为中心。25 日，省委做出了《皖西工作决议案》，明确指出皖西今后的总任务"要以苏维埃政权运动为中心，建立红军，巩固苏维埃，建立党，扩大群众的组织，解决土地问题"。

皖西分委根据上级党组织的决定和指示，认真加强党的建设，举办了区委成员、支部书记轮训班，各县举办了党员短期训练班，进行思想政治教育，提高党的战斗力。同时，继续扩大红军和地方武装，发动和组织群众慰劳红军，恢复政权机构，惩处反革命分子，重新分配土地，开展春耕大生产运动。这些都为以后继续战胜蒋介石的“围剿”奠定了政治、思想、组织和经济基础。

5. 第二次反“围剿”的胜利

1931 年 3 月中旬，敌人开始第二次“围剿”。“围剿”兵力增加到 10 多个师共 12 万多人，采取了“追堵兼施”的战术。敌豫鄂皖三省边区“绥靖”督办公署由武汉移到潢川，就近指挥。4 月上旬，敌“堵剿”部队开始在苏区边界地区“清剿”，并以 7 个团的兵力向六安淠河以西苏区大举进犯。4 月 13 日，敌占领独山，14 日占领诸佛庵，15 日又占领麻埠，并伺机进攻金家寨。

面对危急形势，皖西分委广泛组织并武装群众，发动游击战争，阻击和袭扰侵犯之敌。4 月中旬，鄂豫皖特委将活动于皖西的中央教导第二师改编为红四军第十二师，由蔡申熙任师长，曹大骏任政治委员，肖方任副师长，从霍邱南部回到中心苏区，参加反“围剿”斗争。同时，鄂豫皖特委立即改变红十一师及红十师一部南下的计划，决定集中主力首先打击深入皖西之敌。

4 月 20 日，红十一师和红十师二十九团在军部率领下由商南东进，于 25 日猛攻独山驻敌。红十二师亦同时从叶家集附近出

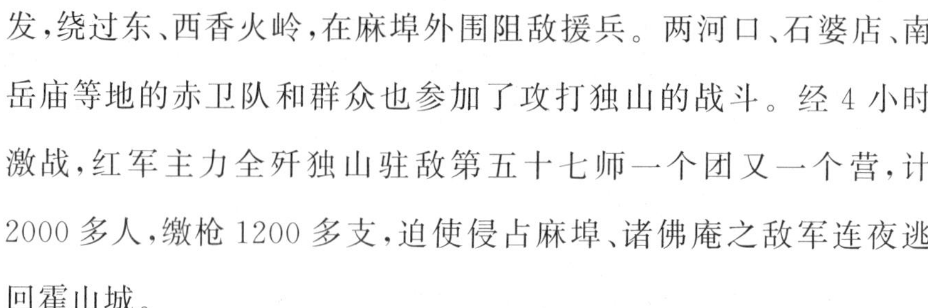

发，绕过东、西香火岭，在麻埠外围阻敌援兵。两河口、石婆店、南岳庙等地的赤卫队和群众也参加了攻打独山的战斗。经 4 小时激战，红军主力全歼独山驻敌第五十七师一个团又一个营，计 2000 多人，缴枪 1200 多支，迫使侵占麻埠、诸佛庵之敌军连夜逃回霍山城。

在皖西作战取得胜利之后，红四军军部留第十二师驻皖西，率第十师、第十一师西进。5 月下旬，敌军对鄂豫皖根据地的第二次“围剿”又被粉碎。这时，红四军已发展到 4 个师，各师均辖 3 个团，总人数近 2 万人。

6. 皖西苏区的向北扩展

1931 年初，在粉碎敌人对皖西根据地的第一次“围剿”之后，中央教导第二师即开往霍邱县南部，帮助地方党组织开辟革命根据地。2 月间，霍邱南部一区农民首先举行武装起义。接着，中央教导第二师打下叶家集、大顾店、姚李庙、洪集，消灭了地方反动武装，成立了霍邱县临时革命委员会，杜红光任主席。

霍邱党组织与秘密打入敌暂编第二旅第二团(时驻乌龙庙)的张建伯、王志堂等共产党员取得联系，拟订了乌龙庙兵暴计划。3 月 6 日，在县游击队和乌龙庙党支部率领农协会员的配合下，二团二营 130 多人迅速发动兵暴，取得了胜利。起义部队后编入霍邱县独立团。

3 月 8 日，中央教导第二师奉命南下英山。11 日，在金家铺全歼敌新编第五旅一个营。12日，攻下英山县城，几乎全歼新编第五旅，俘敌800多人，缴步枪600多支、驳壳枪50多支、手提机枪10架、迫击炮1门、子弹2万多发。此时，国民党军陈调元部刘旅和六安保卫总团约3000人侵占麻埠一带苏区，中央教导第二师立即回师麻埠，击溃刘旅，消灭六安保卫总团大部，收复了麻埠苏区。

中央教导第二师在对敌作战中连连获胜，队伍迅速壮大，至3月底已发展到3500多人。4月1日，全师返回霍邱南部，消灭了河口集、众兴集、张集等处的反动武装。为了打击可能来自西边的敌军，2日，全师进攻固始县黎家集，击溃驻敌戴民权第二十五师一个团，缴枪240多支，俘虏500多人。4日，全师又向商城、固始等地发动进攻，歼灭地方民团，迫使戴民权部退守固始县城。在中央教导第二师连战皆捷的推动下，霍邱驻敌宋世科暂编第二旅又有两个连于4月5日哗变，投入红军。

在粉碎敌军对皖西苏区的第二次"围剿"后，六霍前方办事处在六安县尚家庙召开了党、团骨干分子和游击师、赤卫队负责人会议，讨论通过了河西起义计划。5月1日，游击师与赤卫队会合，成立了指挥部，由毛正初任总指挥。5月2日，部队攻下新安集，又接连攻占火星庙、丁家集、郭店子、马头集、王家集等地，歼灭反动武装，镇压民团头子，使六安淠河西北部大部分地区都成为苏区。

5月2日，皖西北特委在麻埠召开第一次军事会议，将原红四军警卫团改编为红十二师第三十五团，将五县（六、霍、商、罗、英）

边区游击队、霍山六区游击队与红十二师抽出的一个连合编为第三十六团第三营。会议决定第三十五团以独山为中心，向六安四区、八区发展，与霍邱苏区连成一片。接着，第一次军委会又决定第三十四团、第三十六团和军委会特务连开赴六安南岳庙、徐家集一带，支援河西起义。红十二师首先肃清了霍邱南部的圩匪，巩固了原有苏区；接着向北推进，相继打下六安、霍邱边界的松岗集、吴阳集、储渡口、固县寺、夏店、花果园、三刘集等地，开辟了新苏区，与六安河西起义创建的六安八区（新安集）、九区（丁家集）连成一片。

至此，霍邱的一区、二区、四区、五区和三区的一部分成为苏区，其面积占全县总面积的3/10。六安以淠河为界，上自西两河口，下抵马头集，西与霍邱苏区相连，全部成为苏区，人口约40万，占全县总人口的2/3。霍邱南部和六安淠河以西的北部新苏区的开辟，不仅使皖西根据地大大向北扩展，形成了一块东西约300里、南北约400里的根据地，而且有力地支援了老苏区。仅粮食一项，霍邱南部就于1931年2月间“挑去地主粮食约有十万石之谱，去救济六安、霍山各区。否则六霍早已没有出路了”[①]。

① 《沈泽民关于皖西北情况给中央政治局的综合报告(1931年5月23日)》，见中央档案馆等：《鄂豫皖苏区革命历史文件汇集(第一册)》，内部印行，1985年，第22页。

三、皖西革命根据地的曲折发展

正当皖西革命根据地进一步发展之际，推行王明“左”倾教条主义错误的中央代表张国焘于1931年4月间到达皖西，以反对李立三“左”倾冒险错误、反对“调和主义”为由，大反右倾，对皖西苏区党、政、军和群众团体进行全面的“改造”“整顿”。

1. 中共皖西北特委的成立及其第一次扩大会议决议案

1931年4月17日至18日，中共皖西分委在金家寨举行第三次扩大会议。在沈泽民的主持下，会议传达了党的六届四中全会精神。会议将中共皖西分委改组为中共皖西北特委，由22人组成。中央指定方英任书记，推选杨季昌任组织部部长，薛英任宣传部部长。皖西北特委领导19个县，包括苏区的六安、霍山、霍邱、商城4个县，非苏区的英山、合肥、舒城等15个县。特区党、政、军和群众团体机关均设在金家寨。

4月27日，皖西北特委召开第一次扩大会议，按照党的六届四中全会精神检查了过去的工作，讨论了今后的任务，通过了上报中央的《皖西北特委第一次扩大会议决议案》。决议案虽然原则上肯定了皖西苏区的发展，但以“反对立三路线”为由，指责皖西的党"自分特起至各下级党的组织为止，都没有有计划的经常工作"，土地革命执行"富农路线"，"肃反"采取"极端错误的方式"，苏维埃政府工作在许多地方保留"统治阶级衙门"的痕迹，军事上"放弃巩固苏维埃根据地的任务"等。会议还根据舒传贤的申诉，讨论皖西分委第一次会议对他的处分问题，决定撤销开除其党籍的错误决定，但又强加舒传贤处置"改组派"不力之错误，决定给予其书面警告处分。

皖西北特委第一次扩大会议召开后，王明"左"倾教条主义错误在皖西北地区开始推行。5 月 4 日，皖西北特委召开第六次常委扩大会议，"扩大特委的组织，提拔多量的工农干部参加指导机关工作"①，并开始排斥革命知识分子出身的党的领导干部。经过重新调整和扩充，特委由 25 人组成，工农干部占 56%。同时，大量吸收工农分子入党。到 5 月底，六安、霍山、霍邱、商城 4 个苏区县有区委 24 个，支部 293 个，党员 4956 名，其中女党员 629 名。

皖西北特委成立后，特区的苏维埃政府、军队和群众团体的领导机关也进行了重新组建和调整。4 月 26 日，少共皖西分委改为少共皖西北特区委员会，选出委员 9 人，常委 3 人，汪黎明任书记，管辖六安、霍山、霍邱、商城 4 个苏区县的团的工作。接着，皖西北特委指示少共皖西北特委成员扩大为 17 人，其中常委增加

---

① 《皖西北特委关于各部门工作情况给中央的报告(1931 年 6 月)》，见中央档案馆等：《鄂豫皖苏区革命历史文件汇集(第四册)》，内部印行，1985 年，第 336 页。

到 7 人。不久，少共鄂豫皖中央分局又指定少共皖西北特委成员增加到 29 人，其中常委增加到 9 人，并派公为则取代汪黎明任书记。同时，偏重在工人和贫苦农民中发展团员。到 6 月，4 个苏区县共有 24 个区委，156 个支部，2971 名团员，其中女团员 1084 名。

5 月 1 日，皖西北工农兵代表大会开幕，成立了皖西北特区苏维埃政府，主席为吴宝才，党、团书记为戴季伦，管辖六安、霍山、霍邱、商城 4 个苏区县。

5 月 2 日，皖西北特委妇女委员会成立，岳凌云任书记。接着，苏区各县妇委会相继成立。5 月 15 日，特委第二次妇女委员会召开，将六安县妇委书记翁翠华、霍山县妇委书记杨易之、霍邱县妇委书记张鹤逸、商城县妇委书记王泽荣增补为特区妇委委员。

5 月 5 日，皖西分军委改组为鄂豫皖革命军事委员会皖西北分会，王平章任主席。军分会将各县赤卫队、游击队改编为赤卫军，成立县赤卫军司令部。至此，皖西北地方武装有独立团 1 个，独立营 2 个，赤卫军 14 个团，长短枪 1961 支。

皖西北特委决定在各县赤卫军司令部成立中共特支，直接领导所辖部队中的党支部。特支受县委领导，司令部政治委员参加县委，团政治委员参加所在地的区委，连支部书记为当地支部干事。此后，又对赤卫军进行整顿和扩编，加紧政治教育和军事训练，并大量制造大刀、长矛、土枪用来武装部队。

5月30日，皖西北特区工人代表大会开幕，出席大会的有六安等4个苏区县代表团成员52人。大会选举21人组成总工会执行委员会，主席为袁成林。大会通过了失业工人问题决议案、大会宣言，以及拥护中国共产党与共产国际、拥护赤工国际与中华总工会、拥护全国苏维埃、反对国民会议等通电。特区总工会领导4个县总工会，共有23个区工会，139个支工会，12564名会员，其中女会员24人。

2. 中共鄂豫皖中央分局对皖西北苏区的内部"改造"

1931年5月12日，中共鄂豫皖中央分局成立。分局委员除中央指定的张国焘、沈泽民、陈昌浩、曾中生、舒传贤、徐宝珊、王平章、蔡申熙外，又补充了郭述申、周纯全、高敬亭，候补委员为甘元景、方英、徐向前、郑位三、曹大骏等，张国焘为书记。中央决定由舒传贤任鄂豫皖中央分局组织部部长，但张国焘借口舒传贤"对改组派曾有不坚定不敏捷的政治错误"，决定暂不分配舒传贤的工作，并"审查传贤同志的错误"①，蓄意陷害这位皖西革命根据地的主要创建人。

同时，鄂豫皖革命军事委员会成立。张国焘、曾中生、旷继勋、徐向前、郑行瑞、沈泽民、陈昌浩为委员，张国焘兼任主席。从

① 《张国焘关于鄂豫皖区情况给中央政治局的综合报告(1931年5月24日)》，见中央档案馆等：《鄂豫皖苏区革命历史文件汇集(第一册)》，内部印行，1985年，第42页。

此，张国焘利用其独揽的鄂豫皖革命根据地党和红军的领导大权，对红四军的领导干部做了调整。军长仍为旷继勋，政治委员换为曾中生，政治部主任换为陈定侯。各师的干部调整为：十师师长为刘英，政治委员为康荣生；十一师师长为周维炯，政治委员为余笃三；十二师师长为许继慎，政治委员为庞永俊；十三师师长为徐向前，政治委员为陈奇。全军有2万多人。

6月28日，鄂豫皖中央分局召开第一次扩大会议，通过了《对皖西北特委工作决议》。决议在肯定了皖西北特委自成立以来，实行工作转变中所取得的成绩之后，指出这个转变是“仅仅开始”，“建立切实转变工作，还须非常大的努力”，今后要把路线上的转变深入到基层。7月1日，鄂豫皖区第二次苏维埃代表大会开幕。大会除“检查过去工作的错误”，“决定今后转变改造实际的方针”[①]外，还专门写了《给皖西北特苏的指示信》，指出皖西北在政权建设、土地分配、“肃反”工作、扩大红军和经济文化等方面的工作有“许多严重的错误与缺点”，强调“目前皖西北的改造，是非常严重而刻不容缓的问题”。

鄂豫皖中央分局第一次扩大会议关于皖西北特委工作的决议和鄂豫皖区第二次苏维埃代表大会给皖西北特苏的信，提出加紧“改造”“整顿”皖西地区党、政、军、群各部门。7月下旬，皖西北

① 《鄂豫皖中央分局第一次扩大会议总结报告(1931年6月30日)》，见中央档案馆等：《鄂豫皖苏区革命历史文件汇集(第一册)》，内部印行，1985年，第134页。

特委召开了第二次扩大会议，进一步检查特委成立以来的工作，通过了《皖西北特委第二次扩大会议决议案》。决议案在对形势的估量上，继续强调全国性的“革命高潮”；在党的任务上，提出“要切实执行进攻的行动”；在土地政策上，主张继续批判所谓在皖西北“形成了一贯的富农路线”，实行“地主不分田、富农分坏田”；在对战斗在皖西北的红十二师的看法上，夸大“成分不纯”，提出了一系列的“改造”措施；在苏维埃政权问题上，硬说“苏维埃政权的建立有许多地方不是群众建设起来的”，混入了坏人，因此必须继续加以“改造”，等等。皖西北特委第二次扩大会议及其通过的决议案，标志着王明“左”倾教条主义错误在皖西北地区的全面贯彻。

经过“改造”的中共皖西北特委，在鄂豫皖中央分局的指令下，立即对苏区各级党组织、苏维埃政府和地方武装进行“改造”，开始了内部“肃反”。

3. 张国焘制造的“皖西事件”

张国焘全面推行王明“左”倾教条主义错误，进行错误的军事指挥，受到根据地大批干部尤其是红四军领导干部的抵制。于是，张国焘便假手“肃反”，镇压那些敢于抵制错误路线的党和红军的干部。

在 6 月 28 日召开的鄂豫皖中央分局第一次扩大会议上，张国焘全面贯彻了王明“左”倾教条主义错误的各项政策，提出“首先改造红军的成分，加紧红军中的‘肃反’工作”；在党内“坚决执行两条战线上的斗争，彻底完成消灭立三路线，集中火力打击右倾机会主义”和一切“调和主义”。在这次会议上，张国焘将徐朋人当作所谓“不可救药的右派小组织分子”开除出党，指责陈定侯是所谓“反对改善工人生活，破坏工农联盟”，将其撤销职务，诬指许继慎有“军阀土匪习气”并对其进行严厉批判，对曾中生、余笃三、舒传贤等人给予很大冲击。张国焘还臆断这次会上“发生了一种反中央分局领导的暗流”，并认为这股暗流的起点是在金家寨，准备进一步对皖西北党和红军的领导干部进行处理。

7月上旬，鄂豫皖军委讨论南下出击方向，张国焘主张攻英山，出潜、太进逼安庆，威胁南京，红四军领导同志则主张打下英山后，出击蕲、黄、广，恢复根据地，援助中央苏区反“围剿”。经过激烈争论，张国焘仍独断专行。这时，徐向前调任红四军军长。南下红军于7月中旬出发，于8月2日攻占英山城。徐向前、曾中生决定立出蕲、黄、广，直捣武穴，遂一面报告中央分局，一面乘敌不备率部南进，连克浠水、罗田、广济3座县城，歼敌7个多团，缴获大批武器弹药和资金。

张国焘得知红四军行动方向后，连续3次函催红四军撤回。红四军领导人于8月20日报告中央，详细申明了南下理由。9月1日，军部又接到分局和军委8月27日的信，红四军只得遵令北归。回师途中，红四军于9月4日在英山县鸡鸣河召开党的活动分子会议，总结南下以来的工作，讨论张国焘的来信。会上，同志

们不同意张国焘完全不符合事实的指责，一致通过红四军给鄂豫皖中央分局张国焘的信，再次说明东进之不利和南下的正确性及其胜利的重大意义。张国焘见到红四军的来信，立即召开分局和军委紧急会议，决定任陈昌浩为分局和军委的全权代表，赶往前线处理，并令陈接任曾中生的职务，相机处理许继慎等领导人。9 月 13 日，陈昌浩一到麻埠，便夺了曾中生政治委员的职权。

在红四军南下期间，张国焘已在皖西苏区开始"肃反"。8 月上旬，鄂豫皖政治保卫局在设于麻埠鹭鸶窝的后方中心医院，把投诚起义人员中一些对生活、医疗方面发牢骚的人打成"反革命"，向鄂豫皖中央分局诡称破获了一个所谓"AB 团"反革命集团。张国焘一面批评皖西北特委书记方英对"肃反"抓得不力，责令立即抓紧"皖西的肃反"，一面通知曾中生在红四军内"坚决肃反"，逮捕所谓"反革命重要分子"。此时，国民党蒋介石炮制了一个离间红军的诡计。当红四军南下攻占英山之后，国民党特务头子曾扩情利用他与许继慎同为黄埔军校同学的关系，经蒋介石特许写了一封信，并派两个特务到英山交给许继慎。曾扩情在信中故意闪烁其词，诡称许已与敌勾结，欢迎许去投蒋。特务与许继慎接触后，许继慎即将特务逮捕，并把其与信送交军部。徐向前、曾中生经对特务审讯后，即向分局表示："这完全是敌人用各种阴谋来破坏我们。"

敌人的阴谋诡计，却成了张国焘在红军中进行"肃反"的借口，他把打击目标指向许继慎等一大批领导干部。张国焘诬称许继慎、周维炯、熊受暄、姜镜堂、高建斗、廖业祺、肖方、吴精赤、潘皈佛 9 人组成了一个“反革命的军事委员会”，许继慎是主席。红四军内部的“肃反”开始后，许继慎、周维炯等人被逮捕。9 月底，部队进驻光山县白雀园地区，张国焘坐镇主持“全力肃清四军之反革命和整顿四军”的工作，大肆逮捕杀害革命同志。到 11 月中旬，一大批干部被以“改组派”“AB 团”“第三党”等莫须有罪名杀害。11 月下旬，“肃反”进一步扩大化，舒传贤、薛卓汉等人先后被杀害。

张国焘一手制造的“皖西事件”，给皖西北苏区以及非苏区的党和革命事业造成了无法弥补的损失，大批忠于党、忠于无产阶级革命事业的优秀领导干部和坚强战士被无辜杀害。这既极大地削弱了党、政、军的领导力量及其战斗力，也严重地挫伤了广大群众的革命积极性。

在张国焘推行错误“肃反”时，皖西北的广大党员、干部、战士和人民群众，仍然怀着对党、对共产主义事业的坚定信念，坚持对敌斗争。六安县赤卫军司令毛正初在被错杀之前，率领钢枪队和赤卫军第五团于 1932 年 7 月东渡淠河，先后攻占双桥集、李山店等地，毙俘敌 1100 多人，活捉了向六安逃窜的霍山县县长甘达用一伙；8 月上旬回师河西，打击进犯苏区之敌，保卫了秋收。霍山县独立团团长张滔在被错杀之前，于 8 月中旬率全团从千笠寺一直打到诸佛庵，歼进犯之敌第五十七师施旅一部。霍邱县独立团

团长汪映西在被错杀之前，采取伪装战术，于 7 月 15 日一举活捉国民党县长杨冠瀛一行 20 多人；该县赤卫军司令王志堂在被错杀之前，集中赤卫军 2000 多人，于七八月间从扈胡一直打到淮河边王截流，后又乘船分路出击淮河和城西湖的敌军，切断了国民党的淮上运输线。少共皖西北特委宣传部部长江承新在被错杀之前，从 7 月 28 日到 8 月 20 日，与少共皖西北特委的同志一起，发动 2166 人参加红军，支援红军粮食 128 石，鸡蛋 2841 斤，鞋袜 4464 双，银圆 225 块，铜圆 501 串。许多被诬为“反革命”而遭逮捕的干部、战士，当被暂时释放出来编为“突击队”时，毅然冲锋陷阵，奋不顾身地打击敌人，甚至献出了宝贵的生命。无数事实充分说明，经过党长期哺育的革命干部、战士和人民的革命本质不会改变，他们对党的信念永不动摇。

四、苏家埠战役与第三次反“围剿”的胜利

1. 红二十五军的成立和反“围剿”的准备

1931 年 9 月，国民党政府在日本帝国主义大举武装侵犯中国领土的严重形势下，无视全国人民的抗日要求，计划对鄂豫皖革命根据地进行第三次“围剿”。10 月，皖西北特委发出通告，部署反敌第三次“围剿”，苏区人民掀起了参军、拥军热潮。六安、霍

山、霍邱、商城 4 个县新建或扩编了独立团。其中，霍山独立团拥有 1000 多人枪，游击队也都扩大了队伍；霍邱一区、二区、三区的 3 个游击大队拥有长短枪 427 支，五区游击队发展到 140 多人。皖西北苏区共组成 5 个赤卫师，15 个赤卫团，3 个独立赤卫营。

10 月下旬，红二十五军在六安县麻埠成立，军长为旷继勋，政治委员为王平章，辖由原红十二师为主改编的七十三师。红七十三师师长为刘英，政治委员为吴焕先，拥有二一七团、二一八团、二一九团，共 400 余人。11 月 7 日，红四方面军于黄安县七里坪成立，徐向前任总指挥，陈昌浩任政治委员，刘士奇任政治部主任，辖红四军和红二十五军，近 3 万人。此时，蒋介石部署在鄂豫皖根据地周围的兵力已增加到 12 个师又 4 个旅，中共中央指示鄂豫皖分局，要充分做好迎战准备，反击第三次“围剿”。

1932 年 1 月 10 日，鄂豫皖区党的第一次代表大会在光山县新集召开，讨论了反对日本帝国主义侵华、粉碎国民党军“包围会剿”问题。大会选举产生了中共鄂豫皖省委员会，沈泽民任书记，高敬亭任组织部部长，成仿吾任宣传部部长。经鄂豫皖省委同意，皖西北道委于 3 月上旬将 5 县（六安、霍山、英山、罗田、商城）边区、英霍边区、霍山县六区及流波礚一带划为五星县，以燕子河为县城；成立中共五星县委、县苏维埃政府和少共县委，县委书记为韩承宏，县苏维埃政府主席为余良柱，少共书记为王传德，军事指挥部指挥为杨继明；组建五星县独立团，团长为郭伦义，政治委员为杨继明，辖 3 个营，共 500 多人枪。经过政治动员、部队整编

和作战部署，苏区反击国民党军第三次“围剿”有了比较充分的准备，部队士气和群众情绪也极为高涨。

2. 苏家埠战役

▲ 苏家埠战役红四方面军前线指挥部旧址

红四方面军成立之后，即在地方武装的配合和人民群众的支持下，于1931年11月10日发起黄安战役，历时43天，歼敌1.5万多人，重创了南线之敌。接着于1932年1月19日发起商潢战役，历时10多天，歼敌约5000人，给北线之敌以沉重打击。战后，红二十五军第七十三师返回皖西，红四军在固始地区休整，准备挺进皖西打击东线之敌。

1932年3月上旬，驻皖西之敌第四十六师和第五十五师一六三旅企图进犯麻埠、独山等地，红四方面军总指挥徐向前主张挥师东进，打击皖西之敌。3月20日，红四方面军总部于独山召开部队团以上和地方县以上干部会议，决定采取“围点打援”的战术，分割包围苏家埠、韩摆渡、青山店驻敌，伺机消灭六、霍援敌。

3月21日晚，红四方面军总部率3个师由西两河口渡过淠河，以红七十三师和霍山独立团围攻青山店，总部率另两个师向北疾进。22日上午，红十师先头二十九团在芮草洼与苏家埠遭遇出援青山店之敌两个团，当即向敌勇猛进攻，歼其一个营。红十师乘胜包围了苏家埠。红十一师向北推进，驻韩摆渡、马家庵之敌逃入六安城。23日，敌一三七旅和警二旅各一个团从六安出动，企图增援苏家埠，在韩摆渡附近受到红十一师和红十师的夹击，敌一三七旅二七四团窜入韩摆渡，警二旅一个团窜入苏家埠。是时，红十一师一个团和六安独立团又将韩摆渡围住。至此，红四方面军总部完成了对苏家埠、韩摆渡、青山店之敌实行分割包围的计划。

鉴于敌军3个据点工事坚固，不宜强行攻击，红四方面军总部决定在不放松围点的同时，将红十一师两个团置于六安西南之平岗头、樊通桥一线，准备打击六安援敌。3月31日，敌第四十六师师长岳盛暄组织六安、霍山两城敌军同时出援，企图南北夹击，解救被围部队。红四方面军总部随即以红十师二十九团和红十一师两个团以及六安县独立团由东、西方向钳形攻击六安出援之敌，当即将敌一三七旅一个团歼灭，活捉敌团长；以红七十三师攻霍山出援之敌，将敌警一旅击溃，并将青山店之敌大部歼灭。

4月中旬，苏家埠、韩摆渡守敌被围经月，粮秣奇缺。敌机虽有空投，但多落于红军阵地。红军乘机展开政治攻势，指明前途，

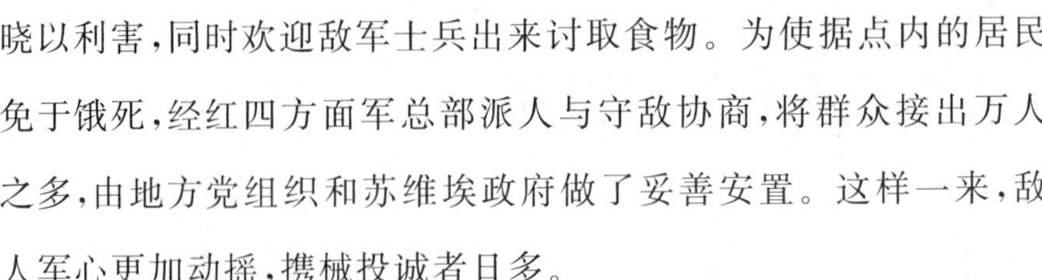

晓以利害，同时欢迎敌军士兵出来讨取食物。为使据点内的居民免于饿死，经红四方面军总部派人与守敌协商，将群众接出万人之多，由地方党组织和苏维埃政府做了妥善安置。这样一来，敌人军心更加动摇，携械投诚者日多。

4月下旬，蒋介石任命厉式鼎为皖西"剿共"总指挥，率第七师5个团、第五十五师4个团、第五十七师2个团，以及由潢川调来的第十二师2个团，连同警备第一旅等，约2万人大举增援。红四方面军总部得此情报，决定消灭敌人援兵。遂以红七十三师在樊通桥地区构筑阵地正面阻击，红十师、红十一师主力于两翼，伺机迂回包抄；以红七十三师二一八团一个营和六安独立团进至陡拔河以东，佯作抵抗，诱敌入圈。

5月1日傍晚，担任佯攻的部队与敌接触后，边打边撤，撤至陡拔河以西。2日拂晓，敌先头第七师主力十九旅尾追过河，向红七十三师阵地进攻，遭到红军的猛烈反击。红七十三师乘势冲杀，敌中弹落水毙命者无数，十九旅大部被歼。这时，尚未渡河之敌慌忙抢占高地，妄图负隅顽抗，但是左右两翼的红十师、红十一师主力已完成从敌侧后迂回包抄的任务。当总攻开始后，红军7个团、游击队和赤卫军多路突击，向敌穿插分割围歼，红七十三师二一七团直扑敌军指挥中心所在地小华山，一举摧毁敌指挥机构，并在大岗头南面树林中的一座坟墓后捉住了化装逃跑的总指挥厉式鼎。援敌被歼后，苏家埠、韩摆渡两地守敌更加沮丧，在红军强大的政治攻势下，于5月8日全部缴械投降。

苏家埠战役历时48天，共歼敌19个团和2个警备旅3万多人(其中，俘敌总指挥和旅长5名、团长12名及团以下官兵1.8万多人)，缴获长短枪1.6万多支、机关枪250挺、山炮4门、迫击炮40门、电台5部，击落敌机1架，取得了鄂豫皖苏区空前的胜利。5月23日，中华苏维埃临时中央政府发出贺电，指出苏家埠战役“给予全国反帝国主义、反国民党的革命运动以无限的兴奋，更加强了苏维埃红军对于全国革命运动的领导”，期望继续英勇战斗，争取新的胜利。

苏家埠战役取得如此辉煌的胜利，是在共产党的正确领导下，尤其是在皖西广大人民群众的全力支援下，红四方面军总部适时抓住战机，使用正确战术的结果。

战役发起前夕，皖西北道区指挥部发出了《为红军东下告群众书》，号召工农群众配合红军行动。1932年3月中旬，六安县委在独山召开党、团代表大会，决定以全力支援红军作战、积极扩大红军作为当前的中心任务，提出“东下红军要人有人，要粮有粮”。各县、区、乡苏维埃政府专门设立负责红军物资供应工作的接待处、招待站，东征红军沿途受到苏区人民的热情接待。六安三区、五区群众不顾春夜寒冷，于3月20日晚在两河口水中苦战一夜，架起9道浮桥，保证了红军3个师的人马及时通过淠河。五区苏维埃政府还选了17名熟悉地形的骨干给红军当向导，保证各部队按时到达预定作战地区。

战斗打响后，六安、霍山两县人民群众从各方面积极主动地支援红军作战。他们组织的担架队、运输队、打柴队、洗衣队、慰问队等达万人之多,服务于红军歼敌的战场上。六安、霍山两县独立团、游击队、赤卫军在直接参战的同时,还抽出一部分力量配合主力红军,在作战区域内宣传,动员群众为红军征集粮食,进行战地服务。皖西北道区苏维埃政府主席吴宝才带领赤卫军,远出数十里,筹集粮食,保证作战部队的粮食供应。中共舒城特支领导舒城至六安大道两边的赤卫军和农民协会,开展阻滞由安庆增援苏家埠之敌第五十五师的斗争,动员沿途群众坚壁清野,破坏交通,拆毁电话线路,不给敌军抬担架搞运输,不卖粮草给敌军,使其行动迟缓,一到淠东即大部被歼灭。

3. 皖西北革命根据地鼎盛局面的形成

苏家埠战役期间,红四方面军前沿阵地向东推进到合肥县金桥一线,把固守六安、霍山两县城的敌军分割包围起来,发动与支持农民举行武装起义。1932 年 4 月下旬,中共六霍县委委员汪孝芝领导六安县草皮塘、埠塔寺、九十铺、陈家河、施家桥和舒城县张母桥、稻场岗等地农民,举行了有千名赤卫队员参加的有牛岗暴动,成立游击大队,并成立了六霍县苏维埃政府和二区、十区苏维埃政府。六安县淠东地方农民也纷纷起义,成立区、乡苏维埃政府。六安、霍山、霍邱三县独立团合并,组建了皖西北独立第三师,师长为汪明国。六霍县于张家店组建独立营,使六安的淠河以东地区,除六安城区和潘家圩、刘家圩等少数敌军据点以外,全部成为苏区。舒城县的苏区也由西南山区扩展到安合公路以西大部分地区，使皖西北革命根据地大大向东扩展。

苏家埠战役结束后，皖西北独立第三师和五星、商城等县独立团改编为红二十五军第七十四师、第七十五师。接着，红二十五军沿淠河北上，解放了六安县木厂埠、马头集及寿县隐贤集、迎河集等集镇，于5月12日占领了淮上重镇正阳关。军部与中共寿县县委在正阳关召开群众大会，并组织起数百人的游击队，后由县委负责人曹广化带领加入红军。红军占领正阳关后，霍邱独立团一营和红二十五军一部进占霍邱县城。霍邱县委和县苏维埃政府于5月15日从大顾店迁入县城，成立了七区（城区）苏维埃政府，发动群众开仓分粮、镇压反革命分子。至此，霍邱县已建立7个区、3个镇、71个乡苏维埃政权，苏区人口33万多，占全县总人口的4/5。皖西北革命根据地向北扩展到淮河边。

与此同时，红二十五军第七十三师与红四军向西挺进，于6月12日发起潢光战役，毙俘敌近万人，第七十五师一部向南进击，于6月30日克罗田，继而克广济。至此，国民党对鄂豫皖苏区的第三次“围剿”计划全部破产。

粉碎敌人“围剿”后，皖西北根据地扩大到东起舒城附近，西到固始，南至太湖、宿松，北濒淮河南岸，拥有六安、霍山、商城、红山（英山）、五星、红城（霍邱）、固始、六霍8个县级革命政权，舒城、潜山、太湖、宿松4个县也建有很多区、乡革命政权。皖西北根据地从而形成了鼎盛局面。皖西北苏区掀起了新的参军热潮，

在各区的红军报名站内，出现了送子参军、送郎参军和父子兄弟同当红军的动人场面。地方武装力量进一步壮大，红四方面军主力发展到4.5万多人。

五、第四次反“围剿”斗争失利及红四方面军的西撤

1.皖西北苏区第四次反“围剿”斗争失利

1932年5月24日，蒋介石亲任豫鄂皖三省“剿匪”总司令，部署对我革命根据地的第四次“围剿”。蒋介石坐镇汉口指挥，将24个师又7个旅30多万人，组编成左、中、右三路军，以中、右两路军全力围攻鄂豫皖苏区。中路军司令部设于信阳(后移广水)，蒋介石兼任司令官，刘峙任副司令官，共指挥6个纵队、1个预备队，分别进至围攻鄂东北和豫东南革命根据地的位置。右路军司令部设在六安，豫鄂皖三省“剿匪”副总司令李济深兼任司令官，王均任副司令官，共指挥3个纵队、1个预备队，准备向皖西北根据地中心区进犯。6月10日，蒋介石电令“第一、第四、第七、第十二各师，同时向霍邱、正阳、六安、霍山之线前进”，限6月20日以前，“确实占领淠河西岸地区，所有前线部队，暂归第三军军长王均负责指挥”。王均计划首先把红军压过淠河，占领淠河以东根据地，然后与鄂豫各军协同“进剿”根据地中心区。

6月15日，国民党军乘红四方面军主力进行潢光战役，皖西北红军兵力薄弱之机，开始向皖西北苏区大举进犯。红二十五军第七十四师、第七十五师和地方武装在广大群众的支援下奋起抗击，但终因敌众我寡，被迫后撤。皖西之敌占领正阳关后，25日又进占霍邱县新店埠。我军英勇奋战，夺回新店埠。27日和28日，国民党军攻陷霍山城。28日，国民党军攻陷六安县戚家桥、韩摆渡及青山店以北地区后，合攻苏家埠，守卫苏家埠的地方武装激战半天后撤向两河口。至此，淠河以东的革命根据地全部丢失。

接着，皖西之敌围攻霍邱城，很快将城四面封锁。城内的红二十五军军长旷继勋亲自指挥，与敌展开了保卫战。7月10日，在第七十四师、第七十五师增援下，守城军民将敌军击退。12日，敌人疯狂反扑，猛攻霍邱城。守城军民与敌人展开了殊死战斗，到下午6时，除旷继勋率领百余人从西门突围、泅水脱险外，千余人英勇牺牲，千余人被俘。

敌人占领霍邱城以后，又向皖西北革命根据地的中心区进犯。张国焘无视东线皖西北的严峻形势，强令红四方面军主力第二次围攻麻城。红二十五军只得在皖西继续保卫根据地。8月9日，红二十五军军长蔡申熙指挥第七十四师准备由岔路口、马家圩一带撤至夏店集中，将第七十五师由钱家集亦调至夏店附近，准备歼敌一路。10日，敌第四师独立旅进占前店，第七十四师在砖佛寺埋伏，第七十五师赶来增援，毙俘敌无数。随后，红军主动撤向夏店、吴阳集一带。11日，红军东进至六安县郭店子、杨柳店一带，准备歼灭占领钱家集之敌第十二师。16日，敌两个团向郭店子进犯，第七十四师、第七十五师乘敌部署未定，冲入敌群，短兵相接，壮烈肉搏。当天夜里，红军再次向敌发起冲锋，夺回被俘的伤员数百名，遂分别撤向丁家集、火星庙。而敌第一纵队乘红军主力在郭店子作战之机，攻占了陡岗集、众兴集、双桥店、吴阳集之线，使红二十五军无法撤回霍邱。嗣后，第七十五师和霍邱地方武装于24日在三元店、王店给南犯之敌第一纵队以重大杀伤，29日又在长岗店、破网口、熊店子、尧岭、管家楼一线英勇阻击敌人，于30日分别撤向金家寨。第七十四师和六安地方武装于29日在康家埠给南犯之敌第二纵队猝不及防的沉重打击后，撤向独山。

2. 红四方面军的西撤

在敌人打进根据地中心区后，张国焘却命令实行消极防御政策，自率分局和省党政机关撤出新集地区，于1932年9月10日随红四方面军主力辗转到达金家寨地区，后与红二十五军的第七十四师、第七十五师会合。在红四方面军主力开始向皖西北转移之际，敌右路军的3个纵队继续向皖西北根据地中心区进犯。红二十五军和皖西北地方武装与各路进犯之敌不断展开激战，虽歼灭了大量敌人，但整个战局于我军不利。敌第二纵队于9月5日攻占独山，10日占领东、西香火岭和麻埠。敌第三纵队又于13日攻占了流波疃，敌中路军上官云相纵队于同日攻陷英山。

红四方面军主力转入皖西北后，按兵不动达10天之久，使蒋介石乘机以中路军的第六纵队由商城方面向汤家汇跟踪追击，于9月20日攻入金家寨。右路军3个纵队分别从霍邱叶家集、大小马店和五星县流波幢向六安金家寨方向“搜剿”前进，大片苏区丢失。在敌人大军压境、前堵后追的严重情况下，张国焘由盲目轻敌、狂妄自大变为惊慌失措，并且失去打破“围剿”的信心。他与陈昌浩、徐向前于9月13日、24日连电中央告急，苏区中央局在前方的周恩来、毛泽东、朱德、王稼祥接电后复示鄂豫皖中央分局，“建议红四方面军目前应采取相当的诱敌深入到有群众工作基础的、地形便利于我们的地方，掩蔽我主力目标，严格执行群众的坚壁清野，运用广大的游击队，实行四面八方之扰敌、截敌、袭敌与断绝交通等动作，以疲劳与分散敌人力量，而不宜死守某一点，以便利敌之分进合击。这样，在运动中选择敌人薄弱部分，猛烈打击与消灭敌人一点后，迅速转至另一方，以迅速、果敢、秘密和机动求得各个击破敌人，以完全粉碎四次‘围剿’”。但张国焘没有贯彻这一指示来挽救危局。9月27日，燕子河会议召开，出席会议的有张国焘、沈泽民、陈昌浩、徐向前、蔡申熙、方英、王平章等，会议决定主力红军向西转战。

9月底，红四方面军主力由燕子河经东、西界岭南下，直趋英山县境，于10月上旬重返黄安地区。部队忽东忽西，漫无目的，劳师千里，疲于奔命。10月10日，鄂豫皖中央分局在黄柴畈召开紧急会议，讨论红军的行动方针问题。张国焘根据多数人的意见，决定留下第七十四师、第七十五师与各独立师、团，由沈泽民

负责，在根据地坚持斗争，分局和红四方面军总部率第十、第十一、第十二、第七十三4个师和少共国际团共2万多人，跳出根据地，暂到平汉路以西活动，伺机打回根据地。会后，红四方面军主力即于10月12日夜越过平汉路西去，根据地大部分地区遂被敌人占领。

红四方面军向西转移的最初目的是"跳出根据地，暂到平汉路以西活动，伺机打回根据地"，但由于敌优势兵力围追堵截，原定的意图无法实现，只得继续向西实行长途战略转移。全军官兵历经千辛万苦、浴血奋战，翻越秦岭，涉过汉水，历时两个多月，行程3000里，于1932年12月由陕西南部进抵四川北部，开始了创建新的根据地的斗争。至1933年10月，红四方面军以通江、南江、巴中地区为中心，建立起总面积4.2万平方公里、人口约500万的川陕苏区，红军主力亦由入川时的4个师1.5万人扩大到5个军15个师8万余人。当时，毛泽东称之为"中华苏维埃共和国的第二个大区域"。

第四章

★★★★★

苏区典范——党在皖西地区执政的成功实践

皖西苏区是全国第二大苏区鄂豫皖苏区的重要组成部分。从1930年4月至1932年10月，在长达两年半的时间里，皖西苏区经历了建立、发展、巩固、鼎盛到失利的过程。在反对蒋介石三次“围剿”的过程中，皖西建立了特（道）区、县、区、乡、村五级苏维埃政权，开展了轰轰烈烈的土地革命，到1931年夏，80%的无地、少地农民约100万人分到了土地。皖西苏区各类机构设施之完备、社会职能之配套，表明了苏区建设达到相当成熟的程度，是当时全国苏区建设的典范。

一、苏区的政治建设

1. 苏维埃政权的建设

皖西党组织十分重视武装夺取政权这一革命中心任务。六霍起义后，中共六安中心县委就把建立“工农兵代表大会”，即建立苏维埃政权当作工作的中心任务。政权建设经历了创立、发展和日臻完善的过程，其特点如下。

一是在武装起义爆发的同时建立政权。在准备武装起义时就秘密建立政权筹备班子，起义胜利后迅速成立政权机关。在独山暴动后，六安三区革命委员会成立，到 1930 年 4 月上旬，皖西已建立起村、乡、区三级苏维埃政权；1930 年 4 月 13 日，全省第一个县级苏维埃政权——霍山苏维埃政府成立；1931 年 1 月，鄂豫皖特区苏维埃政府东方办事处成立。至此，村、乡、区、县、特区五级苏维埃政权结构形成。

二是多数地方先建立革命委员会或办事处，临时行使政权职能。六安三区、霍山西镇，六安、英山、潜山、霍邱 4 个县，乃至皖西地区级政权机关大多采取这一过渡形式。革命委员会与苏维埃的组织系统大体相同，区别是在选举前不能成立执行委员会。这些区、县革命委员会和东方办事处，以及一些行使政权职能的区、乡农民协会(如六安六区),相继被苏维埃政府代替。

三是在边界地区建立政权。1930 年春至 1931 年 4 月,舒(城)桐(城)庐(江)边区苏维埃政府、英(山)霍(山)边区苏维埃政府、五县(六、霍、商、罗、英)边区苏维埃政府、商固边区苏维埃政府先后建立。这些边界政权在动员组织群众、建立人民武装、保卫六霍中心区和开辟新的根据地方面,发挥了不可低估的作用。

四是政权发展呈波浪式前进。1930 年 4 月下旬,国民党军向皖西苏区反扑,部分苏维埃政府塌台。6 月,红一军第一次东征皖西胜利,收复失地,重建苏维埃政权,使皖西苏区发展到 4 个县级政权、10 多个区级政权、100 多个乡级政权。同年秋,受李立三"左"倾冒险错误影响,主力红军西击平汉线,敌军乘虚而入,皖西基层苏维埃政权几乎全部塌台。第一次反"围剿"胜利后,皖西苏区和政权得以恢复。1931 年四五月间,第二次反"围剿"的胜利,使皖西苏区向西北方向大大扩展,苏区内的各级政权全部建立,直至成立皖西北特区苏维埃政府。

皖西各级苏维埃政权在组织发动群众进行武装斗争、支援革命战争、开展土地革命、从事经济建设、发展工农业生产、兴办文化教育事业和改善人民生活等方面做了大量工作,得到广大群众的赞颂和拥护。六安六区苏维埃政府成立时,参加庆祝大会的群众有 3 万人之多。人民群众欢欣鼓舞,敲锣打鼓,张灯结彩,鸣放鞭炮,杀猪宰羊,庆祝新政权诞生。

2.群众团体、组织的建设

随着皖西苏区的巩固与扩大,党和苏维埃政府不仅发展了原有的各种群众团体,而且根据需要又成立了一些群众组织。

(1)六安共产主义青年团组织。六霍起义前,青年团在六安县只有区的组织,共12个支部,88人。霍山有1个特区委、3个支部,30多人。当时团的指导机关设在六安城内的初中和省立三职。1929年11月,团组织遭敌破坏,许多团员由党分配工作。1930年2月,少共六安特区临时委员会成立,书记为窦克难,下有5个支部,90多人。

1930年3月,六安中心县委发布了《对六县C·Y工作决议案》,使团的工作有了明确的方向。此后,团特区委书记窦克难调往六安中心县委工作,江承新任团特区委书记。到五六月间,团的组织有了较大发展,仅霍山六区团员就发展到300人。7月,少共鄂豫皖边区特委派巡视员来六霍巡视,召开了六安、英山、霍山、霍邱4县团的联席会议。不久,团组织与党组织及工会合并,团的活动随之停止。在纠正李立三"左"倾冒险错误之后,皖西苏区各县相继恢复团组织,各区建立了团区委或总支,各乡建立了团支部,各村建立了团小组。1931年1月,少共鄂豫皖特委皖西分委会成立,书记为仲德。

团组织的不断健全与发展,使团的工作逐渐活跃起来,成为党的得力助手,在参加红军和地方武装、建设苏维埃政权方面都起了很大作用。1931年春荒时,少共响应党组织的号召,发动团员、青年带头种瓜种菜，开展生产自救，使“苏区无荒土”。团组织在帮助党做好中心工作的同时，关心青年人的利益：帮助做成年人工作的青年工人取得相等的工资，实行青年工人八小时工作制，缩短学徒期限；争取男女有离婚、结婚自由，反对买卖婚姻和虐待童养媳。团组织获得了广大青年的拥护，团的工作有了更为广泛的群众基础。

(2)儿童团组织。儿童团组织在少共的领导下建立。凡8岁至15岁的劳动者子弟均可加入儿童团。最初由特区设立童子团团部，后改为县设团部，区设大队部，乡设中队部，村设小队或分队部。1930年，六安六区劳动童子团有6000多人，在站岗放哨、盘查行人、传递公文、拥军优属、捉拿奸细、禁止吸鸦片烟等方面起了很大作用。

(3)农民协会组织。苏维埃政权建立之前，六安、霍山两县就成立过县农民协会，各区、乡、村的农协组织比较健全，其他县的一些区、乡、村也建立了农协组织。苏维埃政权建立以后，农协支会、分会得以保存，其主要任务是发展生产、供应红军的粮食、组织运输队支援前线。后来，在农协中分别成立雇农工会和贫农团。每乡之下有若干贫农小组，以乡为单位成立贫农委员会。之后，随着组织的扩大，每村苏维埃政府之下设若干贫农小组，以村为单位成立贫农委员会。雇农工会的各小组也都加入贫农委员会，一起带头贯彻执行苏维埃政府的各项政策、法令，保护贫雇农的基本利益，领导中农参加各种斗争。

(4)工会组织。六霍起义前,六安县总工会是由一些区的赤色小组发展而成的,其他县只有区工会。六霍起义胜利后,工会组织逐步建立和健全。1930 年 8 月,工会与党、团组织合并。同年冬,又重新恢复。到 1931 年春,六安、霍山、霍邱、商城 4 个苏区县的基层工会组织均建立起来,先后成立了县总工会。工会在同级党委和苏维埃政府以及上级工会组织的领导下,积极输送优秀工人参军、参政,领导工人、雇农参加土地革命,发展手工业生产,支援革命斗争。同时,工会开办训练班、工人夜校、工人俱乐部,提高工人的思想觉悟和文化水平;领导工人努力改善工作和生活条件,一律实行八小时工作制。通过斗争,成人工资增加了一倍,青年工资增加了两到三倍;工人每月休息 3 天,若有疾病,工资照发,并由雇主发给医疗费。

(5)各级妇女组织。在党的领导下,妇女会积极发动广大妇女参加土地革命,打土豪分田地;成立妇女赤卫队,和儿童团一起站岗放哨;动员妇女积极支持亲人参军参战;组织洗衣队、慰问队、做鞋队、看护队、交通队、侦探队、代耕队,支援前线,拥军优属;组织妇女学文化,参加宣传活动和社会工作;提倡男女平等,婚姻自主,争取自身解放。当时青年妇女"有百分之八十都出来参加革命工作了"①。"六霍两县的妇女对革命认识非常之坚决,

① 《皖西北特委关于各部门工作情况给中央的报告(1931 年 6 月)》,见中央档案馆等:《鄂豫皖苏区革命历史文件汇集(第四册)》,内部印行,1985 年,第 393 页。

最好的要算霍山东北区、三区、六区，六安的三区和六区等处”[1]。党中央对皖西妇女工作曾给予高度评价，认为“妇女工作的发展，是六安党工作进步表现之一”[2]。

(6)革命互济会。革命互济会的主要任务是慰问红军、伤病员和烈军属，照顾人口多劳动力少及生活无依靠的老弱残等特殊困难户，秘密救济靠近苏区的贫苦人民，并向他们进行政治宣传。会员都是同情革命而自愿加入的，主要是中小商人，以及一些富农、小地主。1930 年 8 月，安徽省互济会总会派人来六、霍两县工作，在霍山县成立了县总会，在六安六区成立了区总会。到 1931 年春，各县、区、乡都成立了互济会。

(7)反帝大同盟。反帝大同盟是中共安徽省委于 1931 年 2 月确定组织，九一八事变后在根据地发展起来的。1932 年 1 月，刚成立的中共鄂豫皖省委即讨论了反帝同盟，促使这一组织系统更加完善。省、特(道)区、县、区各级均有代表大会，日常工作由各级代表大会产生的执行委员会的常务委员会负责，下设组织、宣传、总务等机构，并建立了不平等条约研究会、苏联研究会、反对帝国主义国民党封锁委员会等组织，在宣传组织群众反对帝国

---

① 《舒传贤关于六安中心县委工作情况给中央的报告(1930 年 12 月 10 日)》，见中央档案馆等:《鄂豫皖苏区革命历史文件汇集(第四册)》，内部印行，1985 年，第 249 页。

② 《中央给六安县委的指示信(1930 年 3 月 16 日)》，见《六霍起义》编辑委员会:《六霍起义》，北京:中共党史资料出版社，1989 年，第 32 页。

主义战争、反对国民党反动派进行内战等方面起了积极作用。

皖西苏区的各级党组织通过这些群众组织，把广大人民群众紧紧地团结在自己的周围，开展革命战争，进行土地革命，建设根据地，使苏区呈现一派欣欣向荣的景象。

二、苏区的武装建设

自红三十三师编入红一军之后，皖西地方革命武装主要是赤卫队、游击队、少年先锋队、独立师和独立团等，它们分别由各级党政机构指挥。1931 年 1 月，皖西分军委成立，统一了对地方武装的指挥。

赤卫队分为常备队和预备队，均由县苏维埃政府赤卫委员会指挥。常备队即游击队，脱离生产，由苏维埃政府给养，其成员较纯洁，组织也较严密，配有步枪等武器，在本地战斗力较强。它的组织系统为县设团（有的叫独立团，六安县曾成立游击师），区设营（有的叫战斗营），乡设连（有的叫钢枪队）。预备队平时不脱离生产，在军事紧张时参加作战，或担任防务，主要使用土枪、刀、矛等武器。16 岁至 45 岁、身体健壮的工农群众均可参加赤卫队。赤卫队的主要任务是保护一切革命的组织、肃清反动派、维护赤区治安、帮助游击区红军作战、夺取敌人武装等。

少年先锋队是青年群众半军事性的组织，是极广泛的青年群众的军事集团。其组织系统分为纵队、大队、中队、分队，县、区还设有模范营和模范连。参加少年先锋队的年龄为16岁至23岁，一度定为15岁至18岁。少年先锋队在同级少共领导下，承担守界放哨、盘查行人、押送坏人，配合红军作战、当向导，做群众工作等任务。

赤卫队、少年先锋队等地方武装在皖西苏区普遍建立。霍山县每个区的赤卫队至少有5个常备队，预备队有1万多人；每乡成立1个少先大队，每队90人，其中有不少女队员。六安六区13个乡共6.3万人口，赤卫队里面有游击大队60人(有钢枪26支)，常备队6500多人，预备队2万人左右。第五乡有战斗力很强的猎户团组织，少年先锋队有1700多人。地处皖西苏区东部的舒城县，在1931年5月以前，也先后组建了稻场岗、晓天、深冲、寨冲、春秋山、板山、保民乡、云雾乡、傅冲、范家店、长冲等10多支赤卫队、游击队和少年先锋队。

当李立三"左"倾冒险错误贯彻到皖西时，赤卫队、少年先锋队的建制一度被打乱，赤卫队、少年先锋队被混编为红色补充军和守备队，原有的枪支也全部集中到红军中去，战斗力大大削弱。直到纠正了李立三"左"倾冒险错误之后，原来的建制才分别恢复。

随着苏维埃政权的巩固与发展，赤卫队、游击队和少年先锋队的队伍逐渐壮大，战斗力日益增强。根据斗争的需要，地方武

装一方面可以源源不断地向红军输送人员，一方面也可以通过整编上升为主力红军。1930 年 7 月，在赤卫队、游击队的基础上，组建了中央独立第一师、第二师。同年 12 月，六霍补充营与部分红军合编为红一军第三师第七团，该团后于 1931 年 1 月改为军属独立第一团，2 月扩编为中央教导第二师，4 月编为红四军第十二师。这些上升为主力红军的部队，仍战斗在皖西地区，在粉碎国民党军第一、二、三次“围剿”，恢复和扩大皖西革命根据地的过程中，发挥了巨大作用。

三、土地革命的开展

土地革命是工农武装割据的中心内容。皖西的党组织和苏维埃政府领导根据地的广大农民摧毁了数千年的封建土地制度。分到土地的农民群众，以从未有过的政治热情投入革命和建设事业，使红军的壮大和革命根据地的巩固有了最雄厚的群众基础和物质基础。

1. 土地革命前各阶级对土地的占有情况

土地革命前，六安“土地属于地(主)、官僚、军阀的有 60%，属于商(业)资本的只有 10%，属于农民的有 30%”。六安县七邻湾

的地主、富农仅占总人口4.2%，但其占有的土地为总面积的80%。军阀张敬尧在原籍霍邱即占有土地七八万亩以上。六安县收租万石以上的大地主有两户，收租在六七千石的有五六户，小地主收租在20石至200石者是普遍现象，自耕农不多。

不合理的封建土地制度使广大农民长久以来遭受地主的剥削和压迫。六安县西南和西乡一带，佃农“平均每年收入须缴2/3与地主。雇农因失业者众多的关系，工资亦甚微，每年不超过20元。牧童、女工每年只有5元至10元”[①]。霍山县农民的生活水平一天一天地降低，“农村经济已趋于破产的地位”[②]。霍邱县“各乡的地主对于佃农除掉课租、课禾、课麦以外，还有什么课鸡、课鹅以及杂粮课、棉花课、稻草课等”[③]，农民生活苦不堪言，“有每天两餐的，有的甚至每天一餐还不得饱食，尤其是在去冬冰天雪地的数月里，饿死的贫人时有所闻”。霍邱县周店原有60多户农民，1929年冬，除外逃、冻死、饿死外，仅剩下8户。周店南头柏粉坊原有36人，1929年冬，饿死3人，卖掉4人，全村240亩地抛荒130亩。

---

① 《六安县委的报告(1929年8月8日)》，见中央档案馆，安徽省档案馆:《安徽革命历史文件汇集(第四册上)》，内部印行，1987年，第25—26页。

② 《霍山县委关于经济、政治等情况的报告(1930年4月17日)》，见《六霍起义》编辑委员会:《六霍起义》，北京:中共党史资料出版社，1989年，第203页。

③ 《霍邱县委关于经济、政治及党组织情况的报告第二号(1930年6月3日)》，见中央档案馆等:《鄂豫皖苏区革命历史文件汇集(第四册)》，内部印行，1985年，第80页。

封建土地制度已成为农村生产力发展的桎梏。如不进行变革，红军就得不到广大农民的支援，红军自身也就没有给养来源，武装斗争就会失败，根据地也不可能得到巩固。因此，变革封建土地所有制的革命，就成了历史发展的必然趋势和不可阻挡的潮流。

2. 土地革命的逐步进行

六安的土地革命是随着革命形势的发展而逐步深入的。农民在武装起义中，主要任务是打土豪、分浮财、减租减息；在根据地形成后，党和苏维埃政府制定了比较正确的土地政策和法令，稳步地分田地、分山林。

在六霍起义过程中，广大农民革命热情高涨，各地抗租、分粮、分田地的斗争进行得如火如荼。但因当时形势发展很快，来不及做统一规定，各地做法不尽相同。1929 年冬，六安六区对地主的抗租，采取了区别对待的办法："地主有田 40 石以下者，其原租地主得 5/10，佃农得 5/10；地主有田在 40 石以上 80 石以下者，其原租佃户得 5/10，农会得 1/10，地主得 4/10；地主有田 80 石以上 120 石以下者，其原租佃户得 5/10，农会得 2/10，地主得 3/10；120 石以上 160 石以下者，其原租佃户得 5/10，农会得 3/10，地主得 2/10；160 石以上 200 石以下者，其原租佃户得 5/10，农会得 5/10；祠堂庙宇之租，佃户得 5 成，农会得 5 成。""次年再实行没

收一切土地”[①]。霍山自西镇暴动以后，“一般豪绅都跑在外面，豪绅的家产，有的被革命委员会没收，有的被农民派分了”[②]。

1930年3月下旬，六安中心县委在七邻湾召开所辖六县与红三十三师联席会议，提出了“彻底执行土地政纲的任务”，争取“农民组织于我们口号之下”[③]。会后，六安中心县委指导六安六区于4月中旬召开苏维埃代表大会，通过了《土地政纲实施细则》和《森林办法》，对土地革命各项政策做了具体规定。

《土地政纲实施细则》共16条，主要内容概括如下。

第一，规定了没收土地的范围。“凡豪绅地主所有之土地”，“经革命政府肃反委员会宣布没收财产之反革命分子之土地”，“富农剩余之土地”，“祠堂、庙宇、祖积、公积之土地及一切公产、官地”，均“一律没收”。这样就严格控制了没收土地的范围，而不是简单“没收一切土地”，是符合党的六大确定的土地没收原则的。

第二，规定了土地分配的对象。“凡没收之土地”得分配给“无地之农民，少地之农民”，“愿耕种之工人”，“革命职业家”，“红军的官兵”，“退伍的兵士”，“愿耕种之小贩及其他职业家”。“凡

---

① 《六安县委报告第四号(1930年2月18日)》，见中央档案馆等:《鄂豫皖苏区革命历史文件汇集(第四册)》，内部印行，1985年，第26页。

② 《霍山县委关于经济、政治等情况的报告(1930年4月17日)》，见中央档案馆等:《鄂豫皖苏区革命历史文件汇集(第四册)》，内部印行，1985年，第155页。

③ 《六安中心县委关于六霍等六县目前工作计划的决议案(1930年4月1日)》，见中央档案馆等:《鄂豫皖苏区革命历史文件汇集(第四册)》，内部印行，1985年，第113页。

豪绅反动派已经解决者”，其“家属确经当地革命团体证明无反动嫌疑者”，也可分得土地。

第三，规定了对待中农的政策。因为“中农在民权革命中是一个革命的力量”，要团结中农，不能反对中农，若“反对中农就是使中农依附到反革命的方面去”。因此，《土地政纲实施细则》严格规定不得侵犯中农的利益，“中农在别乡之土地交给别乡分的，本乡得以同量之土地分给中农，如无土地调换，则别乡不能分配”。这对稳定中农情绪、团结联合中农、壮大革命力量，起到了明显的作用。

第四，规定了对待富农的政策。只没收富农“剩余”之土地，而对其自耕和雇工耕种的土地是允许保留的，并明文规定“愿耕种之富农”也可分给土地。这是符合新民主主义革命阶段限制富农政策的。

第五，规定了分配土地的标准。“分配土地之多少，以粮食需要(全家人口要多少粮食吃)为主要条件”。“分配土地不可以面积为标准，要以出产为标准”，并规定“分配土地男女有同样的权利”。这实际上是按人口平均分配土地的。因为当时农民对平均分配较愿意，“故采取平均分配为原则”[①]。

第六，另外规定，“凡鳏、寡、孤、独、残疾及无力耕种者，由当地苏维埃酌量分配土地，其耕种办法得由雇人耕或由当地负责办

---

① 《舒传贤关于六安中心县委工作情况给中央的报告(1930 年 12 月 10 日)》，见中央档案馆等：《鄂豫皖苏区革命历史文件汇集(第四册)》，内部印行，1985 年，第 225 页。

理或代耕”。“分配土地尽先分给革命死难家属”。“每家所得之土地以配在同冲、同畈为好，不可将面积广大的田分零碎了”。“工人小贩及其他职业者，如愿耕种土地，要估量他原有的职业收入再酌量分以土地”。“毗连之乡土地宽裕者，须斟酌情形发给部分土地与缺少之乡”。“池塘养鱼归附近农民公共管理，水路仍得照旧使用”。这些规定，既合情合理，又细致周到，因而受到群众的拥护。

《土地政纲实施细则》是依据党的六大有关土地问题决议的精神，参照《鄂豫边革命委员会土地政纲实施细则》，结合六安的实际情况制定的，是基本正确的。当然也存在一些缺点：一是没有根据富农对革命的态度而采取不同政策；二是规定分配土地对象的范围过宽，“革命职业家”及“其他职业家”分到土地后，有的还要农民代耕，这就增加了农民的负担；三是由于规定了“农民对于土地只有使用权，无所有权”，“农民对于土地如有保护不力、耕作培植不良者，由苏维埃政府立即收回，再分配给其他农民”，这就“使得农民感觉田不是他自己的，自己没有权支配，因此不安心耕种”[①]。

六安苏区山多田少，因此变革森林、山场的所有制是土地革命的重要方面。除在《土地政纲实施细则》中规定“凡没收之柴山、竹园”“得照田分配”外，《森林办法》还对森林、山场的所有制做了完整且具体的规定。

---

① 中共中央党史研究室：《土地革命纪事（1927—1937）》，北京：求实出版社，1982 年，第 21 页。

第一，指明了保护和发展森林资源的重大意义。《森林办法》指出："森林除供给人生使用外，有保护雨量之益，各民众都负有保护之责任。"这是制定《森林办法》的指导思想。

第二，规定了没收山林的范围。"凡值百元以上之森林，一概没收，由当地乡苏维埃管理"。而农民所有的零星山场不被没收，并鼓励农民尽量在"屋拐、田头、路旁、河下、荒山"栽种树木。

第三，规定了山林的使用权和管理办法。"凡没收后的森林，竹、茶、桑、油、漆、果等树分给农民"，只许看管使用，不许"毁坏或转卖"。"柴山不问没收不没收"，砍柴时一律"不许砍伐树苗"。"凡无山场之居民欲使用他处竹木时，须报告当地乡苏维埃，经许可后始得通知某处使用，并不得伤害森林或自由强伐"。"长成之森林山场分给农民后，只许提棵变卖，或(种)茯苓，不得乱砍"。"凡护守及路旁树木，一律不准砍伐或转卖，并有培植的义务"。这些规定强调了管好用好森林、禁止乱砍滥伐的重要性。

《森林办法》不仅废除了封建的森林、山场所有制，而且规定了山林的使用与管理办法。这对保护森林、发展林业生产起到了积极作用。

《土地政纲实施细则》和《森林办法》由六安中心县委转发所辖各县，用以指导皖西苏区的土地革命。六安、霍山两县委还编印了《土地问答》，连同《土地政纲实施细则》《森林办法》一并向广大群众宣传。

各县委、县苏(革委会)成员带领党、团骨干，分头到各区、乡

帮助发动群众，开展土地革命。各级苏维埃政府都设立了专门机构——土地委员会（村苏维埃为土地委员），具体实施田地和山林的没收与分配工作。土地委员会由农民推举忠于革命、群众关系好、无私心的人组成，多数是贫雇农，也有中农，一般 5 至 7 人，内设没收、征收、斗争、监察等委员。

开展土地革命的方法，一般采取以下几个步骤。

第一，划分农村阶级。当时规定：凡自己没有土地，帮人家打长工、短工的为雇农；自己只有少数土地、出卖劳动力或兼做小贩或佃种他人的土地，一年收入不够吃穿用的为贫农；自己的田地自己耕种，不剥削别人，一年收入恰够全家人需要的为中农；自己的土地自己耕种，时常请短工或终年雇人放牛，一年收入略有余的为富裕中农；自己有多余土地出租或雇人代耕，剥削佃农和雇农，或自己耕种土地又请人开作坊或商店，或以多余的粮钱放高利贷，一年收支有剩余的为富农；占有大量或较多的土地，自己不劳动，专靠剥削他人为生的为地主。

划分阶级都是在当地党组织领导下进行的，在深入调查的基础上，由苏维埃政府主席召集土地委员会和农民协会共同研究并提出初步意见，再交由群众评议，最后报上级苏维埃政府批准。在审批中，对个别地方以余粮多少、生活好坏为标准，把少数富裕中农划为富农的做法，坚决予以纠正。

第二，打击地主、豪绅。召开群众大会，公审和处决罪大恶极分子，当场烧田契、毁债约，从政治上打击地主阶级，给广大农民撑腰。

第三，进行田地、山林和人口的调查统计，确定土地分配的标准。通常是由土地委员会同老农对田地、山林进行实地估产，根据收获量确定田地等级，一般分为上、中、下三等。按户登记人口，确定全家粮食需要量。

第四，分配田地和山林。田地分配一般照顾原种者，抽多补少，好坏搭配。同时考虑农民移居的困难，尽量就近分配土地，以便于耕种。分配后如群众无意见，即做定论，逐田逐地插上署有户主姓名的木牌。某地农民若感觉土地分配不公，还可重新分配，如霍山县六区就先后调整了 4 次。

到 1930 年 7 月，六安三区、六区、七区，霍山一区、二区、三区、五区、六区、七区及四区的部分地区，以及霍邱、英山的部分红色区域都进行了土地分配，约有 32 万贫苦农民和手工业工人分得了土地。

正当苏区土地革命运动蓬勃发展之际，李立三“左”倾冒险错误贯彻到皖西，提出消灭富农和建立集体农庄等“左”倾政策。但由于敌军乘红军主力西调之机向苏区大举进犯，“左”倾土地政策未能全面执行。只有六安六区和霍山三区“打倒富农，没收富农的财产，把富农赶上山头上去开垦，且认为有剩余的即是富农。因此妨害了中农的利益，以至于动摇了中农”[①]。六安中心县委对

① 《舒传贤关于六安中心县委工作情况给中央的报告(1930 年 12 月 10 日)》，见中央档案馆等:《鄂豫皖苏区革命历史文件汇集(第四册)》，内部印行，1985 年，第 226 页。

反富农政策有怀疑，执行不积极，并及时在7月中旬召开的4县（六安、英山、霍山、霍邱）联席会议上做了纠正。

1930年八九月间，皖西苏区几乎全被敌人占领，豪绅地主疯狂反攻倒算，土地革命成果丢失殆尽。第一次反“围剿”胜利后，皖西苏区重建苏维埃政权，到1931年2月，又广泛掀起了土地革命热潮。

在进一步开展土地革命的过程中，中共皖西分委根据中共鄂豫皖特委的指示，吸取以往的经验教训，对有些问题重新做了规定，使土地政策进一步完善。一是以人口和劳动力为标准分配土地，废除单纯以粮食需要为标准来分田的原则。这样就使人口多、劳动力强的多分一些，人口少、劳动力弱的少分一些，单身汉则分到更多一些土地。二是缩小了分田范围，无力耕种的小商贩、手工业工人、革命职业家只分1/2的标准田，或不分田。三是严格控制了代耕范围，除个别地区从实际情况出发，对缺乏劳动力的教师的土地组织代耕外，规定“除了红军兵士及为革命而残废的人，任何人也不能采用代耕制”[①]，大大减轻了农民的负担。四是纠正了个别地方过“左”的做法，对地主、富农采取了“给出路”政策，使他们能维持生活，“不积极走到反革命的路上去”。

这些规定深受广大群众的欢迎，土地革命进展迅速。到1931

---

① 《鄂豫皖特委曾中生给中央的报告(1931年2月10日)》，见中央档案馆等:《鄂豫皖苏区革命历史文件汇集(第二册)》，内部印行，1985年，第222页。

年5月，原来的苏区全部重新分配了土地，受"左"的政策影响的六安六区和霍山三区也纠正了错误，仍执行"对地主家属依然分给土地，对富农只没收剩余的土地"的政策，让地主、富农自食其力。新开辟的六安四区、八区、九区，霍山四区(部分)，霍邱一区、三区、五区等地，也都进行了土地革命。六安境内有近100万人口分得了土地，并由当地的苏维埃政府发给了土地证。苏维埃政府同时将没收的森林、山场全部分给了农民。广大农民获得土地后，以无比喜悦的心情投入生产。

3.土地革命在老区的反复和在新区的开展

1931年4月，张国焘到达皖西，他全盘否定皖西苏区的土地革命，指责"皖西土地分配得一塌糊涂"[①]。在他的错误指导下，鄂豫皖区第二次苏维埃代表大会将皖西过去纠正一些地方的做法，如把地主"扫地出门"、没收富农的好地分以坏地，以及动员中农"自愿"拿出多余的土地等，说成是"富农路线"，指令皖西北苏维埃"对于土地问题，应重新彻底分配"[②]。大会重新规定了土地政策。对"地主阶级和富农的土地应全部没收过来，地主阶级土地

① 《张国焘关于鄂豫皖区情况给中央政治局的综合报告(1931年5月24日)》，见中央档案馆等:《鄂豫皖苏区革命历史文件汇集(第一册)》，内部印行，1985年，第37页。

② 《鄂豫皖区第二次苏维埃代表大会给皖西北特苏的指示信(1931年7月)》，见中央档案馆等:《鄂豫皖苏区革命历史文件汇集(第三册)》，内部印行，1985年，第40页。

被没收后，不能取得任何丝毫土地，富农如果要种田地，可以给较坏的劳动份地，但必须以自己劳动去耕种”[①]，“富农多余的牛、耕具和房子可以没收”。中农的土地以不动为原则，但经过宣传教育，他们应自觉地拿出平分，如果真正不愿意，也不要蛮干。为了推行这种“左”的土地政策，中共鄂豫皖中央分局还提出要“集中火力反对右倾机会主义”和“富农路线”。

在此情况下，中共皖西北特委只得不顾过去执行正确土地政策所取得的成绩，提出要“把以前所分给富农的土地与地主豪绅、流氓、无耕种能力的分子的土地没收过来，给贫农、雇农、中农耕种”，并要求“新发展的苏区立即进行没收分配，不能等待秋收后再分配”[②]。为全面推行“地主不分田，富农分坏田”的错误政策，皖西北特委提出要彻底清查平均分配土地的实际情况，限期分配和重新分配土地。这样，皖西北苏区过去已经分配了土地的地区，从 1931 年 8 月开始重新分配，到同年底基本结束。尚未进行土地革命的地区，于 1932 年 5 月底以前基本完成，少数地方因敌人新的“围剿”很快到来而未来得及分配。

在这种思想指导下，皖西北特苏虽然也提出“应时时注意到

---

① 《鄂豫皖军委总政治部关于怎样分配土地的宣传材料(1931 年 10 月 11 日)》，见中央档案馆等：《鄂豫皖苏区革命历史文件汇集(第三册)》，内部印行，1985 年，第 262 页。

② 《皖西北特委第二次扩大会议决议案(1931 年 7 月 31 日)》，见中央档案馆等：《鄂豫皖苏区革命历史文件汇集(第四册)》，内部印行，1985 年，第 451 页。

巩固中农的联盟，不能将没收原则应用到比较富裕的中农的土地上面去”，但在实际执行过程中，则是要中农自动拿出土地来平分，对过去分得好的土地却不愿意拿出来分配的人，则号召广大群众与他们斗争。结果，不仅把中农多余的土地抽出来了，而且把中农的好土地也抽出来了。六安六区二乡甚至以余粮多少作为审定阶级成分的主要标准，把一些中农错划为富农。这些“左”的做法，虽然使贫雇农暂时得到了更多的利益，但是使中农的利益受到侵犯，违背了团结中农的政策，破坏了农民内部的团结。对于地主，则再次“扫地出门”，不分给任何土地，罚其做苦工。对于富农，只分给坏地，收下的“粮食只留下一点给他吃，余则征发”。六安县一些地方还打击富农经济，对富农不断征粮派款，不给经济出路，造成许多富农甚至富裕中农外流。

虽然存在上述不足，但皖西苏区土地革命的开展，摧毁了几千年的封建剥削制度，使占总人口近70%的贫雇农分得了土地，大大解放了农村生产力。获得土地的农民为了增加生产、改善生活，在自己的土地上辛勤耕耘。1931年秋，“因分了田，群众努力生产，获得了大大的丰收”。英山县水稻亩产增加了二三成，甚至五成，因而“赤色区米价一元一斗，白色区一元只能买四五升”。农民的生活也得到了明显的改善。六安康家埠农民李其方全家11口人，过去2个兄弟帮工，父亲和其余人租田耕种，终年不得温饱，母亲和弟妹4人讨饭。1931年春，李家分得三石四斗田，当年收了50多石粮食，过春节时还杀了一头猪。英山县农民周大林一家4口人没有田地，只得去贩卖窑货、抬轿子，平均一天挣28个铜板，难以养家糊口。1931年，周大林一家分得了田地后获得好收成，添置了衣服、被子、蚊帐和箱子等生活用品。

在政治上、经济上翻身的广大农民，把自己的命运与共产党、苏维埃政府和红军紧密地联系起来，因而在“精神上物质上”都能“志愿地来帮助红军与政权”。1930年，六安六区土地完全平均分配后，人民群众热烈拥护苏维埃和红军。“一师编制委员会招收补充一师的新兵二百人”，该区“少纵队一批送来五百，而一师已不能容纳，故令彼三百人仍回少先队”，但他们以没有入上红军为恨事，“有的并急得流泪”。1931年春，红四军一次扩军，仅皖西一个县自动跑到红军中来的就有2000多人。广大农民从自己的土地上站了起来，成为土地的主人，因而衷心拥护共产党、苏维埃政府和红军，积极支援革命战争。他们所焕发出的革命热情，成为发展苏区各项建设、保卫革命根据地的强大力量。

四、苏区的经济建设

六安交通不发达，自然经济占统治地位；加之天灾、匪患和军阀混战，农村和市镇的经济遭受了极大的破坏。苏维埃政权建立以后，这里又成了敌人军事“围剿”和经济封锁的重点地区之一，

土特产无法运销出去，所缺的粮食、布匹和食盐等日用百货也运不进来，农村破产的现象急剧增多。当时，六安县的麻埠市场尚较活跃，霍山县的流波疃、诸佛庵，霍邱县的叶家集及商城县的丁家埠等集镇还有几家小商户在经营，其他集镇的商户均停业倒闭。缺粮成为苏区最普遍、最严重的问题。1931 年，春荒十分严重，六安县各区处于极度饥荒中，霍山县也困难到百姓断炊的地步，“每日三餐薄粥是苏区中头等生活，在皖西北苏区没有粮食吃的有两万(人)以上，后方医院有一千余红军伤兵也没有粮食了，在目下最严重的问题就是吃饭的问题”。

为了冲破敌人的经济封锁，恢复与发展苏区经济，党和苏维埃政府采取了一系列措施。

第一，发展工农业生产，特别是发展粮食生产。根据地掀起了以解决粮食为中心的农业生产运动，“不让苏区土地有一寸荒芜”。鼓励农民开展互助运动，组织生产队、共耕队等；抓住生产季节，适时发起生产运动周；颁布《生产奖励条例》，开展生产竞赛；派出检查团检查指导生产，要求除种好、种足主粮以外，多种短期可以收获的杂粮和瓜菜；制定苏维埃工作人员参加劳动制度，使其挤出时间参加生产；苏维埃政府以土地、资本、耕牛、农具、种子、肥料帮助农民，并组织耕牛合作社、种子合作社，开办农具厂。因此，农业生产逐步得到恢复，并有所发展。

广泛开展节约储存粮食工作。皖西北特委明确指出，只有实行《收集储藏条例》，加紧粮食储藏的宣传，使群众了解粮食储藏的作用和意义，才能冲破敌人“围剿”，有力阻止敌人破坏苏区生产。1932年6月，各县上缴储粮2.7万石，有力地支援了红军第四次反“围剿”斗争。

兴办手工业和军工厂。恢复和发展铁棚、锅厂、纸棚、纺织、油坊等手工业生产，兴办直接为武装斗争服务的军械厂、修械所、被服厂等。皖西北特区成立了造枪局，在七邻湾、麻埠、流波䃥、金院子、吴家店、南溪等地建立了军工生产单位，并办起了综合厂，生产农具，供应农民。

第二，发展商业，开展对白区贸易。皖西北特区各级苏维埃政府积极采取正确的政策和措施，努力建立以全民、集体、个体等经济成分组成的商业网点。

在较大集镇及中心区设立全民所有制的经济公社，作为苏区商业的领导力量。经济公社主要保证供应革命根据地军需民用物资，控制市场物价，组织地方土特产的收购、运销，促进生产和物资交流，同时经营与国计民生息息相关的大宗货物。凡从外地进来的大批物资和独立团从白区缴获来的货物，都交由经济公社批发销售。

在区、镇、乡、村“加紧发展农民消费合作社与贩卖合作社”。作为经济公社的重要助手，合作社主要经营群众日常生活用品和小型农具，兼营杀猪、榨油、做豆腐等。合作社的资金由苏维埃政府资助，群众合股经营，地主、富农、资本家及一切剥削者不得入股。六安六区五乡于1931年建立了红日、先锋两个合作社，到

1932年资金增加到1000多元。独山办起的消费、屠宰、黄烟等合作社，生意也较好。

鼓励私人经商。规定“中小商人营业自由”[①]；鼓励群众集资开设米行、药材行、茶麻行等，物价由苏维埃政府规定，买卖由行里经手，政府只收取少量的佣金（即手续费）。独山、诸佛庵、漫水河、闻家店、麻埠、流波𬒔和金家寨等集镇，都设立了贸易货栈，来往商人很多。尤其是麻埠，成了皖西北苏区的经济贸易中心。

大力提倡与白区开展经济贸易。允许白区商人进入苏区做生意，为其发放出入苏区的通行证，并免征或少征税收。对于一些中小商人在扩大苏区与白区贸易而缺乏资金时，苏维埃政府还及时给予贷款，支持他们在苏区与白区交界处设立贸易点，贩进食盐、西药、布匹、电池以及武器弹药等，销出茶、丝、麻、竹、木、桐油、茯苓、皮毛等。

由于皖西苏区商业政策正确，措施得力，苏区的土特产得以销售出去，短缺物资得以购进，对打破敌人的经济封锁、活跃城乡经济和保障苏区物资供给起了很大的作用。

第三，建立苏维埃财政税收制度，创办苏维埃银行。苏区的税收法令具有鲜明的阶级性，公开宣布“苏维埃政府取消国民党一切剥削劳苦贫民的苛捐杂税，实行统一的累进税”。“对于工人、贫

① 《舒传贤关于六安中心县委工作情况给中央的报告（1930年12月10日）》，见中央档案馆等：《鄂豫皖苏区革命历史文件汇集（第四册）》，内部印行，1985年，第228页。

农和城市贫民不抽税”,“小康之农民、商贩所纳者皆极轻之税”,“资产愈富所抽的税愈重”。另外,“属于禁止性质者为烟酒及其各种麻醉药品”,则“特抽重税以期减少其买卖”。这样,既与国民党的苛捐重税“相差天壤”,又保证了苏维埃政府的财政收入。①

为控制货币流通,鄂豫皖省和皖西北特区苏维埃政府各创立了一个银行。皖西北特区苏维埃银行于 1931 年 5 月在金家寨成立,同年 11 月迁到麻埠,不久改为皖西北道区苏维埃银行,由特(道)区苏维埃政府主席吴宝才兼任行长。苏维埃货币为苏区的

▲ 苏维埃银行发行的部分纸币

① 《鄂豫皖区苏维埃政府关于商业累进税之规定(1931 年 10 月)》,见中央档案馆等:《鄂豫皖苏区革命历史文件汇集(第三册)》,内部印行,1985 年,第 167 页。

统一货币,有纸、银、铜、布等货币。初次发行5000元纸币,之后又发行了3.5万元纸币,在苏区流通颇有信用。苏维埃银行的成立及其货币的发行,统一了苏区金融管理,促进了货币流通和物资交流,对巩固苏维埃经济基础起到了重要作用。

五、苏区文化教育和卫生事业的发展

1. 重视苏区文化教育事业发展

六安的文化教育本来就较为落后,文盲约占总人口的90%。根据地形成以后,饱尝没有文化之苦的广大贫苦农民迫切要求学习文化,同时革命运动也需要大批有一定政治文化水平的干部。因此,党和苏维埃政府把发展文化教育事业作为政治任务,努力提高工农群众的文化知识水平,"使他们的伟大的创造能力和新的思想尽量发展,以完成整个革命任务"①。

六安中心县委在1930年3月下旬的七邻湾会议上,强调发展无产阶级文化教育事业,以培养革命斗争需要的人才,提出"扩

① 《鄂豫皖区赤色教师学生代表大会决议案(1931年8月)》,见中央档案馆等:《鄂豫皖苏区革命历史文件汇集(第三册)》,内部印行,1985年,第124页。

大识字运动”“加紧文化运动”,“依据无产阶级教育原则”普及“农村小学的教育”[①]的任务。中心县委书记舒传贤和常委周狷之、桂伯炎等直接参与组织教学活动,有的兼任各类学校的校长,有的亲自为学校和训练班编写教材。

1931年四五月间,皖西北特委和特区苏维埃政府对苏区的文化教育做了更为全面具体的安排:强调要将各级文化教育委员会(乡、村设专职文教委员)切实建立起来,负责贯彻执行党的教育方针,制订工作计划,选调和培养教师,编印课本,建立俱乐部、图书馆、阅览室、通俗演讲所和工余学校;选调有能力、懂业务的干部担任文化委员会的行政领导。桂伯炎为特区苏维埃文化委员会主任,六安六区苏维埃文化委员会负责人是著名的教育界老前辈、“三农”创始人之一的桂月峰。

1932年1月,皖西北特区苏维埃政府在麻埠召开了特区赤色教师学生联合会第一次代表大会,指出“我们的文化教育完全是为了广大工农群众的需要,建筑在广大工农群众身上,把过去陈腐的资产阶级专利的教育完全废去,实现苏维埃的文化教育,使工农群众都有读书识字的机会,把文化教育工作来应用到工农实际生活上面去”[②],要对干部群众实行普遍的政治教育,“用马克思

---

① 《六安中心县委关于六霍等六县目前工作计划的决议案(1930年4月1日)》,见中央档案馆等:《鄂豫皖苏区革命历史文件汇集(第四册)》,内部印行,1985年,第117页。

② 安徽省文化厅革命文化史料征编室:《皖西风云录——皖西苏区革命文化史料选编》,内部印行,1994年,第207页。

列宁主义的武器来武装广大工农群众，作为阶级斗争的武器，争取中国苏维埃的胜利”。

各群众团体也把兴办文化教育事业作为一项重要的任务。少共皖西北特委要求各级团组织“要把文化教育工作看作重要工作之一”，注意“输送政治头脑清晰的干部”去充当教员。少共六安县委要求“团员参加列宁教师工作”，规定“青工须一律加入识字班”。皖西北特委妇女委员会要求各级妇委会必须在各乡、村成立妇女识字班，限期完成。皖西北特区总工会决定各县要开办“流通训练班”，建立“读报小组”，“以培养积极工人干部”[①]。

2. 发展苏区教育事业

由于苏区时常处在国民党军事“围剿”和经济封锁之下，苏区教育工作遇到“三个困难问题：教员、经费、书籍”[②]。对此，党和苏维埃政府制定了正确的政策，采取了有力的措施，使教育事业得以发展。

第一，重视教师队伍的建设。一是解决师资奇缺问题。留用表现较好的私塾先生，对其加以教育和改造；动员和吸收一些非

---

① 《皖西北特委关于各部门工作情况给中央的报告(1931 年 6 月)》，见中央档案馆等:《鄂豫皖苏区革命历史文件汇集(第四册)》，内部印行，1985 年，第 380 页。

② 《皖西北特苏对鄂豫皖特区苏维埃政府的工作报告(1931 年 6 月)》，见中央档案馆等:《鄂豫皖苏区革命历史文件汇集(第四册)》，内部印行，1985 年，第 435 页。

工农出身的知识分子任教;"广泛吸收非苏区的革命的文化工作人才"[①]来苏区当教师;聘请党、政、军和群众团体干部兼任教师,举办师资训练班和设立模范小学,选派贫苦知识分子和社会知识青年接受速成训练。皖西北特区苏维埃文化委员会在麻埠、金家寨举办师资训练班,六安、霍山、霍邱3个县苏维埃文化委员会分别在独山、诸佛庵、白塔畈、大顾店等地设立模范小学,分期培训教师。

二是注意提高教师的政治地位和生活待遇。教师参与政权建设,并在各级苏维埃代表大会的代表中占有一定的比例;以区为单位成立赤色教师会,教师"参加工会的选举"。教师的生活待遇则由"各级苏维埃政府设法维持"[②],供给衣食。六安等县每月还发给教师少量的零用钱。对于教师分得的土地,如家中缺乏劳动力的,则由农民协会组织代耕,或由本校学生帮助耕种。

三是帮助教师提高政治素质和业务水平。在政治上,举行报告会,进行思想政治教育;编辑和翻印学习材料,供教师阅读;经常开展评比活动,表扬先进;逐步健全对教师的政审制度,更换不合格的人员。在业务上,举办各种类型的短训班,组织教师到列宁模范小学开展教学活动,交流教学经验;制定文化委员会的巡视纲要,进行检查督促,推动教师钻研业务,不断提高教学质量。

---

① 《皖西北特委第一次扩大会议决议案(1931年4月30日)》,见中央档案馆等:《鄂豫皖苏区革命历史文件汇集(第四册)》,内部印行,1985年,第298页。

② 《鄂豫皖区赤色教师学生代表大会决议案(1931年8月)》,见中央档案馆等:《鄂豫皖苏区革命历史文件汇集(第三册)》,内部印行,1985年,第131页。

第二，认真解决教育经费问题。苏区在经济极其困难的情况下，想方设法筹集经费兴办教育。苏维埃政府按照财政状况，做出教育经费预算；“对于工农分子实行免费的教育，对于地主、商人及一切依靠剥削别人的分子，征收特定额的学费”；号召教师因陋就简，就地取材，解决校舍与校具；提倡学生一边读书，一边生产，勤工俭学，自筹学费。

第三，自编教材。为使教材服务于政治斗争的需要，苏区严格反对“一切地主资产阶级思想的材料”，以马克思列宁主义为依据，编写各种模范课本，供各学校的训练班使用。皖西北特委常委、宣传部部长薛英与特区苏维埃文化委员会主任桂伯炎一起，参与编写和审定课本，还经常应邀到学校授课、演讲。教材的内容非常丰富，语文课本包括革命理论、工农专政、武装斗争、党的政策、阶级路线、烈士事迹等方面的内容。这些课文联系实际，通俗易懂，语言简练，便于背诵，把文化与政治、思想、斗争等内容融为一体，具有鲜明的阶级性、思想性和知识性。

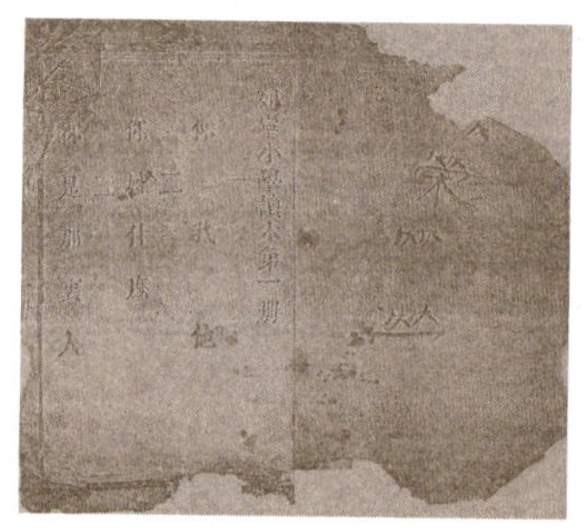

▲ 列宁小学初级课本

党和苏维埃政府克服教育工作方面的种种困难，采用多种形式办学，把对青少年的普通教育和对成人的社会教育结合起来，从而大大扩大了教育面。皖西北苏区主要有以下几种类型的学校。

一是列宁小学。这是为青少年开办的普及文化知识的学校。不仅在县、区、乡、村办，也在红军中办。在较大的集镇开办列宁模范小学（完小），在乡村开办列宁小学（初小）。在短期内，六安县苏区办起了57所列宁小学，霍山县苏区办起了36所列宁小学。

二是识字班和业余学校。这是为成年人办的具有扫盲性质的学校。学校多在晚间开课，群众也称之为夜校。有的附设在列宁小学内，有的由生产单位组织。对于上夜校的学生，发给课本，不收学费。教学以识字为主，兼以读报、教歌、讲时事政策，将思想教育与扫盲结合起来。霍邱二区92个村，村村办起识字班，入学人数达万人之多。霍山县诸佛庵列宁模范小学附设的夜校，每晚到校学习的有100多人。

三是干部学校和训练班。这是为培训干部而开办的专门学校。仅在1930年4月到1931年8月一年多的时间里，六安中心县委和皖西北特委先后办起了向忠发学校（即党校）、军事政治学校、模范（文化）学校和女校，各苏区县办起了党训班、干部训练班以及农业、卫生、财经等职业学校，连续轮训干部。

皖西北苏区的教育事业从无到有、从小到大，逐步发展，起到了宣传革命、教育动员群众的作用，为皖西北根据地的建设做出了贡献。同时这也是皖西北地区教育史上的一场大革命，从根本上改变了几千年来旧的教育制度，开创了工农政府办教育、工农群众享受教育权利的新时代。

3. 推动苏区文化事业发展

苏区大力开展群众性的文娱体育活动，推动文化事业发展。皖西北苏区各乡和人口较集中的行政村，普遍建立列宁室（俱乐部）或青年儿童游戏场，经常举办游艺晚会、演讲会和政治讨论会，教唱革命歌曲，编演现代戏，组织拔河、跳绳等比赛。

六安、霍山、霍邱、商城 4 个县成立了专业新剧团，麻埠、流波䃅、叶家集等大集镇成立了业余新剧团。六安县新剧团“力量极为宏伟”；六安六区新剧团在 1930 年创办时有 30 多人，后发展到 70 多人；商城县新剧团能够“按期演出”。这些新剧团除在城镇演出外，还经常到前线和农村为红军战士与广大农民演出。重要的节目如《混战》《独山暴动》《夺取政权》《新生活》等，完全是结合斗争实际新编的，深受广大群众的喜爱。

广大工农群众、革命干部和红军战士还采用流行于大别山区的老的曲调，填以新词，创作出《八月桂花遍地开》《穷人歌》《工农革命歌》《送郎投红军》等许多民歌。这些民歌从政治、经济、人民群众的生产和生活等方面反映苏区的面貌，具有民族风格和乡十气息，富有革命激情，因而得到广泛流传，几乎人人会唱。

党的报刊是苏区的重要宣传工具。党和苏维埃政府非常重视党的报刊的创办。1930年，六安中心县委创办《红旗报》。1931年5月，皖西北特委创办《火花》半月刊、《红旗》三日刊，特区苏维埃政府创办《苏维埃周报》，少共特委创办《赤色先锋》，妇委创办《鲁森堡》周刊。霍山县办有《雪花报》，商城县办有《红日报》。特委要求报刊“内容有很正确的指导性与最大限度的通俗化、具体化、群众化，它们能深入劳苦群众中去”。

为保证报刊和列宁小学课本能及时印发，特区在金家寨开办文明印刷社，在麻埠开办皖西北印刷厂，商城县在汤家汇开办红日印刷厂。各单位和党支部都组织读报小组，并向群众做宣传，使报刊发挥了战斗作用。

4. 促进苏区医疗卫生事业发展

党和苏维埃政府非常关心广大军民的健康，积极发展医疗卫生事业。皖西北各级苏维埃政府内设卫生科，区、乡设文化卫生委员，负责具体指导。

皖西北军委会经理处于1931年夏初在红十二师留守处医院的基础上扩建成军医院，在六安、霍邱、霍山都建有分院。鄂豫皖区苏维埃政府在皖西北的南溪冈家山设立红军第二医院，在麻埠鹭鸶窝设立红军第三医院。红军第三医院是一所后方中心医院，院内设立卫生队、学生队、洗衣队、炊事班等，共有100多人，下设麻埠、南溪、杨家店、第三冲、白塔畈5个分院，同时为人民群众防治疾病。

皖西北苏区的医疗卫生事业基础薄弱，加之封锁严密，缺医少药的情况十分严重。党和苏维埃政府大力进行医疗卫生队伍的建设，以原有的医生为骨干，积极选拔与培养年轻的医务人员；吸收原来的中医中药人员参加革命工作，团结教育俘虏过来的军医，大胆地使用他们，实行优待医生的政策，从而使医疗卫生队伍不断扩大。为解决缺药问题，除靠在作战中缴获敌人的药品以外，皖西北各级苏维埃政府开设赤光药社、药材行，大力扶持私营药店，动员药农和群众采集、出售中草药。党和苏维埃政府战胜各种困难，发展苏区的医疗卫生事业，为革命战争的胜利做出了巨大的贡献。

▲ 霍山五区苏维埃政府开设的赤光药社旧址

由于皖西地区的党组织从建立的时候起，就坚决贯彻执行党的正确政策路线，广大干部和群众抵制“左”倾错误危害，皖西苏区出现了全面发展的好形势。革命武装斗争方面，在武装起义的基础上组建的主力红军和地方武装不断发展壮大，战斗力不断提高；苏维埃政权工作方面，建立了特（道）区、县、区、乡、村五级政权，领导人民进行政治、经济、文化教育等各项建设，取得了很大成就；土地革命方面，原来实行的政策较为正确，祖祖辈辈受压迫、受剥削的广大农民第一次成了土地的主人，后来虽然“左”倾错误破坏较大，但广大贫雇农分得了较多、较好的土地，他们对党、对红军、对苏维埃政府的感情始终如一。这一切，对取得革命战争的大胜利和根据地的大发展起到了决定性的作用。

第五章

★★★★★

浴血前行——为保卫皖西苏区而斗争

1932年10月到1934年11月，是中共皖西北道委领导开展苏区保卫斗争的阶段。两年间，皖西北革命根据地深处敌人层层包围之中，敌军几乎随时都在进攻，红军几乎天天都有战斗。红四方面军主力西撤后，中共皖西北道委根据中共鄂豫皖中央分局指示，成立了中共鄂皖工作委员会，组建红二十七军，在危急关头加强了党的领导，统一了分散的部队，并实行东线转战，保存了革命力量。皖西北道委广泛发动群众，加强武装建设，先后两次组建红二十八军，其武装斗争有力地配合与支援了整个鄂豫皖边区的斗争，打破了敌人的划区“清剿”，坚持了第五次反“围剿”的斗争。

一、红二十七军东线转战

1.红军主力转移后皖西北的危急局面

1932年10月12日,中共鄂豫皖中央分局率红四方面军主力西撤,根据地武装力量大为减弱,并失去了统一领导。国民党反动派则继续以重兵进攻,侵占和分割根据地,到处“清乡”,实行白色恐怖。当时,国民党军除了以10多万兵力追击红四方面军主力以外,仍以约20万兵力继续对根据地进行疯狂摧残。敌军在皖西北地区的主力就有8个师和2个独立旅,还有民团、保安队等反动地方武装。10月底,蒋介石下令“清乡”,并限令于12月15日前彻底“肃清”留下的红军。

驻皖西北地区的敌军提出“民尽匪尽”的方针和“驻尽山头,宰尽猪牛,见黑(人影)就打,鸡犬不留”的口号,残酷地进行“清乡”。短时间内,六安县金家寨附近被枪杀与活埋的干部、群众有3500多人,古碑冲被枪杀与活埋的干部、群众有900多人。敌人还以割下死难者的耳朵计数“报功”。敌军到处逼迫群众插“白旗”,实行移民并村,把农民关进“难民所”,仅金家寨一处就关了上万人。大批青年妇女被蹂躏后贩卖,敌宋天才师用汽车装走了几千名青年妇女,把她们卖到外地。人民财产大都被抢掠一空。

六安逃亡的豪绅地主及其他反动分子纷纷还乡，对革命群众实行疯狂报复。霍山县大恶霸地主肖子俞伙同国民党军一次就枪杀革命干部、群众 99 人。六安县西北乡的大地主袁敬夫组织地方反动武装，一次就捕杀红军家属和革命群众 50 多人，又纵火烧毁单家埠、郭家店、钱集、花果园一带的民房 8740 间，烧死农民 100 多人。

敌人在对革命根据地实行军事镇压的同时，还实行经济封锁，规定"（一）食物类：谷、米、麦、盐、苞谷、豆、甘薯、家畜等，（二）军用原料类：铜、铁、白铝、硝磺、煤炭、汽油、棉花、电料等，（三）卫生材料类：诊疗所需之中西药品等"，一律严禁进入。广大农民"逃生无路，水草捞尽，草根掘尽，树皮剥尽"，"阖室自杀者，时有所闻；饿殍田野者，途中时见"，"大小村落，鸡犬无声，耕牛绝迹"。

在凶残的敌人面前，共产党员和革命群众坚贞不屈，英勇无畏。六安九区农民协会主席龚立之被捕后，受尽了吊打、刀砍、灌辣椒水等酷刑，始终没有屈服，最后被敌人活埋。赤南县三区苏维埃委员沈仲华，不顾敌人的封锁，组织妇女筹粮、做鞋、搜集情报，送给山上的游击队。一次在过敌人封锁线时，她不幸被捕。被捕后，她与敌人进行了顽强搏斗，用剪刀刺死了一名敌军副官。

国民党反动派在苏区内，到处扶植或重新组织地方反动武装，普遍恢复保甲制度，实行反革命复辟。敌人为了进一步加强对皖西北革命根据地中心区的反革命统治，于1932年11月打破省界，将六安六区（金家寨）、七区（麻埠），霍山六区（燕子河），霍邱一区（白塔畈），商城和区、乐区（吴家店、斑竹园、南溪、汤家汇、双河等地）和固始县长江河以南地区，共3670平方公里的土地，分别从原属县划出，建立立煌县。立煌县以金家寨为县城，初属河南省，1933年3月划归安徽省。

在敌人的疯狂摧残下，鄂豫皖革命根据地大部丧失。皖西北只剩下赤南县二区、三区、四区、五区，赤城县一区、二区、三区，六安县三区、六区和霍邱县一区的一部分。当时，留在根据地的中共鄂豫皖省委认为鄂豫皖中央分局和红四方面军不久就要返回，因此没有做好独立领导斗争的准备。同时，由于根据地被敌人分割为鄂东北和皖西北相互隔绝的两个地区，留下的部队又很分散，难以实现统一领导，根据地军民在思想上、组织上、行动上都很混乱，局势空前严峻。

2. 中共鄂皖工作委员会的成立和红二十七军东线转战

1932年9月底，在红四方面军主力离开皖西北重返鄂东途中，鄂豫皖中央分局致信皖西北道委书记郭述申，要求组建中共鄂皖工作委员会，统一领导鄂皖边区的斗争。当时，分散在各地坚持斗争的有皖西北道区和六安、霍邱、霍山、五星、英山等县地方武装，徐海东率领的红二十七师七十九团、红七十五师二二四团，以及尚未转移的4000多名红军伤病员和2万多名地方干部、革命群众。

10月1日，皖西北道委在英山县土门潭召开会议，成立了中共鄂皖工作委员会，郭述申任书记，刘士奇、徐海东、吴宝才、王建南为委员，统一领导鄂皖边区军队和地方工作。同时，会议决定成立中国工农红军第二十七军（亦称东路军）。会议针对敌强我弱的形势，正确制订了部队的行动方针，从内线转向外线，向东行动，避敌锋芒，寻机打击薄弱之敌，保存自己的力量。

10月2日，鄂皖工委在金家铺召开党政干部和部队指战员大会，正式成立红二十七军。以皖西北道委机关和道区军事指挥部机关为军部机关，军长为刘士奇，政委为郭述申（兼），副军长为吴宝才，政治部主任为江求顺。红二十七军辖七十九师、八十一师。七十九师师长为徐海东，政委为王建南，辖一团、三团：一团由原红二十七师七十九团改称，团长为张四季，政委为杜本莲；三团由皖西北道区战斗模范营和六安、霍邱2个独立营及英山、霍山、六安3个保卫连合编而成，团长为程启波，政委为詹大列。八十一师师部由军部兼，辖二团、五团：二团由英山独立第十三团改称，团长为熊海清，政委为曾照瑞；五团由霍山独立团一营、二营和五星县独立团合编而成，团长为陈光辉，政委为洪善维。道区军事指挥部直属队改为军直属分队。全军有4500多人。郭述申号召全军指战员振奋精神，团结一致，英勇战斗，在皖西北地区继续高举革命旗帜，夺取游击战争的胜利。

红二十七军成立后，即带领2万多名地方干部、群众和伤病员向东转战。10 月 9 日，部队在宿松县趾凤河毙敌约一个团，打击了敌人的嚣张气焰，为红军转战赢得了时间。10 月中旬，部队在潜山县衙前镇与敌第五十四师进行战斗。此后，部队向北转移至头陀河，又遇敌第三十二师的堵击。折而向东，全军于 24 日到达官庄，歼敌一个营，又连夜向桐城县土岭方向转移。在敌军的前堵后追下，全军渡过大沙河，占领有利地形展开了阻击战。大沙河战斗后，红二十七军经舒城县晓天、六安县毛坦厂，于 11 月初到达霍山县三里店。鄂皖工委和军部在这里总结了一个月以来东线游击的经验教训，决定渡过淠河，返回皖西北根据地中心区。

11 月 6 日晨，部队到达淠河东岸磨子潭附近时，敌第三十二师九十四旅已经占领河西岸黑虎尖等大小山头制高点，堵住我军的去路。敌第四十七师也跟踪而至，占据了我军来路上的两侧山头，切断了我军的退路。部队被压在河川峡谷里，情况十分危急，军部命令坚决突围。七十九师师长徐海东率领一团，冒着敌人密集的火力强渡淠河，向敌人的黑虎尖阵地猛攻，用刺刀和手榴弹杀开一条血路。三团团长程启波率领突击队，从悬崖攀登上山，突然杀向敌人。敌人猝不及防，顿时阵脚混乱。红二十七军首长率领后续部队及随行的群众和伤病员乘势一拥而上，势不可挡，全军胜利突围。

11 月 15 日，敌第三十二师和第四十七师追至吴家店附近。红二十七军在吴家店以东的包畈河北岸一线展开，占领有利地

形，在根据地人民的支援下，经过三昼夜的激战，终于打退了在38架次敌机掩护下，数倍于我军的敌军的多次攻击，毙俘敌近千名。战后，红二十七军进入赤南苏区，于18日到达大埠口，与坚持在这一地区的红七十五师二二四团会合。

11月20日，鄂皖工委在大埠口召开会议。会议决定让尚在随军转战的皖西北苏区的各级干部和群众回去；留下第二团，由吴宝才、江求顺率领，恢复和坚持皖西北根据地的斗争；一团、三团和二二四团由刘士奇、郭述申率领，去鄂东北找省委汇报。24日，部队在七里坪附近与省委及各主力团会合。省委根据斗争形势需要，决定撤销鄂皖工委，撤销豫东南道，其所辖各县分别划归鄂东北道和皖西北道领导；撤销红二十七军番号，其一团、三团编入红二十七师。

鄂皖工委及其领导的红二十七军从建立到撤销，在不到两个月的时间里，进行了艰苦卓绝的东线转战，表现了坚强的领导力和英勇斗争的精神。在危急关头，把皖西北分散的部队组成一支主力红军，从内线转向外线，足迹遍及10多个县，行程3000多里，牵制了敌军5个师的兵力，经历大小战斗数十次，多次打破了敌人的围追堵截，歼敌近4000人，从而减轻了根据地所承受的压力，有力地配合了根据地红军的反“围剿”斗争。红二十七军东线转战，保存了这支数千人的武装力量，并在实际战斗中经受了艰苦的锻炼与严峻的考验；保护了一大批地方干部、党团员、群众和红军伤病员安全转移，为革命保存了可贵的力量，为以后皖西北根据地的恢复和发展做出了贡献；宣传发动了群众，扩大了我党我军的政治影响，激励了群众保卫红色根据地的信心。

3.皖西北党政军机构的重建

1932年11月12日，鄂豫皖省委书记沈泽民在红安县长冲主持召开了省委第一次扩大会议。但会议对形势做了错误的估计，认为“国民党第四次‘包围会剿’已经走入失败的地位”，仍然把“夺回中心城市”作为中心政治任务之一，强调改造党和苏维埃，加紧“肃反”，集中火力反对“右倾机会主义的倾向”。11月29日，鄂豫皖省委在红安县檀树岗召开最高军事干部会议，决定重建红二十五军，以独立坚持斗争，发展和巩固根据地。新的红二十五军于11月30日正式成立，吴焕先任军长，王平章任政委，辖七十四师、七十五师，共5个团和1个军特务营，约7000人。原红二十七师改编为七十四师，徐海东任师长，戴季英任政委；七十五师师长为姚家芳，政委为高敬亭；原红二十五军特务营仍为军特务营。

红二十五军重建不久，郭述申即率领军特务营回皖西北地区开展工作。接着，皖西北道委恢复了少共道委会、道区总工会和妇女委员会等群众团体组织机构。皖西北道委共领导3个县委：赤南县委，书记为高开文；赤城县委，书记为吴代芬；六安（含霍山、霍邱）县委，书记为江求顺（兼）。此外，还有若干工委、区委等。

1933年4月，皖西北道区苏维埃政府在汤家汇召开了工农兵代表大会，出席会议的有赤南、赤城、六安三区、六安六区和红军及各界代表300多人。道委书记郭述申在大会上做了形势与任务的报告，制定了恢复建设根据地和对敌斗争的方针政策，坚定了军民坚持斗争的决心和取得胜利的信心。

在皖西北保存下来的苏区，重新建立了各级苏维埃政权，恢复了赤卫队、妇女会、少先队、童子团等组织。在政治上，皖西北道委停止了执行张国焘"左"的政策，特别是没有在"肃反"中乱捕乱杀，使人心安定，团结对敌。在经济上，在敌人四面严密封锁的情况下，皖西北道委采取了"自力更生、艰苦奋斗"的方针，发展农业和手工业生产。

皖西北道委非常重视地方武装的建设，成立了皖西北游击司令部，吴宝才兼任总指挥。游击司令部先后组建了3个游击师、1个战斗营和1个游击队。一路游击师约1000人，师长为李宾，政委为高开文，活动于赤南县；二路游击师有500多人，师长为朱世生，政委为吴代芬，活动于赤城县；三路游击师有400多人，师长为江求顺，政委为洪善维（洪牺牲后由吴宝才兼任），活动于六安、霍山、霍邱一带。洪家大山战斗营由六安县党政机关一部分工作人员和红军伤病员组成，约150人，由方藻树任营长，方藻庭任教导员，以六安六区杨树湾为活动中心。六安三区游击队由县、区干部组成，有70多人，活动于龙门冲一带。这些地方武装约2000多人，直属道委、县委领导，主要在外线深入敌人占领区开展游击战，打击孤立之敌和反动民团，发动和组织群众与地主豪绅斗争，筹集粮食和物资，并配合主力红军作战，对保卫苏区、巩固和发展根据地起到了重要作用。

皖西北道委、道苏的有力领导，以及红二十五军和皖西北地方武装的建设，较好地扭转了根据地斗争力量分散和局面混乱的形势，开始了为保卫革命根据地而斗争的新时期。

二、红二十八军的组建与打破划区“清剿”

1.红二十八军的组建及其战斗

由于敌人的“清乡”非但没有达到预期的目的，反而出现了新的红军主力和地方革命武装力量，蒋介石又于1932年12月12日下令对鄂豫皖革命根据地实行大规模的划区“清剿”。敌人将根据地划为两个“清剿”区，东为“商(城)罗(田)清剿区”，西为“经(扶)黄(安)清剿区”，投入“清剿”的总兵力为15个师又1个旅，约80个团，此外还有大量地方反动武装。同时，敌人还大肆烧杀掳掠，强化保甲制度，严密经济封锁，以摧毁我党的根据地，破坏我军的生存条件。蒋介石狂妄地限令在1933年1月底以前，将鄂豫皖根据地的红军完全“肃清”。

鄂豫皖省委从缴获的文件中了解到敌人的划区“清剿”计划，同时得知红四方面军主力已到陕南不再返回，即于1932年12月

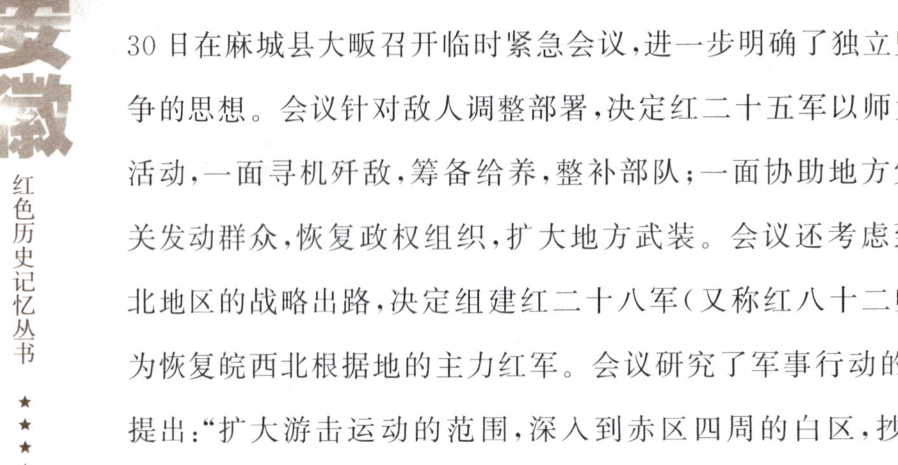

30日在麻城县大畈召开临时紧急会议，进一步明确了独立坚持斗争的思想。会议针对敌人调整部署，决定红二十五军以师为单位活动，一面寻机歼敌，筹备给养，整补部队；一面协助地方党政机关发动群众，恢复政权组织，扩大地方武装。会议还考虑到皖西北地区的战略出路，决定组建红二十八军（又称红八十二师），作为恢复皖西北根据地的主力红军。会议研究了军事行动的方针，提出："扩大游击运动的范围，深入到赤区四周的白区，抄到'包剿'苏区的匪军后面去，扩大游击，造成苏区四周广大的游击区和开展土地革命的影响到远远的白区中去。"[①]这些决定和措施，对打破敌人"清剿"，恢复与巩固革命根据地，起到了重要的作用。

1933年1月上旬，红二十八军在麻城县大畈组建，下辖2个团和1个特务营，全军约3000人，军长为廖荣坤，政委为王平章，政治部主任为程启波。红二十八军组建后，即开赴皖西北，于1月13日、14日在四道河与敌第七十五师激战，毙伤敌军官兵数百人；20日在胭脂坳、23日在白沙河接连给敌第五十四师以很大的杀伤。接着，红二十八军冒着风雪向东北挺进200多里，于29日攻占敌人囤积军粮的叶家集、开顺街等重要据点；30日、31日在小南京予敌第十二师以重创。2月5日、6日，在双河山歼敌第七十五师近1个团。之后，在窑沟、银沙畈等地再给敌第四十五

① 《鄂豫皖省委临时紧急会议决议案（1932年12月30日）》，见中央档案馆等：《鄂豫皖苏区革命历史文件汇集（第二册）》，内部印行，1985年，第276页。

师、第七十五师以沉重打击。这一系列战斗的胜利，极大地鼓舞了皖西北地区群众的斗争情绪，配合了鄂东北根据地的斗争。

2. 打破敌人划区"清剿"

1933年2月初，由于大规模划区"清剿"计划未能实现，蒋介石决定延长期限。3月初，鄂豫皖省委决定集中兵力，在运动中寻机歼灭孤立薄弱之敌。红二十八军为执行省委关于两军集中与敌作战的指示，于3月中旬由皖西北到达麻城县以北之福田河地区，因受敌第八十九师的阻隔，未能与红二十五军联系上，只得东返皖西北。27日、28日，在途经立煌县大、小门坎山时，红二十八军与敌第七十五师一部激战，军政委王平章负伤牺牲。

4月初，红二十八军在皖西北留下二四四团一营，再次开往鄂东北，与红二十五军会合。4月8日，鄂豫皖省委听取了郭述申关于皖西北工作的报告以及廖荣坤关于红二十八军战斗情况的报告，决定进一步集中兵力，将红二十八军改编为红二十五军七十三师，其二四四团、二四六团改为二一七团、二一九团，另将罗山独立第六师第十六团编为七十五师二二五团，以部分地方武装编为七十四师特务营。此时红二十五军辖3个师，共1万多人，军长为吴焕先，政委为戴季英，副军长为廖荣坤。

4月中旬，红二十五军接连取得了潘家河、杨泗寨战斗的胜利，再一次挫败了敌人划区"清剿"的计划。4月20日，鄂豫皖省委指示皖西北道委"创造二十八军新主力，扩大游击战争，巩固中

心苏区，与鄂东北取得密切的联系，这是你们眼前的四大中心任务”①。

根据鄂豫皖省委的指示，皖西北道委再度组建红八十二师，以留在皖西北的原红二十八军特务营，二四四团一营和三路游击师第一、第二大队组成二四四团，又以二路游击师一部组成二四六团。全师有1000多人。

新的红八十二师和各路游击师密切配合，在巩固中心苏区的同时，不断向外游击，骚扰敌军主力，打击地方民团。一路游击师在胭脂、麦园、斑竹园、丁家埠、关王庙、白沙河等地，二路游击师在双河、杨滩、甘塘坳、东大山、悬剑山、全军庙、叶家院墙等地，三路游击师在青山店、莲花山、西河口、诸佛庵等地，频繁出击，打了不少胜仗。红八十二师在根据地中心区周围或到外线行动，寻机歼敌，并经常到顾敬之民团控制的亲区去宣传、团结群众，组建游击队，发展游击战争，以打通商光路线。这样，敌人疲于奔命，而我军则处于主动地位。

在严厉打击敌人的同时，红八十二师和各路游击师积极参与发动和保卫春耕生产，安顿流亡群众，优待红军家属，慰问伤病员。广大人民群众在“边战斗，边生产”的口号下，一手拿武器，一手拿锄头，恢复和发展生产。由于鄂豫皖省委在这一段时间的指导方针较正确，军事斗争不断取得胜利，根据地建设逐步加强，皖

① 《鄂豫皖省委给皖西北道委会(回)信(1933年4月20日)》，见中央档案馆等:《鄂豫皖苏区革命历史文件汇集(第二册)》，内部印行，1985年，第323页。

西北根据地出现了相对稳定的局面,蒋介石苦心策划的大规模划区“清剿”最终被打破。

三、第五次反“围剿”的开展

1. 敌人第五次“围剿”开始时的皖西北形势

由于“清乡”“清剿”均未得逞,蒋介石决定对鄂豫皖革命根据地实行第五次“围剿”。1933 年 6 月 5 日,豫鄂皖三省边区“剿匪”总司令刘镇华将总司令部设在河南潢川,以潢(川)麻(城)公路为界划为东、西两区,加紧“围剿”准备。敌人这次参与“围剿”的总兵力为 14 个师又 4 个独立旅,计 82 个团 10 万多人。其中,“围剿”皖西北地区的主要是敌第七师、第十二师、第四十五师、第四十七师和第七十五师及独立第五旅、独立第四十旅等部,还有各县保安队、民团。

在国民党政府酝酿第五次“围剿”的时候,鄂豫皖省委错误地估计了当时的形势,实行冒险的军事行动方针,决定夺回七里坪。从 1933 年 5 月 2 日起,红二十五军和地方武装共 1 万多人开始围攻七里坪,苦战 43 天,不仅损员近半,剩下的 6000 多人也由于断粮、疾病,最后不得不撤出阵地。七里坪战役的失利,使鄂东北根据地受到很大的破坏,给后来的反“围剿”造成了很大的困难。

七里坪战役期间，皖西北道委领导红八十二师和一路、二路、三路游击师等地方武装，采取灵活机动的战略战术，积极活动于外线，到处袭扰敌人，镇压反动分子。在根据地中心区，红八十二师也寻机歼敌，5 月 5 日在桃树岭歼敌第十二师一个营，5 月 28 日在杨家滩又歼敌第十二师一个多营，缴获大批粮食等物资。七里坪战役失利后，皖西北道委领导军民继续向敌人出击。6 月，三路游击师在莲花山某祠堂将正在开会的国民党立煌县党部特别书记陈白英等 95 名反动分子和警卫人员全部歼灭。7 月 11 日，红八十二师二四四团与红二十五军筹粮部队在福田河西南的黄土岗一带，将来犯之敌第五十四师的所谓“钢三团、铁四团”全部击溃，歼其一部，毙其旅长郭子权。同月，二路游击师二营将进犯金家寨之敌第四十五师手枪队打得狼狈逃窜，缴枪 18 支。

2. 皖西北中心区保卫战的失利

1933 年 7 月 17 日，敌军开始第五次“围剿”。在鄂东北地区活动的红二十五军，与独立第六师、第七师等地方武装一起，同敌人展开了英勇的中心区保卫战。经过近 50 天的战斗，我军终因在强敌面前采取内线单纯防御的错误军事方针而导致作战失利，未能保住鄂东北中心区，还减员 1500 多人。鄂豫皖省委决定将红二十五军转到皖西北根据地进行休整。

在鄂东北中心区保卫战处于困难之时，皖西北道委继续领导军民坚持正确的行动方针，积极开展外线游击活动，主动向敌人出击。8月初，道委获悉敌第十二师两个营押运70多对满载给养的毛排由史河逆水前往金家寨，便立即集中红八十二师和一路、二路、三路游击师，连夜行动。经过一天战斗，歼敌一个多营，缴获大米140多万斤及大批军服、猪肉、油、盐、罐头、香烟等物资。接着，又在石八地截敌运输，缴获大批衣服等物资。这两次战斗，沉重地打击了“围剿”之敌，解决了根据地的部分军需民用，红军指战员士气高涨。

9月5日，红二十五军与红八十二师会合于南溪，皖西北根据地的军民对红二十五军的到来表示热烈欢迎。敌刘镇华部见红二十五军到了皖西北，遂将其指挥部由新集东移到沙窝，并将敌第五十四师及第七十五师、第六十四师各一旅调到皖西北地区。同时，调敌第三十一师及第六十四师、第六十五师一部，严密封锁潢麻公路，阻拦红军西归。9月10日，敌第四十五师、第七十五师由北，第五十四师、第六十四师由西，第四十七师由南，第七师、第十二师由东，从四面向皖西北根据地进犯，合围我军。

这时，鄂豫皖省委仍然采取内线单纯防御的作战方针，命令红二十五军七十四师在南溪东北的桃树岭一带构筑工事，正面抵御敌人。9月13日，敌第四十五师一三三旅向双河山进犯，红二十五军英勇抗击，杀伤敌300多人。14日，敌第七十五师二二四旅、二二五旅在飞机的配合下，向我军瓦屋基阵地攻击。红二十五军全部西移，同红八十二师一起，在瓦屋基一带与敌激战一天，击溃其二二四旅。但敌二二五旅由东侧攻我军侧翼，我军遂退至大门坎山、汤家汇及其东北一带高地，打退了敌人的进攻。16日，敌第四十五师占领双河山，我军主力东调，收复了双河山。但敌第七十五师乘我军主力东去，于19日以两个团向汤家汇一带阵地进攻。我军主力遂将双河山阵地交给二路游击师，驰援汤家汇前线，经过激烈的争夺战，暂时击退进攻之敌。

红二十五军两度奔波于双河山、汤家汇之间，虽经艰苦奋战，给敌一定杀伤，但并未能遏制住敌人的攻势，反而使自己陷于被动应付的不利境地。战斗持续到9月23日，我军不得不撤出汤家汇地区，向南转移。敌人占领关王庙、汤家汇、双河山、桃树岭、南溪等地，皖西北中心区保卫战失利。

9月26日，鄂豫皖省委书记沈泽民在大埠口召开省委会议，出席会议的有吴焕先、戴季英、徐海东、郭述申、高敬亭等。会议决定对红二十五军再度进行缩编，仅2个师、2个团、3个营，约3000人。七十四师由3个团缩编为3个营，七十五师二二三团分别编入二二四团、二二五团。省委根据敌人主力转移到皖西北、鄂东北之敌减至5个师等情况，决定皖西北仍由红八十二师和各路游击师坚持守卫，红二十五军立即回鄂东北。

9月27日，红二十五军由大埠口附近出发，向鄂东北前进。10月2日黎明前，红二十五军在通过黄土岗至四道河之间的公路时，遭敌第三十一师九十三旅阻击。鄂豫皖省委书记沈泽民和军长吴焕先率七十五师大部、七十四师一部约2000人通过后，天已大亮。敌人调九十二旅、九十三旅南北夹击，副军长徐海东及后续部队1000多人被截断于路东。从此，红二十五军被分割在鄂东北、皖西北两个地区，第五次反“围剿”斗争进入更为艰难的时期。

3.红二十八军的重建和皖西北局势的初步扭转

七里坪战役和鄂东北、皖西北中心区保卫战接连失败，红军和根据地受到严重的损失，迫使鄂豫皖省委重新考虑自己的斗争方针。1933年10月16日，省委在红安县紫云寨召开第三次扩大会议，全面检查斗争方针，总结经验教训，做出指导今后斗争的政治决议和关于党、政权、红军、群众工作等专题决议。由于敌人进攻，会议仓促结束。后来，根据会议的初步酝酿和会后的多次研究，由沈泽民执笔于11月10日写成给中央的报告。报告指出，今后的斗争方针是：“红军既在事实上不能担负巩固一方苏区的任务，只能及时采取游击方式来牵制敌人，消灭敌人，以恢复和巩固苏区。”“各游击队联合红军，深入到敌人占领区去活动，夺取物资，杀反动，骚扰敌人，同时宣传与组织群众和建立秘密工作。”“现在最有发展希望及最重要的运动就是便衣队的运动”，“决定用党、苏维埃、红军及游击队的全部力量，去发展这种武装形式”。11月20日，沈泽民因积劳成疾病逝，由徐宝珊代理省委书记一职。

皖西北道委在鄂豫皖省委第三次扩大会议之前，就于10月

11日在南溪东北的吕家大院召开会议，吸取中心区保卫战失败的教训。会议分析当时的严峻形势，讨论武装建设和斗争方针等问题。会议决定重建红二十八军，军长为徐海东，政委为郭述申(兼)，辖八十二师、八十四师。原八十二师建制不动，师长为刘德利，政委为詹大列；八十四师由红二十五军未能西过潢麻公路的部队组成，师长为黄绪南，政委为周化贤。两师各辖3个营，共2300多人，坚持皖西北地区的斗争。会议还决定，八十二师在赤南根据地坚持斗争，八十四师北上熊家河一带活动，互相配合，与敌斗争。会议根据徐海东的提议，制定了部队行动方针：不打消耗仗，不硬拼，积极向外游击，寻机歼灭敌人，以夺取敌人物资，使部队弹药充足，吃饱穿暖。

11月初，红八十四师在二路游击师的配合下，在熊家河石关歼灭敌独立第四十旅1个团，俘敌1000多人，缴长短枪800多支、迫击炮3门、大衣700多件，部队装备得到改善，士气大大提高。11月下旬，红八十二师北上熊家河与红八十四师会合，并在狗迹岭、铁炉冲歼敌第四十五师的一个多团。12月14日、15日，红八十二师接连袭击了固始县的吴桥、段集，然后又攻进黎家集。接着，在固始县以南、赤城县以北的大片地区里，发动群众，打击民团，捕杀反动分子，袭扰敌人交通。

由于红二十八军和各路游击师多次袭扰敌人交通，敌运送粮弹时被迫出动整营、整团的兵力护送，皖西北道委决定伏击敌护送部队。1934年1月10日上午，红二十八军在皂靴河、苏仙石之

间的公路上，截获了敌第四十五师的大批物资。是日下午，敌2个团从皂靴河方向赶来向红二十八军进攻，红二十八军在皂靴河东北的高家畈、铁炉冲附近伏击，将敌击溃。

1934年2月初，红二十八军返回赤南根据地葛藤山地区。敌刘镇华组织第四十七师、第六十四师、第六十五师、第七十五师向我军合围。6日，我军在火炮岭以南的阴阳山一带与敌激战，红八十二师师长刘德利负伤壮烈牺牲，由梁从学继任师长。为避免与敌人硬拼，部队当即转移，先去大、小马店以南活动，数日后又北上固始县南部地区。

2月初，敌第六十四师、第六十五师和第四十五师一个旅及独立第四十旅分四路向熊家河一带合击。我军占领有利阵地，与敌激战一天，黄昏后突围，然后南下到金家寨东南的古碑冲一带。10日，敌独立第五旅和立煌县民团向我军进攻，由于我军早有准备，将敌全部打垮。12日晨，我军又进抵葛藤山。当时，驻南溪之敌第五十四师一六一旅倾巢来犯。军长徐海东大胆果断，以少数兵力给敌人以重大打击，仅一个多小时即将来犯之敌大部歼灭，毙伤1000多人，活捉敌旅长刘树春及以下官兵130多名，缴长短枪157支、手提机关枪8挺、子弹5万多发。葛藤山反击战是红二十八军在第五次反“围剿”战斗中的一次重大胜利，大大鼓舞了根据地军民的斗争情绪，狠狠打击了敌人的嚣张气焰。

在主力红军取得一连串胜利的同时，分别活动在赤南、赤城和六安、霍山等县的一路、二路、三路游击师也积极活动，取得了许多胜利，有力地配合了红二十八军的行动。

在艰苦的反“围剿”战斗中，皖西北地区的各级党组织和苏维埃政权，在道委、道苏的领导下，和人民群众同甘共苦，并肩战斗，支援红军。人民群众在物资极度贫乏的情况下节衣缩食，把省下来的衣食和草鞋等送给红军，并冒着生命危险，为红军当向导，抬担架，运粮草，掩护伤员，一时涌现了许多可歌可泣的英勇事迹。

在这一段时间内，由于敌人的分割，皖西北道委与鄂豫皖省委失去了联系。道委在不了解省委已经开始转变斗争方针的情况下，主动吸取了省委过去冒险进攻和消极防御的失败教训，实行以游击战为主和密切联系群众的斗争方针，领导红二十八军、各路游击师与敌人不拼消耗，积极展开外线游击活动，寻机歼灭敌人。这与省委转变斗争方针的精神是一致的，并取得了很大胜利，扭转了皖西北的严重局势，恢复了赤南、赤城、六安等几块根据地。

但是，鄂豫皖省委由于不了解皖西北地区的实际情况，又听信了红二十八军经理处派人反映的一些片面情况，曾批评皖西北道委和红二十八军“犯了极严重的右倾机会主义的错误”，“以打粮为事”，不发展“游击战争与群众斗争”[①]，不扩大红军等，并向党中央做了书面报告。后来省委了解到皖西北地区的真实情况，于

---

① 《鄂豫皖省委补充报告(1934 年 4 月 13 日)》，见中央档案馆等：《鄂豫皖苏区革命历史文件汇集(第二册)》，内部印行，1985 年，第 447 页。

1934年5月给皖西北道委发出指示信，肯定了皖西北军民英勇斗争的成绩，认为皖西北道委“能够积极领导红二十八军，于最近时期给了皖西北方面的敌人以有力打击”，并又给党中央做报告，说明皖西北斗争情况的“实质与前次经理处派人过来报告之情形有些不同”[①]，还就红二十八军和各路游击师的几次战斗胜利情况向党中央做了补充报告。党中央和军委对这一问题原则上做了纠正，指出：“不要简单加以右倾机会主义错误的名词，如对红二十八军的批评，而应多给具体指示。”

4. 内部错误“肃反”的重演

在鄂豫皖中央分局率红四方面军撤离以后，鄂豫皖省委仍然推行着王明“左”倾教条主义错误，并继续执行张国焘的错误“肃反”政策，造成严重后果。省委主观臆断到处都有“改组派”“第三党”“AB团”，认为从非苏区来的党员多是不可靠的，因而提出仍要加紧“肃反”。错误的内部“肃反”愈演愈烈，成批的干部被逮捕、罚做苦工或被错杀。

当时，皖西北道委抵制了鄂豫皖省委在内部“肃反”上的错误做法，反对没有根据的乱捕乱杀，保护了一批革命同志。省委在鄂东北将留学苏联的干部胡正明诬指为“反革命”而错杀后，要郭述申将其在皖西北工作、曾任红二十七军政治部副主任的爱人夏

---

① 《鄂豫皖省委给中央的报告(1934年7月5日)》，见中央档案馆等：《鄂豫皖苏区革命历史文件汇集(第二册)》，内部印行，1985年，第503页。

玉华处决。郭述申立即进行调查，结果证明夏玉华与丈夫从苏联留学回来后工作做得很好，是个好同志，便没有执行省委的错误指示。

但是，受王明"左"倾教条主义错误支配的鄂豫皖省委，错误地指责"皖西北的肃反是还没有发动"，并警告"必须严格注意这种放松肃反工作的危险"[①]。1933 年 7 月上旬，鄂豫皖省委召开第二次扩大会议。鉴于在红二十五军中"肃反"造成了大量的非战斗减员和思想上、组织上的混乱，大大加重了七里坪战役的困难和失利的程度，导致鄂豫皖省委对错误的"肃反"政策的危险有所认识，会议提出"彻底纠正过去'肃反'中间的各种不正确的方式"。后来，省委也明确指出，皖西北道委在"肃反"方面"比较放松"，致"过'左'的毛病亦比鄂东北好些"[②]。

但是，由于鄂豫皖省委没有从根本上认识其"左"倾错误，所以在党的六届五中全会决议下达后，"左"倾错误再次发展起来。1934 年 4 月，省委派到皖西北道委的巡视员凭借逼供得来的所谓证据，指出皖西北道区苏维埃政府主席兼游击总司令吴宝才和红八十二师政委江求顺等人是"反革命"分子，责令道委将他们逮捕。对此，道委书记郭述申坚决反对。于是，省委于 9 月 28 日做

① 《鄂豫皖省委给皖西北道委会(回)信(1933 年 4 月 20 日)》，见中央档案馆等:《鄂豫皖苏区革命历史文件汇集(第二册)》，内部印行，1985 年，第 324 页。

② 《鄂豫皖省委给中央的报告(1933 年 8 月 2 日)》，见中央档案馆等:《鄂豫皖苏区革命历史文件汇集(第二册)》，内部印行，1985 年，第 373 页。

出了《对郭述申同志的决议》，错误地认定郭述申是右倾机会主义者且是“最主要最明显的代表”，错误地撤销了郭述申省委常委、皖西北道委书记的职务。

郭述申被撤职以后，鄂豫皖省委派来的皖西北道委书记高敬亭于 1934 年九十月间，将吴宝才、江求顺等许多经过长期革命斗争、有丰富斗争经验的党政军领导干部加以所谓“改组派”“第三党”“AB 团”等罪名而逮捕杀害。

鄂豫皖省委继续执行王明“左”倾教条主义错误和张国焘错误的“肃反”政策，不相信群众，不调查研究，不分辨问题的性质，采取错误手段，使“肃反”规模一步步扩大，再一次给革命事业造成了极为痛心的损失和严重的危害。

5. 反“围剿”的继续坚持和红二十五军的战略转移

1934 年 2 月底，蒋介石任命张学良为豫鄂皖三省“剿匪”副总司令，并将其东北军半数以上的 2 个军 9 个师从华北调到鄂豫皖地区。这时，敌人继续“围剿”鄂豫皖革命根据地的兵力计 16 个师又 4 个独立旅，共 80 多个团。

4 月 10 日，鄂豫皖省委开会讨论中央军委关于鄂豫皖红军主力应当转移到桐柏山建立新根据地的建议。会议认为，由于红军力量弱小，平汉铁路敌人设防严密，难以通过，且远去桐柏山难以支援老苏区的斗争，所以还是在鄂豫皖根据地边沿谋求恢复老苏区和开辟新苏区。会议初步议定以光（山）罗（山）息（县）和英

（山）罗（田）霍（山）两地区为目标，认为无论转移与否，都必须集中红军主力，以加强对敌斗争。4月13日，省委向中央提交了请示报告。

4月16日，红二十五军和红二十八军在赤城县的豹子岩会师，红二十八军重新编入红二十五军，军长为徐海东，政委为吴焕先，政治部主任为郭述申。红二十八军八十二师改编为七十四师，辖3个营，师长为梁从学，政委为姚志修；红二十八军八十四师及红二十五军七十五师改编为新的七十五师，辖二二三团、二二四团，师长为丁少卿，政委为高敬亭。全军共3000多人。

与此同时，鄂豫皖省委还决定将皖西北三路游击师和红二十八军二四四团一个营、军特务营，改编为新的八十二师，师长为江求顺(后为林维先，江求顺为政委)，辖3个营。全师共1000多人，归皖西北道委领导，坚持皖西北地区的斗争。被省委任命暂时代理皖西北道委书记兼游击总司令的吴宝才，领导红八十二师在完成掩护红二十五军转回鄂东北的作战任务后，于4月20日、22日、24日先后在长竹园、四顾墩、苏仙石歼灭反动民团200多人，缴枪200多支。

鄂豫皖省委于4月下旬召开第二次、第三次常委会，讨论反"围剿"问题，并做出了两个决议。在4月25日通过的决议中，省委认真总结了前一时期反"围剿"的沉痛教训，认为造成第五次反"围剿"初期接连受挫的原因，一方面是"由于敌方形势的险恶"，一方面是由于“鄂豫皖领导和工作上许多严重错误造成的”[①]。这比过去的认识深刻了一些。同时又认真分析了鄂豫皖地区总的形势和斗争的特点，进一步讨论了坚持第五次反“围剿”斗争的积极因素和有利条件，号召鄂豫皖地区的广大军民为粉碎敌人第五次“围剿”和恢复根据地而斗争。4月30日通过的决议指出，对东北军除了在军事上坚决打击以外，还必须大力加强政治瓦解工作。省委这两次会议所确定的斗争方针以及所采取的各项具体政策，是第三次扩大会议以来转变斗争方针的继续和发展，也是一次根本性的转变。特别是恢复和开辟根据地任务的提出，对继续坚持第五次反“围剿”斗争具有更重要的意义。

5月初，鄂豫皖省委为了解皖西北斗争情况，率红二十五军转至皖西北地区。在袭击罗田县城守敌第五十四师后，到达立煌县团山。省委在团山开会，决定从红二十五军中抽调部分骨干，组成一支游击队，在当地开展工作。数日后，红二十五军为摆脱敌第四十七师、第五十四师的进攻，向鄂东北转移。是时，省委决定让郭述申回皖西北继续担任道委书记，省委代理书记徐宝珊同来皖西北检查工作。

6月下旬，张学良制订了3个月“围剿”计划，调集15个师又3个旅，共70多个团，狂言要在3个月内将我党、我军彻底“肃清”。

---

① 《鄂豫皖省委关于粉碎五次“围剿”中鄂豫皖苏区党的紧急任务决议案(1934年4月25日)》，见中央档案馆等:《鄂豫皖苏区革命历史文件汇集(第二册)》，内部印行，1985年，第457页。

7月1日，鄂豫皖省委收到了6月13日《中共中央、中革军委给鄂豫皖苏区的军事训令》，训令“原则上同意省委提议，红军主力仍留在原来苏区继续行动”，但同时也提到“积极地向外线发展”的问题。省委根据党中央指示精神和敌人组织新进攻的情况，确定红军主力应在避实击虚的原则下，设法消灭孤立、薄弱之敌；抽调几个善于打游击的连队，在主力外围行动，以迷惑、牵制敌人，为主力创造战机；地方武装大部在老根据地打击敌人，小部向外发展游击战争，开展群众工作；继续巩固和扩大鄂东北、皖西北的几小块游击根据地。

皖西北道委根据鄂豫皖省委的指示，领导红八十二师于7月上旬先后攻下霍山的黄栗杪和诸佛庵，火烧六安县西河口守敌据险顽抗的戏楼，连克南岳庙、徐家集、江店子等集镇，给地方反动民团以沉重的打击。皖西北军民英勇斗争，使赤南、赤城和六安三小块根据地得以坚持。

红二十五军在7月中旬于罗山县长岭岗给敌东北军第一一五师以歼灭性打击之后，于8月初南下罗山、黄陂、孝感地区活动。又于8月中旬到达皖西熊家河，于8月下旬活动在商城、六安、英山之间的广大地区，并在六安县郝家集击退敌第十一路军独立旅的进攻，毙俘敌500多人，缴枪300多支及大批军用物资。9月4日夜，攻占太湖县城，消灭安徽省警备旅一部，缴获大批物资。到10月，红二十五军在英山、太湖交界的陶家河地区恢复了纵横30多里的一小块游击根据地。至此，张学良的3个月“围剿”计划宣告破产。

10月9日，鄂豫皖省委召开第五次常委扩大会，分析形势，号召军民动员起来，争取完全粉碎敌第五次“围剿”。[①] 11月4日，省委率红二十五军进至南溪葛藤山地区活动时，接到了鄂东北道委书记郑位三的信，言党中央派来鄂豫皖工作的程子华已到，请省委率红二十五军速来鄂东北，研究今后行动计划。省委在指示红八十二师继续坚持皖西北地区斗争后，于11月6日率红二十五军前往鄂东北。

11月11日，鄂豫皖省委在光山县花山寨举行第十四次常委会，根据党中央有关精神和程子华传达的中央军委副主席周恩来的口头指示，郑重地讨论了今后的行动方针。会议一致拥护周恩来的指示：“红军主力要作战略转移，去建立新根据地。这样，部队就能得到发展，同时也就能把敌军主力引走，减轻鄂豫皖根据地的压力……留下的部分武装就能够长期坚持，也就能够保存老根据地。”[②]会议决定：省委立即率红二十五军实行战略转移，为发展红军和创建新根据地而斗争；以平汉铁路以西鄂豫边界的桐柏山区和豫西的伏牛山区为初步目标；为宣传党的抗日主张，扩大我党、我军政治影响，行动中部队对外称为“中国工农红军北上抗

① 《鄂豫皖省委为完全粉碎第五次“围剿”而斗争的决议(1934年10月9日)》，见中央档案馆等：《鄂豫皖苏区革命历史文件汇集(第二册)》，内部印行，1985年，第559页。

② 中国工农红军第二十五军战史编委会：《中国工农红军第二十五军战史资料选编》，北京：解放军出版社，1991年，第356页。

日第二先遣队”;留一部分武装再组建红二十八军,继续坚持鄂豫皖边区的武装斗争。会议还讨论了部队整编问题。经过研究,省委决定由党中央派来的程子华担任红二十五军军长。

11 月 16 日,鄂豫皖省委率红二十五军由罗山县何家冲出发向西挺进,开始长征。17 日晚,红二十五军在信阳以南的东双河和柳林之间越过平汉铁路,离开了鄂豫皖边区。红二十五军的战略转移,打乱了蒋介石对鄂豫皖根据地第五次“围剿”的部署,使其妄图消灭这支红军的计划失败。

第六章

★★★★★

艰苦卓绝——皖西北三年游击战争

1934 年 11 月到 1937 年 7 月，是皖西北地区党组织领导军民协同红二十八军坚持游击战争的阶段。红二十五军长征之后，高敬亭根据中共鄂豫皖省委的指示，迅速重建红二十八军，新建和发展地方武装、便衣队，以 3000 多人的武装力量，坚持了三年艰苦卓绝的游击战争。红二十八军以皖西北地区为基地，转战于鄂豫皖边区，地方武装、便衣队就地坚持斗争，接连粉碎了敌人的四次“清剿”，使革命红旗始终飘扬在大别山区。皖西北地区的游击战争还有力地支援了主力红军的战略转移，配合了南方各省红军的斗争。

一、主力红军的重建与游击根据地的开辟

1. 红二十五军长征后革命形势的恶化

1934年11月中旬，国民党政府一方面以18个团的兵力尾追西去的红二十五军，一方面以56个团的兵力继续对鄂豫皖革命根据地进行“清剿”。皖西北地区的“清剿”主要由敌梁冠英第二十五路军、刘镇华第十一路军负责，还有10多个保安团和商城顾敬之、霍山黄英等反动民团配合“驻剿”。豫鄂皖“剿总”副司令张学良令各部队、地方民团协同地方官吏，清查户口，移民并村，严密保甲制度，实行“十户连坐法”；建立谍报网，组织特务队暗地监视，在要道路口设关立卡，盘查行人和物资，实行经济封锁。驻皖西北的敌军“宁可错杀一千，不能漏掉一个”，将搜捕到的苏维埃政府工作人员、红军伤病员和人民群众，部分当场屠杀，大部分送进商城、金家寨等处的“难民营”。在敌人残酷的“清剿”下，皖西北只保存赤城、赤南，六安县三区、六区、七区，霍山县六区等几小块革命根据地。

中共赤城县委和县苏维埃政府领导的根据地，位于商城、固始和立煌县之间，辖3个区、8个乡。武装力量有县党政机关和警卫队50多人，二路游击师200多人，二区游击队100多人，以及红

二十五军留下的经理部苦工队90多人，两个战斗连100多人，一个医院（二分院）和70多名伤病员。中共皖西北道委和道区苏维埃政府机关工作人员有200多人，也常在这里活动。

中共赤南县委和县苏维埃政府领导的根据地有4个区，除了县党政机关30多人以外，还有一路游击师200多人，银沙畈战斗营近100人，以及红二十五军留下的一个医院。

中共六安县三区、六区、七区区委和中共霍山县六区区委各领导的小块根据地，都拥有一支二三十人的游击队或便衣队。

这些小块根据地被敌人包围、分割和封锁，且经受敌人反复"清剿"，受到很大的破坏。群众大部分被敌人屠杀或赶走，房屋、资财也为敌人焚掠一空，如赤城根据地只剩下三四十户100多人，且多系红军家属。冬季来临，苏区军民缺衣少食，既要对付敌人的"清剿"，又要到非苏区打粮维持生活，形势极为险恶。苏区军民有时数日不得一餐，挨饿受冻，常以野菜、树皮充饥，但他们宁愿饿死也不做国民党政府的"顺民"。中共赤南县四区的群众，被敌人屠杀和饿死在山上者达90%以上。

这时，皖西北道委一方面令红八十二师（700多人）和三路游击师（170多人）到霍山、舒城、潜山一带游击，一方面领导各根据地的党、政、军、民，利用深山密林和熟悉地形的有利条件，避开敌军主力的"清剿"，并活动于敌人的据点之间，袭击敌人，镇压反动分子。六安三区游击队在七区便衣队的配合下，于1934年12月下旬一举消灭当地反动武装，活捉7人，救下被抢去的妇女

11人，还缴获了许多枪支、物资。

2.红八十二师和三路游击师的东线游击

1934年11月初，皖西北道委为了钳制与分散“清剿”根据地的敌军，寻找新的立足点，高敬亭令红八十二师和三路游击师东去霍山、舒城、潜山地区，开展试探性的敌后游击活动。这两支部队从赤城苏区熊家河出发，突破敌人封锁线，经霍山进抵潜山县境，攻克了衙前镇，歼灭潜山县一个保安中队。接着，红八十二师师长周世觉等人与潜山县地下党组织接上了关系，成立了中共潜山工委，在天堂畈一带活动。

11月10日，部队挺进到舒城县西南地区，攻克晓天镇，毙俘敌保安队及民团90多人，缴获长短枪80多支，并没收了十几家地主兼工商业者的财产，获得了大批银圆、钞票、布匹和粮食，物资得到了补充。部队还将一部分粮食、布匹分给了镇上的穷苦人民。在舒城转战数日后，部队于11月底回师。

12月1日，部队到达霍山县长山冲，分驻在石垸墙、王家湾，打土豪、筹粮食，并准备每人带7至10天的粮食回老根据地。2日下午，敌第六十五师的一个团尾追而来，周世觉通知部队装好粮食，抓紧休息。3日凌晨，部队出发，但经长冲口到石垸墙附近时天已拂晓，被敌截击。周世觉即令三路游击师师长高克文阻击敌人，自率其余部队向西侧山冲撤退。3日上午10时许，部队到达五风口，又遇敌黄英民团阻击，几次冲锋都被敌击退，只得在土地庙据守，准备天黑时突围。突围中师长周世觉牺牲，红八十二师一部向熊家河转移，另一部当晚与三路游击师会合，也有少数同志回到立煌县红旗山和六安县龙门冲。

由高克文率领突围出来的200多人，于12月6日到达红旗山。在留下70多名伤员后，部队向东行进，到达界岭时又遇敌第三十二师一个营截击。在击退敌攻击后，部队继续向东转移，于12日到达六安县龙门冲，与红二一八团一营会合。13日下午，部队行至青菜冲，与追敌第六十四师一个团激战3小时，毙伤敌20多人，我部亦伤亡32人。战后，部队分两路，于19日、20日先后回到熊家河。三路游击师后被编入红二一八团。

3.皖西北红二一八团的组建及其战斗

红二十五军刚离开鄂豫皖根据地时，皖西北根据地的武装力量分散。皖西北道委为集中力量保卫根据地，于1934年11月中旬在赤城苏区熊家河召开会议，决定将红二十五军留下的一些部队和地方武装，组成新的红二一八团。此时，运送英山县陶家河战斗伤员的红二十五军经理部苦工队，同担任掩护任务的红七十四师二营四连（仅有40多人）、三营九连，由熊大海带领到达熊家河，高敬亭将其编为红二一八团一营。

12月8日，高敬亭率一营和二路游击师，在立煌县关山河北伏击敌独立第五旅六一四团运粮毛排，歼敌一个连。9日，敌独立第五旅旅长率六一三团增援，我军即转移至哭剑山。敌六一三

团、六一四团又向哭剑山袭来，我军于当晚渡过史河，经苏家畈于10日到达六安县何路集，后与长山冲突围出来的部队会合，一起战斗，于20日返回赤城苏区。

高敬亭当即在熊家河的石关整编部队，正式宣布成立红二一八团，辖一营、二营和苦工队，由罗成云任团长，熊大海任政治委员，全团约700人。

12月25日，赤城县委在立煌县白塔畈地区发动群众筹集粮款，敌独立第四十旅两个营约七八百人经大顾店来袭。红二一八团主力分三路向敌展开进攻，敌前卫营被我军全歼。26日，红二一八团在白塔畈附近与敌第六十四师一个团遭遇，遂以小部队阻击敌人，主力和赤城县委机关回到熊家河。皖西北道委将缴获的武器装备苦工队，把苦工队和部分痊愈的伤病员编为红二一八团三营。

皖西北道委在组建主力红军的同时，还加强了各小块根据地的武装建设。1934年11月，赤城县委以警卫队为基础，加上二区游击队，组建起商北大队，辖两个中队，约一百五六十人。12月，六安六区将红八十二师和三路游击师的70多名治愈的伤病员，同丁家埠、南石塘两乡游击队，合编为洪家大山战斗营。由区苏维埃主席陈家全任营长，区委书记方藻庭任政治委员，辖3个连，约200人。同月，六安三区区委将游击队和从长山冲突围归来的伤病员，合编成龙门冲战斗连。

红二一八团的成立和小块根据地武装力量的组建与扩编，使

皖西根据地的武装力量得以集中，形成了对敌斗争的拳头，在反“清剿”斗争中起着骨干作用，也为重建红二十八军奠定了基础。

4.红二十八军在皖西的第三次组建及反“清剿”的战斗

1935年1月8日，蒋介石命令其在豫鄂皖边区各部队，务必于3个月内将东区红军主力“肃清”。在敌大规模“清剿”前，高敬亭令一路游击师南下罗田，二路游击师东渡史河，到外线牵制敌人，自己亲自指挥红二一八团和商北大队坚守熊家河。从1月21日开始，与进攻熊家河之敌第一〇六师六一六团和第一〇八师一部激战3天。24日，高敬亭决定将部队转移至熊家河以东的小南京。25日拂晓，敌尾追而来，部队迅速转移，直到熊家河正南的黄眉尖才把敌人摆脱。高敬亭决定留下商北大队就地坚持牵制敌人，令赤城县委书记石裕田带路，带领红二一八团突出敌人合围圈，到达胭脂、麦园一带。商北大队遭敌围攻，全体指战员英勇奋战，突出重围，与红二一八团在麦园会合，但赤城根据地失陷。

此时，敌人在许多山头和交通要道上筑起碉堡，派兵把守。为避开强敌，高敬亭决定让商北大队寻机打回赤城，自率红二一八团向东南方向转移。2月1日，红二一八团到达立煌县抱儿山，与少共鄂东北道委书记方永乐率领的鄂东北独立团会合。方永乐带来了鄂豫皖省委给高敬亭的指示信，信中传达了党中央的指示，说明了省委率红二十五军西进的意义和花山寨会议的决定；责成他组织鄂豫皖边区党的新的领导机构，并以红八十二师和地

方武装为基础再次组建红二十八军，继续坚持鄂豫皖边区的武装斗争。此时高敬亭才得知省委已率红二十五军离开了鄂豫皖边区。当天，两支部队一起疾速向东南方向转移，于2月3日到达太湖县凉亭坳。

高敬亭在凉亭坳召开会议，传达鄂豫皖省委指示，决定以红二一八团和鄂东北独立团为基础，第三次组建红二十八军。高敬亭任政委，统一领导鄂豫皖边区党政军工作。红二十八军辖八十二师和手枪团。八十二师师长为罗成云，政委为方永乐，政治部主任为熊大海，辖二四四团和直属特务营。二四四团由二一八团改编，团长为徐贤才，政治委员为徐成基。师直属特务营由鄂东北独立团大部改编，营长为陈守信。军手枪团由皖西北道委手枪队、鄂东北独立团手枪队和原红二十五军手枪团一个分队合编，余雄任团长，辖3个分队。全军共1000多人。

红二十八军重建后，于2月6日在潜山县分水岭、王家屋歼敌第六十四师一个多连。9日，在霍山县长岭庵阻击敌第三十二师一部后折向东北。12日，在霍山县太阳畈东北黄泥塝遭敌第三十二师两个团的拦截，激战半日，八十二师师长罗成云牺牲。为了摆脱敌人，全军经金竹坪，连夜冒雪翻越白马尖，到马家河休息，并从部队中抽调干部、战士组成便衣队留在该地负责掩护伤员，部队次日即向东转移。

2月14日，红二十八军行至舒城县白果树，得知家住潜山县王庄的国民党安徽省政府委员兼财政厅厅长余谊密在家过春节，其次子时任潜山县保安大队副队长，正带一个机枪班及武装警卫20多人陪在家中。红二十八军决定袭击王庄，部队于15日拂晓到达王庄，秘密包围了余谊密的住宅。手枪团部分同志化装成余家好友前去“拜年”，生擒余谊密及其次子，反动武装全被缴械。16日，部队在当地又捉了10多个恶霸地主，下午在潜山县上龙山与追敌第九十四旅一八八团激战，歼敌一个多连，手枪团副团长蔡泽礼在战斗中牺牲。部队乘黄昏向东北方向转移，途中将余谊密连同其子及9个大恶霸一起处决。

5. 中共皖西特委的成立和新的游击根据地的开辟

1935年2月16日晚，红二十八军来到舒城县鲍岭附近的白果树召开会议，总结了十几天来的行动和战斗。会议认为，红二十八军重建以来，天天遭敌“追剿”“堵剿”，没有一天不行军、不战斗，消耗得不到补充，伤员得不到安置，因此决定在舒城、霍山、潜山、太湖4县结合部创建游击根据地。为此，成立中共皖西特委，由徐成基任书记。以二四四团一个连和手枪团两个班为骨干，组成二四六团，共200多人，辖2个连、1个手枪队，由徐成基兼任政治委员。

白果树会议后5天，红二十八军开始分散行动。高敬亭率二营和手枪团一分队回赤城、赤南苏区了解情况，方永乐率红二十八军主力在舒城、霍山、潜山、太湖地区游击。

皖西特委领导二四六团在方永乐率领的红军主力配合下，首

先到舒城、潜山交界的沈家桥、主簿源、白果树、彭家河、魏岭一带，建立党的组织，发动与组织群众，打土豪，歼民团，陆续发展便衣队，使其既成为武装形式，又成为基层政权形式。3 月底，在石关乡象形地成立了舒霍潜边区苏维埃政府，活动范围东到晓天、官庄，南到源潭铺、万山，西到鹞落坪，北到黄尾河。

1935 年 3 月初，皖西特委从二四六团中抽出部分人员，加上痊愈的部分伤病员组成四路游击师，由杨正操任师长，胡学美任政委，帮助潜山县委扩大皖潜游击大队。到 4 月，游击大队已发展到 180 多人。同时，二四六团扩编了一个战斗营，全团发展到 500 多人，装备也有所改善。这 3 支武装力量分别在舒城、霍山、潜山、太湖边界山区，发动与组织群众，广泛开展游击战争，打击民团和反动势力，筹粮筹款，安置伤员，建立党的组织，开辟新区工作。

此间，方永乐率领红二十八军主力在外围游击，钳制敌军，掩护皖西特委开辟根据地。1935 年 2 月 21 日，方永乐率部由霍山县黄毛山南下，于 23 日到达英山县陶家河，然后折向东北，经潜山县分水岭、多珠尖和霍山县黄叶坪，于 27 日到达落儿岭。随即又折向西南，于 28 日在团山附近的和尚岭冲破敌第六十五师工兵营、辎重营的截击，于 3 月 1 日转移到深沟铺。2 日，敌第三十二师一个团尾追而来，敌第六十四师一个旅在前面堵截，我军先头部队在通过英霍大道时被敌第一九一旅发觉。经过激烈战斗，全军分两路突破敌人的堵截，越过了英霍大道，但红八十二师政治部主任熊大海在战斗中牺牲。

在之后的半个月中，方永乐率部活动于太湖、潜山、霍山、立煌县境。3月17日，在立煌县椿树坳遇敌独立第五旅，方永乐决定强行通过碉堡线。经过激战，除三营外都越过碉堡线进入原赤南苏区。三营向东南转移，后在太湖县黄泥畈与二四六团会合，改为六路、七路游击师，活动于太湖、潜山、霍山一带。方永乐率一营、特务营和手枪团两个分队进入赤南苏区后，因当地一路游击师已于3月初东移到立煌县燕子河一带活动，部队搞不到粮食，只得再次通过敌碉堡线。3月29日，部队在霍山县界岭全歼追敌第一九二旅一个营，缴获重机枪两挺和许多枪支弹药。尔后，部队在潜山县活动。

皖西特委还于4月初，同活动在合肥、舒城、庐江等县的皖西北特委取得了联系。此后，二四六团和皖西北独立游击师相互配合行动，使舒霍潜太游击根据地与皖西北游击区域连成一片。

舒霍潜太游击根据地的开辟，表明了皖西北道委建立新的立足点的决心，为坚持游击战争奠定了基础。

6. 老根据地斗争的坚持和反敌三个月“清剿”的胜利

皖西北道委在创建新的游击根据地的同时，也不放松对老根据地斗争的领导。坚持战斗在六安县六区的洪家大山战斗营，于1935年1月初遭敌袭击，伤亡30多人。战斗营决定向东游击，寻找皖西北道委。部队行至霍山县龙潭冲与黄英民团遭遇，营长陈

家全牺牲，政委方藻庭兼任营长率部继续向东疾进，至葛家铺休整，派人找到皖西北道委。高敬亭派人加强对战斗营的领导，并指示战斗营回师洪家大山，利用这一带有利地形坚持斗争。

高敬亭在率部去老根据地的途中，于1935年3月3日在立煌县梓树坪与赤南县四区的区、乡苏维埃机关20多人会合。4日，歼敌一个营大部。22日，在皮坊西北的鸡冠石与二路游击师会合，在击退敌独立第五旅一部的进攻后，转至汤家汇北面的彭家畈，与赤城县委书记石裕田、李占彪领导的商北大队会合后一起绕回全军庙。24日，敌独立第五旅派六一五团围攻我军驻孤山的后方机关和医院。高敬亭令二路游击师攻击敌后续部队，吸引敌人的兵力，策应后方机关突围。由于敌众我寡，敌人又系多路合围，我军终究没能突出敌人包围，大部分同志壮烈牺牲或被俘，我军后方机关和医院被敌摧毁。

3月底，高敬亭率部和二路游击师离开赤城向东游击，于4月6日到达太湖县泥头店，与方永乐所率的部队会合。六路、七路游击师也来到泥头店。高敬亭当即整编部队，将六路、七路游击师恢复三营番号，二路游击师编入三营，任命二路游击师师长徐德先为二四四团副团长。

部队整编后，高敬亭召开干部会议，计划攻打敌人力量薄弱的宿松县城，使部队得以补充。4月12日，部队在宿松县二郎河附近与敌第三十二师一个团遭遇，高敬亭即改变攻打宿松县城的计划，向西南方向转移。14日，部队在蕲春县毛家嘴遭尾追之敌第三十二师一个团和太湖县保安团一部的夹击，虽突出合围，但伤亡70多人。19日，部队经宿松、太湖，到达潜山县汤池畈。20日，部队在汤池畈东北的桃岭将疲惫不堪的敌第九十五旅两个营歼灭。

从红八十二师和三路游击师东线游击，到桃岭战斗的胜利，在这近半年的艰苦岁月里，皖西北道委领导军民再次经受住了严峻的考验。主力红军和地方游击武装不仅没有被消灭，反而发展了；老根据地不仅没有完全丢失，反而开辟了新的游击根据地。这使得蒋介石在3个月内消灭皖西北红军的狂妄计划落空。但敌众我寡的形势没变，我军仍没有摆脱被动局面。

二、便衣队的组建和游击根据地的扩大

1.主力红军的外线作战和地方武装的内线活动

1935年4月24日，蒋介石急电豫鄂皖“剿总”，采取分片负责的划区“驻剿”和“追剿”“堵剿”等手段，使用13个师、1个独立旅共61个团的兵力对鄂豫皖边区实行“清剿”。从敌人的部署来看，其两个月“清剿”的重点在舒城、霍山、潜山、太湖地区。

桃岭战斗后，红二十八军转战潜山、舒城边区，于5月7日到达霍山县黄尾河，与皖西特委率领的二四六团会合。高敬亭召开

会议，总结前一阶段工作。会议认为，皖西特委领导二四六团及其他武装力量，在霍山、舒城边区发动群众，打土豪，歼民团，建立了一块很好的游击根据地，工作有显著成效。红二十八军几个月来转战于皖西，打了不少胜仗，特别是桃岭伏击战给敌人以沉重的打击，部队得到了很大的锻炼。但是，敌人已开始部署新的“清剿”计划，“清剿”重点又在舒霍潜太地区，如果再在这些地区与敌周旋，难免遭受重大损失。因此，会议决定，主力红军离开皖西，西进桐柏山，北向陕南，与红二十五军会合。会后，从二四六团抽调一个连补入红二十八军，并将二十八军各部中的老弱病残者精简下来编入二四六团，在皖西坚持斗争。

接着，红二十八军向北行进，于5月14日晚到达固始县西南的窑沟附近，与商北大队会合。高敬亭将商北大队一部编入红二十八军，继续西行。19日，在罗田县长岗的白石山与鄂东北道委会合，将第二次组建的鄂东北独立团和特务一营、二营大部编入红二十八军。22日，红二十八军在礼山县杨平口附近越过平汉铁路，于28日到达泌阳县东南25公里的五道岭附近。29日，高敬亭召开会议，研究部队去向问题，一致认为前有东北军堵截，后有独立第五旅跟踪追击，去陕南找红二十五军会合确有困难。同时，考虑到省委交给的任务是继续坚持鄂豫皖边区的武装斗争，会议决定，部队立即东返鄂豫皖边区，与老根据地的人民群众一起坚持游击战争。

红二十八军西进桐柏山，除了敌独立第五旅尾追西去以外，

其余大部敌军仍在其防区“清剿”。在人民群众的支持下,皖西党组织领导地方武装依然顽强地坚持斗争。

5月23日,四路游击师在霍山县道士冲与敌第三十二师九十六旅一九一团一部遭遇,后转移到潜山县与一路游击师会合。之后,两游击师分别在潜山、太湖一带活动。四路游击师于6月上旬进攻潜山县腾云庙,一路游击师转战潜山县。

商北大队抽调一部编入西去的红二十八军后,又扩编到两个中队。赤城县委于6月初决定留部分武装在原地坚持斗争,其余由县委书记石裕田率领商北大队和县、区苏维埃工作人员等200多人,改称二路游击师,离开赤城向东游击。6月8日,石裕田率部到达霍山县黄石河东边的观音崖,与敌第三十二师一个团遭遇,激战两小时,给敌以重创。

到7月初,舒霍潜太游击根据地已扩大到东起舒城县鸵岭、猪头尖,西迄英山县草盘地、陶家河,南抵潜山县彭家河、魏岭,北至霍山县黄尾河、蔡家畈,并把党的工作扩展到蕲春、黄梅、宿松等县山区。

六安六区的洪家大山战斗营,于1935年5月30日在霍山县马家畈附近的看护塘被敌第三十二师近一个团包围,部队伤亡惨重,正、副营长牺牲,政委方藻庭被俘后被杀害。区委委员曾广前带领20多人突围出来,继续以洪家大山战斗营的番号坚持斗争。

东返的红二十八军于5月31日在桐柏县以东的淮河店,缴获东北军骡马运输队的全部骡马50多匹及马车。6月1日,在随县桐桥畈东南的桃花山地区，伏击敌独立第五旅一部，毙伤敌600多人。13日，在光山县斛山铺西北的王园地区歼敌第一〇九师2个营，缴获步枪500多支、轻机枪18挺、迫击炮2门，使部队武器装备大为改善。18日，在麻城县殷家园东北的段水山，击溃截击之敌独立第五旅两个团，歼敌200多人。

红二十八军在敌军前堵后追的情况下，直插皖西根据地。于7月2日到达太湖县店前河，与皖西特委、二四六团、二路游击师会合。高敬亭在店前河召开了营以上干部会议，总结了红二十八军西进桐柏山，往返平汉铁路，调动敌人，使之疲惫，打破敌人“清剿”计划的基本经验；提出了“敌情不明不打，伤亡过大不打，地形不利不打，缴获不多不打”，即“四不打”的作战指导原则。在军事斗争的策略上，提出了“拖垮二十五路军，相机打十一路军和东北军，向保安团要补给”的方针；在作战形式上，主张以游击战为主，辅以必要的伏击战；在作战地区上，要求不仅在苏区打仗，而且能到苏区外围的游击区和敌占区或更远的地方去打仗；在战术手段上，提出每战应集中比较优势的兵力，利用有利地形，或击其头，或断其尾，采取突然迅猛的手段，穿插分割围歼敌人。会议肯定了皖西特委领导二四六团开展工作所取得的成效，认为只要正确地处理好走与打、内线作战与外线作战的关系，军队就具有更大的进攻性、速决性和灵活性，就能更多地消灭敌人，有效地保存自己的力量，从而更加坚定了坚持大别山游击战争的信心。

会议决定将一路、二路游击师全部编入红二十八军，任命石裕田为红八十二师政治部主任，从二四六团抽调两个连和手枪队两个班，分别补入红八十二师二四四团一营、三营和手枪团。

红二十八军在地方武装配合下，从皖西地区西进桐柏山，往返平汉铁路，历时约两个月，行程700多公里，打乱了敌人的“清剿”部署，并在转战途中歼敌5个营又2个连，给敌以打击。皖西特委领导地方武装广泛发动群众，扩大了游击根据地，粉碎了敌人在两个月内消灭红军的狂妄企图。

2.便衣队的组建及其初期活动

在红二十八军和地方武装广泛开展游击战争的同时，起着地方政权作用的便衣队纷纷建立起来，积极配合主力红军广泛开展斗争。便衣队这种组织形式，是在鄂豫皖革命根据地遭受敌人不断摧残的特定历史情况下产生的，是地方党政军三位一体的组织，是以群众工作为主的武装工作队，是党和红军坚持武装斗争的一大创举。

早在1933年秋，鄂豫皖省委领导红二十五军坚持斗争时，便衣队的组织形式就出现了。一些根据地被敌人占领了，幸存的县、区、乡、村干部携带武器，转入地下，深深扎根于群众之中，继续坚持斗争。这样，就自然地产生和形成了穿着便衣的军队，他们一面配合主力红军作战，一面掌握地方政权。省委对此十分重视，认为便衣队是“极为适宜的一种游击武装的方式”，“要建立白旗下的群众工作与秘密组织工作，首先最有效的还是发展便衣队的组织”。

1934 年 5 月，红二十五军政委吴焕先、军长徐海东根据鄂豫皖省委的决定，从部队派出以夏云龙为队长、汪少川为指导员的一个 12 人的便衣队，在霍山县的团山、燕子河、白莲涧、董家河一带发动群众，发展党员，组成了中共霍山县六区区委，坚守了这一小块根据地。便衣队在掩护伤病员、牵制敌人、搜集情报等方面发挥了很大作用，积累了一些经验。团山便衣队是皖西北地区的第一个便衣队。

红二十五军长征后，皖西北道委及后来重建的红二十八军为了在极端艰苦恶劣的环境中有效保存力量，适应对敌斗争的需要，把发展便衣队提到战略地位，大力发展这种武装形式。因此，皖西北地区除了原有的团山便衣队以外，从 1935 年 2 月至 1936 年春，又先后建立起 18 个便衣队，共一百五六十人。其中皖西特委领导的有 11 个便衣队，如霍山县鹞落坪的为二分队，霍山县马家河的为三分队，霍山县羊心包的为四分队。商南县委领导的有 7 个便衣队。

每个便衣队由数人或 10 多人组成，成员都是经过挑选的，斗争坚决、具有独立工作能力，会打仗、会做群众工作，能够掌握政策的优秀指战员和优秀地方干部、党员。便衣队的主要任务：宣传、组织、武装群众，恢复和建立党的组织；扩大游击区，建立新的游击根据地；安置红军伤病员，照顾军、烈属；筹粮筹款，为红军、游击队提供物资供应；严惩反革命分子，分化瓦解敌人，控制敌人的基层政权，使之为我军服务；搞侦察，送情报，掩护主力红军行动；组建游击队和战斗营，为红军补充兵员。

便衣队开展活动的主要方法：依靠地下党和革命群众，从单庄独户开始，立稳足跟，再亲串亲，邻串邻，由点到面，点面开花连成一片，由一个队到几个队，由秘密工作逐步到公开建立小便衣队和游击队，成立党的领导机关，建立游击根据地和基层政权，开设山林医院、被服厂、修械所，形成比较巩固的后方基地。在对敌斗争战略战术上，坚决歼灭反动民团、地主恶霸，摧毁反动的基层政权。有时一个便衣队力量不能奏效，就集中几个便衣队实施战术，配合游击师、战斗营，选择对我军危害最大的反动民团彻底歼灭之，使一些民团武装龟缩据点，不敢轻举妄动。对付敌军主力"清剿"时，采取"打圈子"战术，或插到敌人后方，或昼伏夜击，伺机歼灭敌人。同时，大量争取可以争取并能为我军所用的联保主任、保长、甲长、地主和民团，建立"两面政权"，掩护便衣队和革命群众，从而能很快打开局面，使便衣队控制的地区成为红二十八军和各地方武装的游击根据地。

各地便衣队紧紧依靠人民群众，依托大别山的有利地形，紧密协同主力红军和地方武装，代表党执行党的方针政策，代表政府执行苏维埃的政纲法令，同时又凭借自己的武装英勇巧妙地打击敌人。如便衣三分队化装成敌军营部人员，巧夺了驻霍山县马家河街上敌军一个连的全副武装。便衣二分队经常到敌人据点周围活动，扰乱、牵制敌人。便衣队还在霍山县包家河、潜山县青天畈和舒城县沈家桥等地设立地下商店，经营红军需要的油、盐、布匹、电池、药品等物资。包家河的万大兴号经理徐诚证就曾打入敌人内部，为红二十八军购买到子弹等军用物资，后被敌人发觉而就义。

从便衣队建立初期所发挥的作用来看，它既是坚持革命老区、开辟革命新区的主要力量，又是共产党的领导机关和主力红军、地方武装的得力助手。它既担任对敌斗争的前哨，又充当保障供给的后卫。

3. 红二十八军归来后的游击

太湖县店前河会议后，红二十八军在转移到潜山县狮子岗时与敌遭遇，后经舒城、桐城交界的二姑尖和舒城县庐镇关、七里河，于1935年7月6日晚到达乌沙街以东黄巢尖。7日下午，在黄巢尖将前来袭击的安徽省保安团一个营大部歼灭。12日下午，在潜山县朱屋庙将敌护送给养的一支部队包围，俘敌60多人，缴获重机枪2挺、步枪48支。15日，进至太湖县冶溪河东南的刘龙湾，将驻敌二十五路军别动队130多名官兵全部俘虏，缴长短枪80多支、轻机枪2挺，全军顺利向南挺进。此后，红二十八军转战蕲春县桐梓河、宿松县凉亭河、太湖县蔡家河、潜山县腾云庙和英山县腰磨畈等地，并于8月13日上午到达立煌县燕子河地区。这时，敌第六十五师一个营由流波碓进驻花凉亭，企图阻击红二十八军。高敬亭、方永乐果断做出夜间歼敌的决定，在花凉亭毙伤敌200多人、俘敌100多人,缴获迫击炮1门、轻重机枪7挺、步枪200多支、子弹万余发。这是红二十八军成立以来夜间进攻敌人据点的第一次尝试,以小的代价取得较大的胜利,摸索到夜间攻坚战斗的初步经验。

花凉亭战斗后,红二十八军经立煌县转战至霍山、罗田、麻城等县,复又折回皖西地区。8月31日,全军由舒城县沈家桥进至小街附近,再折向桐城县唐家湾全歼该县保安队270多人,复又在唐家湾东侧冲口的纸棚全歼桐城县常备大队,在青草塥将安徽省保安团1个连缴了械。9月1日,全军进至潜山县龙井关,手枪团化装为敌二十五路军追剿队,歼敌十一路军一个连。3日,在霍山县石盆附近与敌九十四旅一八八团遭遇,在毙伤敌兵数人后向潜山县境转移。10日上午,手枪团在太湖县店前河东、寺前河全歼敌第三十二师一个排,毙敌30多人。13日晨,在行进至潜山县妙道山的一条小道上,敌第三十二师一个旅跟踪追击,方永乐令二四四团二营抗击敌人,掩护主力向茅山转移。营长林维先率六连连续击退敌人数次冲击,在掩护主力安全脱险后,林维先率队跳崖转移。

妙道山战斗的当天晚上,军部在潜山县茅山召开会议,决定部队临时分散行动。二营留下掩护高敬亭养病,仍在罗田、英山、霍山、潜山一带活动,并将六连在妙道山战斗中失散的人员收拢归队。方永乐率红二十八军主力去潜山、霍山、六安、舒城一带活动。

方永乐率红二十八军主力经潜山县源潭铺、香炉寺、大鸵岭，以及舒城县程河道、六安县青山、霍邱县大岗，于10月1日在立煌县莲花山遇敌第三十二师包围。方永乐率部分主力部队冲过封锁线去了赤南，后又返回霍舒地区，在舒城县境与二四六团会合。为了使部队精干，军部将三营部分人员编入一营，又将一营老弱和三营剩下的人员编为两个连，暂归二四六团指挥。皖西特委后又以这两个连为基础，组编成五路游击师，去潜山、太湖一带活动。方永乐率红二十八军主力于10月中旬经舒城县七里河，桐城县唐家湾，霍山县石盆地、长岭庵、杨家河，到达英山县草盘地一带活动，10月下旬，经罗田县青苔关、三省脑、僧塔寺，折向黄石河一带活动。因此，敌人对我军行踪难以掌握。11月，方永乐率红二十八军主力主要活动于以天堂寨为中心，东至霍山县包家河，西到罗田县簰形地，北达立煌县土门岭、马家畈，南抵罗田县白庙河、英山县红花嘴一带。

敌人追堵无着，心急如焚，妄图以进一步大修碉堡的办法来封锁"围剿"我军。敌二十五路军"拟定英、罗、立、霍、浠、蕲、广、黄八县碉堡计划，总计纵横各线碉堡全长1900里，修筑碉堡3800座"，并令独立第五旅由簰形地向枫树铺方向寻踪"追剿"。12月4日，方永乐率红二十八军主力至笔架山与五路游击师会合，令五路游击师继续在天堂寨一带活动，自率红二十八军主力南下。9日，方永乐令红八十二师参谋丁少卿(后叛变)率特务营和手枪团一分队，去天堂寨将五路游击师带至蕲春三角山与高敬亭会合，自率一营和手枪团两个分队继续南下。

1936年1月5日，红二十八军各部队汇集到三角山，五路游击师恢复三营番号。高敬亭召开会议，总结了一年来战术手段和战斗作风方面的基本经验。会议具体分析了敌情，并研究了下一步行动方案。会议决定由高敬亭率手枪团一个分队去鄂东北检查工作；由方永乐率二四四团、特务营和手枪团两个分队到黄梅、蕲春、浠水、黄冈、宿松、太湖一带活动。

在红二十八军纵横驰骋于皖西北地区时，地方部队和便衣队广泛开展游击活动，配合主力红军牵制打击敌人。皖潜游击大队于1935年5月改编为独立营后，全歼来榜、马家畈2个反动民团，缴获步枪50多支。7月，皖潜独立营与四路游击师合并，改为英、霍、潜、太四县游击师（仍称四路游击师），辖3个连和1个手枪队。六安三区游击队于1936年初春化装成卖柴草的农民，打入敌龙门冲驻防区，烧毁了控制龙诸（佛庵）、龙苏（家埠）、龙独（山）3条大道的碉堡，还消灭了驻新店河敌军30多人。

红二十八军于7月初重返皖西地区后，以舒霍潜太游击根据地为依托，在地方武装和便衣队的配合下，时而南下，时而北上，纵横驰骋，行动自如。9月茅山会议后，红二十八军又以分散活动为主，一时在山区，一时在平原，使敌人无法了解我军的行动规律和意图。敌人难觅我军踪迹，大修碉堡封锁线，想以此来限制我军行动，但也无济于事。而我军能在转移中创造和捕捉战机，有力地打击和消灭敌人。

三、敌后游击战争的胜利开展

红军主力的日益壮大，地方游击武装和便衣队的不断发展，游击战争的接连胜利，使得国民党反动派惊恐万状。他们又连续部署了两次“清剿”。在这种情况下，主力红军继续分散活动，在敌后打击敌人。皖西北地区的各级党组织领导地方武装和便衣队，紧紧依靠人民群众，就地坚持斗争，配合主力红军作战，终于打破了敌人一次又一次“清剿”，使革命红旗始终不倒。

1. 敌后游击战争的开展

1936 年 2 月，蒋介石调卫立煌任豫鄂皖边区“清剿”总指挥。卫立煌调整了兵力部署，妄图在“最短期内彻底肃清”边区的共产党和红军。同时，在 1936 年 1 月将舒城、霍山、潜山、太湖 4 县边区 2398 平方公里的面积划出成立岳西县，设立豫鄂皖边区主任公署岳西办事处，加强重点“清剿”。

1936 年 3 月上旬，红二十八军各部队在太湖县柴家山会合。高敬亭在此召开了营以上干部会议，针对敌人新的“清剿”部署，提出“化整为零，集零为整”的方针，做出 3 项决定：一是深入敌后开展游击战争；二是以营为单位分散游击，一般情况下全军部队不集中行动；三是有计划地建立和发展便衣队组织，以加强地方工作，组织发动群众，建立和发展游击根据地，支援与配合部队行动。会后，二四四团三营被改编为二四五团，由梁从学任团长，杨克志任政委，辖 2 个连和 1 个手枪队，共 200 多人。接着，部队即分散插向敌人后方活动。高敬亭率领特务营和手枪团 1 个分队去黄梅、广济活动。方永乐率领一营和手枪团 2 个分队去光山、罗山、礼山、孝感、黄陂地区活动。

5 月中旬，红二十八军分散活动的各部，在立煌、麻城交界的长岭关地区会合，转向麻城县境。14 日上午 8 时左右，部队进至麻城县护儿山东北雾露塘坳口，遭到敌第一〇三师一个营堵击。方永乐率手枪团抢占制高点，连续打退敌人数次进攻，掩护主力向东南安全转移。此次战斗，打死打伤敌军 60 多人，但红八十二师政委方永乐英勇牺牲。

5 月 16 日，各部队在麻城县三河口会合。次日，一营去平汉铁路以西活动，手枪团团长詹化雨率特务营和手枪团一分队去固始、商城一带活动，二四五团到蕲春、英山、罗田、黄冈地区活动，高敬亭自率手枪团 2 个分队去各地检查地方党组织和便衣队的工作。高敬亭在各地检查工作期间，曾分别与一营、特务营和二四五团会合，听取汇报，交代任务，随即又分开活动。

二四五团于 8 月 14 日进至黄冈县马曹庙以西的沙河图，遭敌警备旅一个团堵击，团长梁从学负伤，便由雷文学带领在黄安地区游击。8 月下旬，二四五团与高敬亭会合，遂决定撤销二四五

团，恢复三营番号。此后，三营游击于鄂东、皖西广大地区。11月22日，他们进至霍邱县长塘梢地区，消灭了该地区的皖四区保安十二中队，歼敌50多人。尔后，他们转战于舒城、潜山、太湖、英山、麻城、商城地区，于12月下旬在立煌、麻城、商城边境地区与高敬亭会合。部队整编后，撤销三营，人员分别编入一营和特务营。

2. 便衣队的发展及其斗争策略的转变

红二十八军主力分散到敌后开展游击战争，在运动中伺机歼灭敌人，从而使根据地的压力相对减轻，给便衣队的发展壮大创造了条件。同时，共产党和红军在斗争实践中进一步认识到，便衣队是对敌斗争的一支坚强的重要力量，能完成主力部队不能完成的一些任务，因而对其加以大力发展。皖西特委和商南县委等各级党组织都把便衣队工作列入历次会议的重要议事日程，任命一些县、区主要领导干部担任便衣队队长、指导员。红二十八军也抽出一批骨干下到地方做便衣队的工作。

1936年6月，高敬亭派便衣队队长詹恒国与六安县六区洪家大山战斗营取得联系，将此营编为二十八军便衣队。皖西特委在舒城、霍山、潜山、太湖地区发展了一些便衣队，二、六、七便衣分队下面又新建了9个小队。

便衣队的活动范围也大大扩展，不再限于各自的地区，而是打破区域界限，跨区、跨县，甚至跨省活动。其中，便衣三分队的活动范围以马家河为中心，向东扩大到黄尾河。便衣四分队的活动范围以羊心包为中心，东至彭家河、罗家河、王家大屋一带，西北至石关、主簿源、白果树、沈家桥一带，南达汤池畈。各地便衣队以自己的游击根据地为内线，以友邻便衣队的游击根据地为外线，互相联系，互相支援，互相策应，形成了夹攻地方反动势力的局面。

各地便衣队始终扎根于群众之中，经常宣传主力红军的胜利，讲明斗争形势，坚定群众的斗争信念。同时，他们想方设法解决群众的一些具体困难，积极建立农民小组，有组织地打土豪、分粮食。因此，便衣队深受群众的拥护与爱戴。敌人为了切断在霍山县马家河一带活动的便衣三分队与群众的联系，把从胡家河的深沟至川岭近 20 里内的 54 个村庄 74 户人家的房子全部拆毁或烧掉，把 1000 多人全部送到胡家老屋、蔡家畈两处。敌人把胡家老屋和蔡家畈的四周用木桩和铁丝网围住，在拐角和出口处筑碉堡，派兵把守，白天出入严格检查，天未黑即不准出门。尽管如此，关在“木城”里的群众，还是想尽办法为便衣队掩护了 20 多名伤员，而便衣队员也经常进入“木城”去了解情况，并通过群众张贴标语，散发传单。敌人无可奈何，出动 40 多人到马场“搜剿”便衣队，反被击毙 20 多人、俘虏 7 人。便衣队打击敌人之后，即发动与组织群众不断地向敌营长请愿，并猛冲寨门。最后在便衣队的接应下，群众终于冲出“木城”，重返原地建设家园。

各地便衣队在斗争中不断摸索和总结经验，讲究斗争策略，

纠正对国民党军政头目和地主豪绅不加区别一律处决的错误政策，采取利用矛盾，争取多数，打击少数最反动分子的方针，瓦解了敌人的营垒，建立了比较广泛的统一战线。

一是团结国民党军队中的爱国官兵。霍山县团山便衣队指导员汪少川被调往宿松县任便衣队队长时，于1935年底争取团结了因不满蒋介石出卖东北三省而被降职的敌军旅长朱超云。朱超云被国民党撤职后，汪少川经组织同意，委任朱超云为“中国工农红军宿松游击司令”。朱超云变卖一些家产，购买枪支，组织起200多人的队伍，对外称“大中华抗日救国军”，皖西特委又给朱超云送来一些枪支弹药。后来，这支队伍被正式编入红二十八军。

二是争取可能争取的民团。舒城县便衣队做通了驻晓天据点的民团的工作后，与其关系密切，经常往来。县政府派了一名号兵住在晓天碉堡中监视，团丁将其杀死，县政府再不敢派人来监视了。

三是建立“两面政权”。联保主任、保长表面上为敌人效劳，实际上按便衣队的意图办事。在敌人新的“清剿”中，商南县委将女同志和小孩全部送到建有“两面政权”的熊家河，有的还住在地主家的碉堡里，因而未受伤害。

四是对地主豪绅区别对待。对不向敌人报密、按时交纳一定数量粮款的地主，发给“不打土豪”的条子，并实行合理负担的税收政策，过往红军、游击队不将其作为打击对象。许多地主纷纷找便衣队接头，交纳钱粮，并接纳、抚养红军伤病员。对极少数死心塌地、民愤极大的反动分子，则坚决予以打击。

由于便衣队的正确政策和策略，一部分国民党军、地方武装、基层政权人员和地主豪绅转而为红军做些工作。皖西特委机关所在地鹞落坪的地主士绅就经常给便衣一分队送情报、西药及医疗器材，个别人甚至将国民党县政府的“剿匪”命令也交给他们看。

一些便衣队因陋就简办学校、开工厂、建医院，为主力红军建立后方基地。例如，便衣一分队于1936年3月在磨刀坪开办了一所红军小学，后来又办起了一所红军山林医院，队长陈彩林带领农民胡汉美、沈家才采办药物，医治红军伤员。便衣二分队在鹞落坪山林中搭起20个棚子，收容七八十名伤员治疗，并利用山洞等隐蔽地点，办起军衣厂、被服厂、修械所和红军仓库。这样，就为主力红军深入敌后开展游击战争创造了较好的条件。

3. 中共皖鄂边区特委的成立和打碉堡、破围寨的胜利

皖西特委在发展党的组织、组建地方武装和便衣队、开辟游击根据地，以及支援与配合红二十八军战斗等方面，取得了显著成绩。但1936年3月，高敬亭在鄂东进行错误的内部“肃反”时，竟把皖西特委书记徐成基作为“肃反”对象，责令他检查交代问题。徐成基虽然蒙受冤屈，但他坚定革命信念，只身在英山县打死一联保主任和一反动分子。1936年夏，徐成基在英山附近被敌

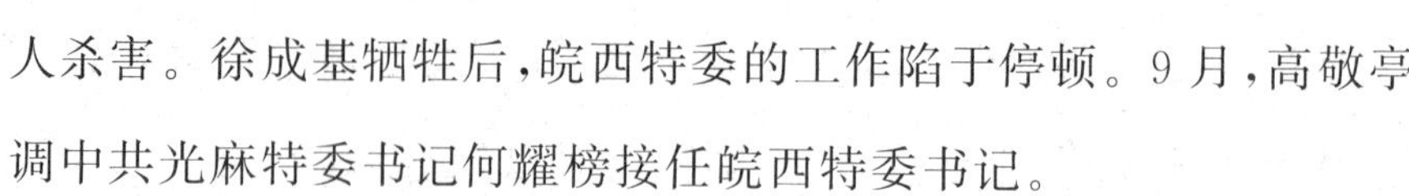

人杀害。徐成基牺牲后，皖西特委的工作陷于停顿。9月，高敬亭调中共光麻特委书记何耀榜接任皖西特委书记。

11月，高敬亭率手枪团两个分队到达英山县桃花冲，主持召开皖西特委会议。会议决定将中共皖西特委改为中共皖鄂边区特委，管辖舒城、桐城、望江、潜山、太湖、岳西、宿松、霍山、英山、罗田、蕲春、黄梅、广济等县党的工作。由何耀榜任特委书记，特委机关设立于岳西县鹞落坪(后驻大岗岭)。

皖鄂边区特委成立后，失去联络的地方党组织恢复了生机，并把已经痊愈的伤病员组织起来成立特委警卫队。特委成立半个月后，在岳西县小河南召开特委会议，确定了今后任务。第一，便衣队尽量隐蔽自己，抓住各种有利时机储备粮食、鞋袜等物资，供应主力红军。第二，各工委、县委和区委都要尽可能地建立自己的根据地，扩大武装队伍，积极补充主力红军的兵员。第三，调整干部的分工，加强团结与合作。第四，对于山区的土特产应设法和非苏区交易，换进根据地人民和红军所需要的物资。

会后，皖鄂边区特委组建了潜太游击队，共100多人。特委警卫队也在战斗中壮大，由32人增加到63人。各工委、县委的工作也有了新的起色，不但发展了便衣队，搞活了交通工作，而且能及时得到情报。特委通过便衣队和群众从敌占区买进布匹、雨具、手电、西药等军需品，保障了红军的物资供应。以鹞落坪、大岗岭为中心，纵横二三百里的各地党组织和20多个便衣队工作十分活跃。

与此同时，皖西北各地党组织领导地方武装和便衣队，积极配合主力红军打碉堡、破围寨。11月下旬，高敬亭率手枪团和一营与商南县委书记张泽礼会合，摧毁了敌人的封锁线，恢复了赤城根据地。随后，高敬亭率一营和手枪团两个分队渡过史河，转战于六安、霍山、岳西、潜山，与当地游击队、便衣队一起，攻克敌人围寨、据点数处，消灭了部分民团。红军和便衣队连续打破设防严密的碉堡、围寨，震动了敌人。在打碉堡、破围寨中，红军和便衣队严惩反动头目，教育、释放或留用俘虏。因此，这时地方上反动的联保主任和保长不敢任意作恶，搞"两面政权"的则进一步向革命力量靠拢，皖西北地区的革命形势进一步好转。

4. 反敌秘密"清剿"的殊死战斗

西安事变后，蒋介石继续在南方各省进行秘密"清剿"，妄图消灭红军游击队。1937年4月27日，国民党中央军事委员会下令将豫鄂皖边区主任公署改为豫鄂皖边区督办公署，任命卫立煌为督办，在"清剿"主力红军的同时，对便衣队进行彻底"清剿"。卫立煌的"清剿"部署于5月底基本完成，其指挥机构驻金家寨，下设岳西、经扶、信阳三个督办处。从此，鄂豫皖边区军民又面临新的严重局面。

6月初，敌人开始全面"清剿"。红二十八军和各地方武装、便衣队在党的领导下进行顽强的战斗，虽然杀伤不少敌人，但是自身也损失严重，过去建立的小块游击根据地大部分被敌摧毁。霍

山县六区区委和团山便衣队也被敌人摧垮，绝大多数同志光荣殉职，革命群众100多人惨遭杀害。便衣二分队下属的小便衣队队长朱南容在桃花冲战斗中光荣牺牲。便衣五分队下属的小便衣队队长刘方南、朱作善和沙村河一带的不少革命群众被敌人杀害。

革命力量遭受巨大损失。面对这一严峻形势，党领导主力红军、地方武装和便衣队，在人民群众的大力支持和保护下，同敌人进行了艰苦卓绝的殊死斗争。面对敌人的搜山，皖西北地区的各便衣队能预先知道消息的即转移出山，来不及转移的就分散躲进山洞，半夜集合一次，等群众送饭送信后，约好第二天的集合地点再分散，情况紧急时一夜要转移几处。在敌人严格控制群众上山、没有食物的时候，他们就转移到丘陵地带和平畈地区，白天钻进排水沟或墓穴里躲藏，晚上悄悄运动到围寨边上，使用暗号同群众联系，解决吃饭问题。在原来活动地区再也无法隐蔽时，他们就转移到过去有些群众基础的地方隐蔽，白天在野外，晚上住到群众家里。

群众也采取多种多样的办法机智巧妙地对付敌人的“清乡”、查户口，以及暗探、别动队的搜查，如把便衣队员藏在夹墙里，并时常变换地址，晚上从这村转移到那村。为对付敌人搞的“五户连坐”，他们就把便衣队员安排在每家各住一人。对于隐蔽在野外的便衣队员，群众预先与他们约好地点，穿了新鞋去，将鞋脱下让便衣队去取，自己赤脚回家。群众下地劳作时只准带一餐饭，他们宁愿自己饿肚子也要把饭留给便衣队员吃。有的群众为掩护便衣队,不惜牺牲自己的生命。有条件的地方还注意发挥“两面政权”的作用,及时掌握敌情变化,灵活机动地打击敌人,保存和壮大自己。

敌人残酷的“清剿”扑不灭人民革命斗争的火种,主力红军、游击队、便衣队坚持同敌人进行顽强的斗争,保存了党在皖西北和皖鄂边区的革命阵地。1937 年 6 月下旬,高敬亭率手枪团二、三分队从罗山县出发东进皖西,于 7 月 13 日到达岳西县南田村,与皖鄂边区特委书记何耀榜会合,并根据已经变化了的国内形势,积极准备与豫鄂皖边区督办公署进行停战谈判,共同抗日。

第七章

★★★★★

同仇敌忾——皖西军民抗战始末

卢沟桥事变发生以后，负责鄂豫皖边区党政军工作的高敬亭坚决执行中共中央的指示，及时转变战略，主动与国民党地方当局进行停战谈判，初步实现了区域性的国共合作。停战谈判的成功，标志着鄂豫皖边区十年内战的结束和一致抗日的开始，为皖西抗日民族统一战线的发展、民族革命新高潮的到来创造了有利条件。

中国共产党在皖西地区大力推动与帮助成立各级动委会和抗日群众团体，进行抗日总动员，组建地方抗日武装，掀起了轰轰烈烈的抗日民主运动。在日军大举入侵皖西的严峻形势下，新四军第四支队挺进前线，深入敌后，打击日寇。国民党爱国官兵正面设防，抵御入侵。地方抗日武装积极开展敌后游击战争，配合正规部队作战。广大人民群众全力支援抗战，打击分散、孤立之敌。

1938年10月，武汉失守，抗日战争进入战略相持阶段，国民党政府转而采取积极反共、消极抗日的反动政策。统治安徽的桂系军队中的顽固势力由联共抗日、抗衡蒋系，转向破坏抗日民族统一战线，进行反共反人民活动。1939年冬至1940年春，桂系军队在安徽制造了一系列流血惨案。中共安徽省工委和后来的鄂豫皖区党委及新四军第四支队遵照党中央确定的“坚持抗战，反对投降；坚持团结，反对分裂；坚持进步，反对倒退”的总方针，继续独立自主地发展党的组织和人民武装，领导军民同桂系进行针锋相对的斗争。为了顾全抗战大局，新四军第四支队、地方抗日武装和大批地方干部、爱国人士转移到外地，开辟抗日根据地。

由于新四军第四支队全部转移，中共地方组织及其领导的武装力量和爱国进步人士大部撤离，皖西地区的抗战转入最困难的时期。日寇进行“扫荡”，桂系不断“清剿”，加上自然灾害，人民处于水深火热之中。中共中央中原局和后来的中共中央华中局根据中共中央指示，重新调配力量，开辟大别山区抗日游击根据地，使形势逐步好转，最终迎来了抗日战争的全面胜利。

一、鄂豫皖边区国共合作的初步形成

1. 新四军第四支队的成立及其开赴抗日前线

全面抗战爆发后，红二十八军政委高敬亭致函国民党豫鄂皖边区督办卫立煌，建议举行停战谈判，共同抗日。1937 年 7 月 20 日，卫立煌派刘刚夫为代表与高敬亭派出的代表何耀榜接触，在岳西青天畈举行正式谈判。28 日上午，双方在岳西县九河朱家大屋举行停战谈判协议签字仪式。高敬亭化名李守义，以红二十八军政治部主任的身份出席，何耀榜和刘刚夫分别在协议上签字。

8 月上旬，高敬亭率手枪团二、三分队，何耀榜率潜太游击队，从岳西县鹞落坪出发，于 8 月底在黄安县高山岗与特务营和手枪团一分队会合，一起进驻七里坪。同时，商南革命武装、鄂皖边区特委机关和所属便衣队也开赴七里坪。到 10 月下旬，红二十八军各部队和鄂东北、皖西北地方党组织及其所属的地方武装、便衣队，除极少数不易集中的便衣队以外，全部在黄安县七里坪、两道桥和礼山县宣化店、黄陂站集中，共 1800 多人，暂命名为“鄂豫皖工农抗日联军”。

中共中央对坚持在鄂豫皖边区的党组织、红军和游击队极为关注。1937 年 7 月上旬，毛泽东亲自接见被派往鄂豫皖工作的郑位三、肖望东、张体学、程启文等同志，高度赞扬了坚持鄂豫皖边区斗争的党组织和红军，要他们按照中共中央精神，同国民党当局搞好谈判，讲清党的抗日民族统一战线政策，在斗争中发展、壮大力量。这些同志经西安、蚌埠、南京、六安等地，于9月到达七里坪。

部队集中后，高敬亭与中共中央派来的同志充分利用暂时的和平环境，对党政军干部和战士进行全面整训，进一步激发了部队的抗战热情。同时，将地方武装和便衣队编进主力部队，扩充兵员，全军发展到2000多人，准备开赴抗日前线。

1937年10月12日，国民革命军陆军新编第四军(即新四军)成立。1938年1月中旬，中共中央长江局委员叶剑英从汉口来到七里坪，检查部队整训情况和东进抗日前的准备工作。叶剑英再次向高敬亭阐明抗日民族统一战线的方针政策，分析了皖西、皖中地区的作战形势，具体部署了东进抗日的作战意图和创建敌后抗日根据地的任务。

1938年2月中旬，高敬亭遵照党中央指示，正式将红二十八军和鄂豫边区红军游击队改编为新四军第四支队。支队司令员为高敬亭，参谋长为胡华坚(未到职，由林维先担任)，政治部主任为肖望东(东进时由戴季英接任)，经理部主任为吴先元。支队下辖七团、八团、九团、手枪团和直属队，共3100多人。3月8日，第四支队在七里坪召开东进抗日誓师大会。3月下旬，全支队会师于立煌县流波疃，高敬亭主持召开干部会议，宣布成立第四支队军政委员会，高敬亭为主席，戴季英为副主席，林维先、吴先元、胡继亭为委员。

3月底，七团、八团、九团继续东进，于4月初抵达皖中地区。高敬亭经中共中央长江局批准，在立煌县双河养病月余，后于5月上旬率手枪团、后方机关东进，分别驻扎于舒城县的西港冲和东港冲。

2. 中共中央加强对皖西抗日民主运动的领导

为了坚持抗日战争中无产阶级的领导权，坚持党的全面抗战路线，中共中央又先后派遣一批党员干部到皖西地区，同在地方工作的党员一起，充分利用国共合作的有利形势，恢复和发展党的组织，及时建立适应抗日形势需要的组织机构。

成立中共安徽工作委员会。1937年底，中共中央把在延安学习的皖西北特委委员曹云露、张如屏等人提前派回安徽工作。1938年1月，他们在寿县杨公庙与早先来皖西北特委工作的宋天觉一起，成立了中共安徽工作委员会，由曹云露任书记。安徽工委的任务是恢复与发展党的组织，建立抗日民族统一战线，组织抗日武装，主要活动于寿县、霍邱、六安、合肥、凤台等地。在安徽工委的领导下，中共霍邱特别支部成立，吴皓任书记；中共六安县委成立，邹同礽任书记。

建立中共安徽省工作委员会。1938年初，在日寇占领南京、进攻徐州的严峻形势下，时任国民党第五战区司令长官兼安徽省政府主席的李宗仁将安徽省政府由安庆迁至六安，国民党省党部亦随之迁至六安。中共中央及时发出了关于开辟大别山区工作的指示，中共中央长江局派一批党的干部到六安，于4月成立了中共安徽省工作委员会，由彭康任书记，李世农任组织部部长，张劲夫任宣传部部长，谭光廷任军事部部长，委员先后有曹云露、黄岩、喻屏、郑维孝等人。徐州失守后，国民党省政府于1938年6月27日迁至立煌县金家寨。中共安徽省工委随之西进，机关设在立煌县桃树岭，继续领导长江以北和大别山地区党的工作。省工委一方面继续恢复和发展党的组织，加强对各县党的工作和抗日救亡运动的领导；另一方面积极做国民党省政府和桂系军队的工作，进一步加强和发展抗日民族统一战线。为此，省工委于8月举办了干部训练班，深入学习党的建设的理论和党的抗日民族统一战线政策。

省工委还积极组建各县委，成立中心县委。1938年4月，中共安徽省工作委员会成立以后，将前安徽工委改为中共寿县中心县委，八九月间再改为中共寿六霍中心县委，黄岩任书记，吴皓任组织部部长，涂仲庸任宣传部部长，曹云露任军委书记。在寿六霍中心县委领导下，中共霍邱县委于6月成立，黄岩任书记。中共霍山特别支部于5月成立，于6月改为县工委，书记为杨延莼，全县党员有30多人。此外，省工委还组建了中共肥西工委。

1937年11月，中共皖中工作委员会在无为成立，李世农任书记，领导舒城、庐江、无为、巢县、桐城等县党的工作。1938年

4月,省工委将皖中工委改为中共舒城中心县委,由桂蓬任书记,李默予、鲍有苏、陈定一、方珂德等为委员。机关先设在舒城东沙埂,后迁至晓天。在舒城从事抗日救亡活动的女共产党员鲍有苏和从国民党苏州监狱获释返乡的女共产党员傅承铭,受董必武指示,于1938年1月成立了中共舒城特别支部。到5月,全县发展了500多名党员,先后建立了4个区委。8月,中共舒城县委成立,鲍有苏任书记,徐平任组织部部长,林轩任宣传部部长。

1938年3月,第二届广西学生军来到六安,其中有10名中共党员,长江局将这些同志的组织关系转给了安徽省工委。省工委在学生军中建立了党支部——支部干事会。学生军党支部建立后,陆续接纳了一批进步青年入党。1938年6月,省工委迁至金家寨附近,组建了中共立煌县委,何绪荣任书记。立煌县委先后建立了4个区委,20多个支部,有党员200多人。

中共各级党委的建立和各地基层党组织的恢复与发展,大大加强了党在皖西地区与国民党合作的领导力量。当时,党在皖西地区尚处于秘密状态,很多工作只能通过各种抗日组织来进行,党的干部也只能以各种社会职业为掩护开展工作。由于共产党的崇高威信和老根据地人民的支持,各项工作开展得比较顺利。

二、安徽省动委会的成立与皖西抗日民主运动的高涨

1. 省暨各级动委会的成立

卢沟桥事变后，一直同共产党保持联系的朱蕴山从北京来到南京，同共产党驻南京代表团的董必武、叶剑英商谈团结抗日救国的问题。朱蕴山受董必武、叶剑英委托，向国民党第五战区司令长官李宗仁建议，组建民众总动员委员会，团结各方面力量，实现全面抗战。[①] 李宗仁采纳了朱蕴山的建议，并邀朱蕴山同往徐州筹建苏鲁豫皖鄂五省总动员委员会。李宗仁邀请章乃器来安徽参加省政府工作，再次向章乃器、朱蕴山等表明要在安徽实行开放政权和唤起民众的决心，并决定成立安徽省民众总动员委员会。

1938 年 2 月 13 日，李宗仁在六安宣誓就任国民党安徽省政府主席。经过协商筹备，安徽省民众总动员委员会于 2 月 23 日在六安正式宣告成立。动委会由张义纯兼任主任委员，章乃器任秘书长，下设总务、组织、宣传、后勤、情报 5 个部。总务部部长为

---

① 朱蕴山：《我所知道的省动委会》，见中共六安地委党史工作委员会：《皖西革命回忆录(第二部　抗日战争时期)》，合肥：安徽人民出版社，1989 年，第 28 页。

朱蕴山，副部长为童汉璋；组织部部长为沈子修，副部长为周新民；宣传部部长为光明甫，副部长为狄超白；后勤部部长为常恒芳，副部长为朱子帆；情报部部长为丘国珍，副部长为黄宾一。这样，第一次国共合作时期的国民党左派安徽省党部主要成员光明甫、常恒芳、朱蕴山、沈子修和共产党员周新民、狄超白等，此时都成为省动委会的负责人。当时中共地下党负责人张劲夫高兴地指出，由章乃器及本省先进的“诸先生参与主持其事，一时人心振奋，青年向首，可谓自北伐以后，在安徽省政上第一次得到全皖民众热烈的拥戴和企望”。

▲ 安徽省动委会成立之初的办公地点

在省动委会召开的第一次各县动委会指导员、工作团长联席会议上，明确了动委会是各党、各派、各阶层的联合组织，是全权领导民运工作的战时动员领导机构。它的主要任务是：深入发动和组织群众，建立和健全各抗日群众团体；开办训练班，培养抗日骨干;广泛开展宣传活动,唤起民众“有钱出钱,有力出力”,协助政府和军队,开展全面抗战。

省动委会成立后,要求各县、区、乡成立动委会。舒城县动委会于1938年3月成立,霍山、六安两县动委会于4月成立,合肥县动委会于6月成立,寿县动委会于7月成立,立煌县动委会于1938年秋季成立,霍邱县动委会于1938年底成立。

为使各级动委会真正成为在共产党影响下、独立自主地开展抗日的统一战线组织,党组织又选派了陈国栋、魏文伯、刘鸿文、孙以瑾、鲍有荪、田兰田、赵敏、王伯苑、麦世法、詹运生、史迁等一大批共产党员到省和各县动委会工作,并分别担任省动委会各部的主任干事和县动委会指导员、部长等职,加上爱国民主人士的支持,进步力量在动委会内占绝对优势。中共安徽省工委宣传部部长张劲夫以在省动委会组织部担任主任干事的公开身份,领导各级动委会内的共产党员同爱国民主人士一道工作,指导动委会工作的开展。

2.抗日工作团和抗敌协会的组建

省动委员要求县以下的动员工作,以工作团为基本力量来开展。为了组建工作团,省动委会代理主任委员张义纯同章乃器等人,于1938年3月在六安北大营举办了动员干部训练班。省动委会迁至立煌后,中共安徽省工委也以省动委会名义,在桃树岭举办了训练班。参加学习的大多数人为爱国进步青年,张劲夫、

章乃器和童汉璋等人给他们做报告，经过短期政治训练，即组成工作团。全省先后组织 41 个省直属工作团、30 个委托工作团以及 32 个县属工作团，共有男女团员 1500 多人，还有妇女战地服务团、少年抗日宣传团。共产党员成了各工作团的骨干，并担任了多数工作团的负责人。

工作团一经组成，即被派到各地开展工作。分布在六安、霍山、立煌、霍邱、寿县、合肥、舒城 7 个县的省直属工作团就有 23 个，共 500 多人。此外，省委托工作团、妇女战地服务团、上海文化界内地服务团、江都文化界战地服务团、北平救亡服务团、留学学生抗日救亡团等工作团也先后分别到达上述 7 个县开展工作。

在各级动委会和工作团的领导和协助下，全省相继建立了工人、农民、青年、妇女、学生、商民、文化和教育界等抗敌协会 2884 个，拥有会员 448848 人。其中舒城县建立各类抗敌协会 191 个，有会员 22194 人。在这些协会中，农民抗敌协会人数最多，声势最大；青年抗敌协会最为活跃，最为积极。各抗敌协会根据各自的特点，或组织武装，侦察巡逻，维护社会治安；或组织报告会，教唱歌曲，演出戏剧，进行抗日动员；或组织救护队、运输队、洗衣队，开展募捐活动，共同为抗日出力。

3. 皖西地区的抗日总动员

为了支持全面抗战，动委会通过各种形式动员民众，激发他们的抗日热情。章乃器利用各种集会发表演说，慷慨陈词。《大公报》记者范长江、陆诒于1938年3月到舒城时，县动委会邀请范长江给青年们做演说，范长江以在前线的见闻，揭露日寇的侵华暴行，赞扬中国军队的高昂士气，驳斥“亡国论”，给听众以很大的教育与鼓舞。各县动委会还积极开展抗日宣传活动。舒城县动委会于1938年4月6日，在城关举行数千人的火炬游行，庆祝台儿庄大捷。霍山县青抗协会也组织了声势浩大的火炬游行。各县工作团和抗敌协会深入农村，贴标语，出墙报，画漫画，教唱抗日歌曲，演文明戏。新四军第四支队政治部战地服务团，协同各团政治处，分别在舒城、庐江等县广泛开展抗日救亡宣传活动。

为推动安徽抗日工作，董必武受中共中央的派遣于1938年5月下旬来到六安。他与安徽省工委、新四军第四支队的领导同志共同研究工作，并同省动委会领导人商谈发展统一战线问题。此外，他还亲自做报告，组织学习毛泽东刚刚发表的《论持久战》，使抗日宣传动员工作深入开展。

安徽省工委根据董必武的指示，翻印了《论持久战》，发给各级党委用于党员学习。由党员方君负责，在六安城关六德公园开设了救亡书店，并在金家寨开办了生活书店立煌分店，发行《论持久战》和延安出版的《解放》周刊、《中国青年》、《红军四讲》和《二万五千里长征》等政治书刊，以及鲁迅、高尔基、茅盾等人的作品。霍邱县王光宇等共产党员领导的县抗日工作团在农村开办了20多处农民抗敌小组识字班。霍山县工人抗敌协会开办了工人夜校，学习以抗日为内容的《平民识字课本》。

安徽省工委为了加强党的抗日舆论工作，选派党员到国民党安徽省政府主办的《大别山日报》社工作，与爱国民主人士合作，运用这一舆论工具，宣传共产党的抗日主张和八路军、新四军的战绩，扩大共产党的政治影响。中共各地组织也通过动委会推动国民党地方政府和群众团体创办报刊，相继办起了《六安日报》《立煌抗日小报》《舒城战报》《舒城妇女》《霍邱日报》《霍山日报》等，大造抗日舆论。共产党派党员干部和进步分子担任这些报刊的编辑，及时转载抗日电讯，发表抗战文章，声讨日寇侵华暴行，批判投降言行，鼓舞人民同心同德抗战到底。

4. 皖西地方抗日武装的组建

在日本侵略军的铁蹄步步深入，中华民族面临生死存亡的严峻形势下，皖西地区的广大爱国青年纷纷要求参军参战。中共各级组织一方面独立组建抗日游击队，一方面通过动委会推动国民党地方政府组建抗日自卫军，增强抗日武装力量。

1937 年底，中共皖中工委派党员金光华回家乡舒城县东沙埂，以原皖西北独立游击师遣散回家的指战员为基础，成立了有 70 多人的东沙埂抗日游击队。皖中工委又派党员汪伯民到舒城县秦家桥组建了秦家桥抗日游击队。游击队于 1938 年 6 月扩编成第三行政区抗日自卫军独立第一大队，储鸣谷为大队长，汪伯民为副大队长。大队初为 100 多人，不久即发展到 700 多人。8 月，大队再改编为六安县抗日自卫军第八大队，储鸣谷仍为大队

长，共产党员罗平任副大队长，中共六安县委书记程明远任教导员。同时，中共六安县委于丁家集组建起自卫军第五大队第四独立中队，共30多人，由共产党员赵凯任中队长。

中共舒城特支以县动委会的名义，于1938年春将遣散在舒城、合肥交界地区的原皖西北独立游击师的指战员集中起来，组建起舒城巡逻大队，共产党员王进臣任大队长，队伍很快发展到600多人。同时，原皖西北独立游击师的老战士陈信才等人也在西汤池组建了一支22人的游击队。

中共霍邱县委于1938年夏，在霍邱、六安、立煌3县交界处组建了抗日游击队，有80多人；1938年下半年，又以青抗、农抗、工抗、商抗为基础，组织了1万多人的群众自卫武装。中共立煌县委派出以汤家汇区委书记雷维先为首的30多位同志，参加商城县常备大队（又称挺进大队），雷维先任大队长。

在共产党和省动委会的推动下，国民党省政府于1938年春组建安徽抗日自卫军，由张义纯兼任总司令，共组成5路军，有10万多人。在皖西地区组建了第一、第二路军。第一路军在寿县成立，石寅生担任司令，全军约2万人，编成7个支队、3个直属大队和1个教导大队，分别活动于寿县、霍邱、颍上3县。共产党领导的凤阳抗日游击大队（由皖北抗日游击支队改称）编入第三直属大队，曹云露任大队长。霍邱抗日武装编为第六支队，有500多人，共产党员李崇一任政治部主任。第二路军在合肥县成立，余亚农任司令，全军约1.2万人，编成7个支队，分别活动于合肥、舒城、六安3县毗连地区和淮南铁路沿线。共产党领导的合六舒抗日游击支队编为第一支队，共产党员桂俊亭、张志一分任正、副支队长。

5.皖西地区抗日民主运动的兴起

随着抗日民族统一战线的发展，民主民生斗争也逐步开展起来，皖西地区呈现出团结抗日、团结改革的政治局面。

一是反对逃跑，坚持抗战。1938年6月，在日寇入侵皖西之前，时在六安的省政府机关笼罩着一片惊慌逃跑的气氛。大敌当前，中共安徽省工委和省动委会反对逃跑，对稳定省政府工作人员的抗战情绪和反对逃跑主义起了一定的作用，省政府机关按计划迁到立煌。

二是改革政治，密切国共合作。当时安徽政治实际上由代主席张义纯把持，仍旧不甚开明。在章乃器、朱蕴山和周新民等人的影响下，李宗仁于1938年7月免除了张义纯的民政厅厅长和代理省主席兼代省动委会主任委员职务。共产党选派党员到国民党地方政府工作，有的还担任了领导职务，如王光宇、张翼中担任霍邱县保甲人员训练班主任和教员，从中发展了一些共产党员。经过训练的600多名保甲人员，大部分积极支持与配合动委会、工作团开展工作，抗日民主运动轰轰烈烈。

三是惩办贪官污吏，集中财力抗战。1938年3月，章乃器被任命为安徽省财政厅厅长以后，建议在全省开展铲除贪污浪费运动，惩办贪官污吏。李宗仁采纳了建议，宣布对于贪污有据、浪费严重和克扣应上缴的税款、公款的人员，一律按军纪惩处。结果，枪毙了贪污大量教育经费的省教育厅厅长杨廉，震动全省，一大批被各县截留的税款得以及时上缴。由共产党员高奕鼎、杨延莼担任正副团长的第二十九工作团，乘势查清了霍山县诸佛庵保长熊海庵、石家河保长秦仲恒、黑石渡保长熊义元敲诈勒索、贪污税款的罪证，敦促县政府逮捕2人、撤职1人，群众对此拍手称快。章乃器还采取整理合法赋税、取缔非法摊派、紧缩开支等办法，使财政状况迅速好转，并按月补助新四军军费3万元。

四是保护人民群众，支援抗日部队。1938年6月8日，日寇进逼舒城，县政府从城关迁至中梅河。县长陶若存下令打开粮库和盐仓，组织群众连夜疏散粮、盐，并从中拨出一些大米和食盐给新四军第四支队。由于日寇实行经济封锁，大别山区群众普遍缺盐，章乃器在全省调剂粮、盐，并在敌我两方交通要道设立20个货物检查站，以防日货输入，禁运物品输出资敌。广大群众和爱国士绅积极支援新四军第四支队，舒城县张母桥区童端亭等六七户爱国士绅捐献30多石粮食和6000多元现金，南港朱长军等10户爱国士绅捐献粮食156石、毛巾32打、鸡蛋400斤、土布60匹、肥猪1头。[①]

---

① 中共舒城县委党史办公室：《舒城革命史》，合肥：安徽人民出版社，1991年，第86—87页。

三、皖西军民奋起抗击入侵日军

1. 日军对皖西的入侵

1938年5月14日，日军攻陷合肥，又于6月6日占领寿县城，6月8日占领舒城。8月下旬，日军分两路西犯。一路出舒城，于8月29日占领霍山城；一路出合肥，于8月28日占领六安城，9月19日攻陷霍邱县叶家集。

日军进攻皖西时，极端疯狂和野蛮。日军飞机狂轰滥炸，使一些城镇变成废墟，无数居民被屠戮。舒城城关的居民被炸死炸伤160多人，房屋被炸毁1000多间。立煌县麻埠、流波᠋礅一带被轰炸十几次，两镇被炸死500多人，流波礅700多户居民的房屋大部分被烧光。中共六安县委书记邹同礽在流波礅指挥群众躲避敌机轰炸时，不幸同妻子一起被炸死。

日军每占一地，烧杀淫掠，无所不为。安合公路两侧人民的财产被抢劫，房屋大部分被烧毁。舒城县桃溪镇及其周围有20个村庄的1000多间民房毁于一旦，40多人被杀害，20多名妇女被奸污。舒城城关所有商店被掳掠一空，未及逃走的400多名居民和100多名川军伤兵全被杀死。霍山、六安两城除了外国传教士的教堂有人以外，其余各地均空无一人。驻六安城的日军在城

北烧民房，沿淠河东岸、邓家埂以西，一直烧到北二十铺，未逃走的40多个农民全遭杀害。驻霍山城的日军见人就杀，几乎烧尽城中房屋，还四处搜杀跑反的群众。大河厂农民万吉发一家13口人躲在石洞里也全被杀害。小河南、古桥畈两条小街100多间房屋及8堆5万多斤稻谷被日军付之一炬。

日军从六安西犯，沿途继续实行野蛮的"三光"政策，在韩摆渡一次杀害四五百名中国士兵和老百姓，在霍邱县姚李庙、叶家集一带烧毁民房6500多间，杀害老百姓1000多人。

日军还培植汉奸势力，组织汉奸政权，搞假自治。在攻陷了合肥、寿县、六安等县城后，日军指使汉奸、地痞流氓组织了"县政临时维持会"，打着自治的旗号声称脱离国民党政府而独立，成为日本帝国主义欺压中国人民的鹰犬。

2.新四军第四支队奋勇杀敌

在日军把侵略的矛头指向皖西地区时，新四军第四支队广大指战员立即投入抗日战斗，深入前线，英勇杀敌。1938年5月16日，第四支队九团侦察队和二营四连在巢湖东南蒋家河口，伏击由巢湖驶来的两艘汽艇上的60多个日军官兵，共毙敌32人，伤敌14人，缴枪11支、日旗1面，我方无一伤亡。新四军首战告捷，打响了在华中抗日的第一枪。

为钳制西犯之敌，配合正面战场作战，第四支队司令部命令部队集中于安合、六合公路两侧抗击日军。八团一营于6月16

日晚，在安合公路舒城郊外突袭日军运输队，毙伤敌23人。八团二营于6月下旬，在安合公路舒桐段大关、小关之间伏击日军，毙伤敌30多人。

8月上旬，高敬亭在舒城县西港冲召开会议，部署对日作战。会议决定：第一，由皖中各县党组织领导的游击队，统一编为第四支队第二游击纵队，龚同武任司令员，曹云露任政委；第二，八团开赴寿县、合肥、全椒一带，与第四支队东北抗日挺进纵队会师，开展皖东抗日游击战争；第三，七团在安合、六合公路全线出击，破坏敌人运输线；第四，吸收皖中各县积极要求参军抗战的青年，组建新兵营。会前，第四支队司令部已于7月将九团撤销，原九团一营改为支队特务营，九团二营调入七团。会后，各部队开赴指定地区，继续抗击日军。

新四军第四支队不断对日作战，对迟滞敌人西侵、给人民群众以转移时间，起了一定的作用。日军于1938年5月中旬至6月上旬，用了近1个月的时间，才侵占了寿、合、舒一线。日军又用了2个多月时间，才完成兵力集结。日军在8月下旬开始西侵六霍地区时，城镇居民和党政机关已大部转移到大别山区，损失大为减少。

日军入侵六霍地区后，新四军第四支队积极在敌后开展游击战争。七团和支队特务营继续向安合、六合公路全线出击。9月1日，七团三营在安合公路范家岗伏击日军从桐城北开的汽车队，堵截敌汽车1辆，击毙车内的敌官佐11人。是日晚，三营又袭击驻守范家岗的日军，毁桥1座。3日，三营和特务营于安合公路棋盘岭伏击日军北开的汽车队，炸毁汽车32辆。11日，七团一营在六合公路上袭击日军辎重部队，将其掩护队大部歼灭，缴获日军战马6匹、步枪128支。12日晚，七团一营在安合公路花子岗伏击日军北开的汽车队，毁敌汽车45辆。13日，七团三营在安庆城西北伏击日军运输队，炸毁敌汽车3辆，毙伤敌28人，俘敌3人。14日，七团一营在安合公路舒合段伏击日军北开的运输队，炸毁敌汽车10辆，毙伤敌27人；又在三相庙伏击开向六安的日军，毙伤敌145人，俘敌1人。15日，七团一营在六合公路三十里岗，炸毁露营日军骑兵帐篷数顶，敌伤亡近百名，缴获战马3匹。16日，七团一营再次在安合公路花子岗伏击日军南开的车队，毙伤敌33人，缴获汽油150桶。17日，七团三营和手枪团在安合公路棋盘岭伏击日军装甲车，毙敌7人，缴获长短枪28支及其他军用品。19日，支队特务营在安合公路上袭击大关的日军，毙敌少尉1名、士兵3人。同日，七团一营在合肥城郊袭击敌伪组织，破获日军秘密机关3处，缴获步枪43支、手枪9支、轻机枪1挺、手提1架。这天夜里，七团二营袭击设在桐城东侧的汉奸机关，缴获步枪54支。20日，支队特务营仍在大关附近袭击日军，使1000多个日军狼狈回窜。同日，又奇袭抢劫居民财产之日军，毙伤敌6人，俘敌3人。26日，七团二营在桐城以北平坦袭击露营的日军，毙敌13人。

10月9日，七团一营在舒六公路椿树岗附近游击，适遇日军汽车300多辆向西开进，我军即疏开队形向其突击，炸毁汽车65辆，毙敌46人，伤敌100多人，俘敌汽车队长1名，缴获步枪19支、防毒面具6套、照相机2架及其他军用物资、文件等。接着，又打下了汉奸武装盘踞的周老圩，缴获长短枪100多支。

新四军第四支队在1938年10月武汉失守前的5个月内，英勇顽强地打击日军，连战皆捷，威震皖西、皖中。据不完全统计，第四支队先后进行了28次战斗，共毙伤敌940多人，俘日寇8名。这一胜利，不仅有效地牵制了日军西犯的行动，而且用事实驳斥了汉奸们的“亡国论”和“恐日病”患者的“日寇不可战胜论”，增强了广大军民打败日本侵略者的信心和勇气。

3. 国民党爱国官兵的抗战

在日军举兵西犯时，国民党第五战区孙连仲左翼兵团和地方保安团相继投入战斗，共毙伤日军2000多人。

1938年8月26日凌晨，日军便衣队数十人、步兵二三百人向六安城东十里铺进犯。国民党于学忠部第一一四师抗击数小时，使敌暂停前进。27日晚，日军便衣队200多人，进入六安城北关，经守军痛击，退至北关外火柴公司。28日，日军3000多人在飞机、坦克的掩护下，攻陷六安城。29日下午，日军由苏家埠、韩摆渡分路进犯，在猛烈炮火掩护下强渡淠河。8月30日，日军进攻康家埠、独山镇、黄油坊，遭到国民党第一一四师和第一一三师迎击，双方均伤亡惨重。

另一路日军于8月27日分别侵占霍山县但家庙、舒家庙。安徽保安第五团和宋希濂第七十一军迎击该路敌军，激战3小时，形成对峙状态。是日晚，敌猛攻下符桥，国民党冯治安第七十七军等部由青山店南下侧击；侵占但家庙、下符桥之敌继而大举向霍山县城进犯，国民党第一三二师和省保安第五团在秦家冲与之激战，毙敌甚众。29日下午，日军飞机数架狂炸县城，守城国民党军虽与入城敌人激战，但霍山县城最终陷落。

日军占领霍山后，继续西犯。9月10日，敌步骑兵约1000人，由霍山县城进攻戴家河。在这一带布防的国民党第一三二师予以痛击，在半边冲毙敌100多人，同时在城西项家台子将进犯

▲ 鹿吐石铺大捷旧址——现落儿岭镇鹿吐石铺小街

黑石渡之敌200多人悉数歼灭。25日，日军教导队1500多人出城向西南进犯。国民党第一三八师、第一七一师各一部和保安第四团、第八团在人民群众的支援下，于鹿吐石铺一带迎击敌人，激战至27日晚，共毙敌1370多人，缴获重机枪30挺、掷弹筒52枚，自己仅伤亡400多人。这两次战斗，挫败了日军打通由霍山进犯武汉通道的企图，使日军一直龟缩于霍山县城内，直至10月13日全部撤离霍山，转到合肥。

4. 皖西地方抗日武装开展的敌后游击战争

在日军向内地入侵之时，皖西地方各抗日武装积极开展游击战争，打击民族敌人。中共皖西各县委组织的抗日武装，除了小部分参加抗日自卫军统一行动以外，大部分独立自主地进行战斗。

中共舒城县委书记鲍有苏率领东沙埂游击队，于1938年6月在安合公路舒桐段埋地雷，毁桥梁，砍电杆，切电线，阻击日军。7月初，在两河口、南港等地袭扰日军，于松墩活捉日军官1名。后又在新四军第四支队七团一营的支援下袭击南港，炸毁日军帐篷5座，炸死炸伤日军多人。同时，舒城县委还领导徐洼游击队在鹿起山夺取日军长枪7支，领导舒城巡逻大队夜袭城关，领导西汤池游击队配合第四支队在舒桐公路的方家岗击毁日军汽车2辆。

中共六安县委于1938年夏领导第三行政区独立一大队到舒城县桃溪，截击日军运钞票的汽车，缴获20多万元，后又在距桃溪15里处的谢家河袭击日军汽艇3只。由县长唐晓光和共产党员杨效椿领导的六安县抗日自卫军特务大队，多次袭击日军，使驻六安城的日军不得安宁。

中共霍邱县委领导的游击队，于1938年八九月间两次切断六安至叶家集的公路姚李庙至七里棚段，乘机给敌人以打击。

皖西人民群众还自发组织起来打击日军。1938年秋，六安县木厂埠区鲍华丰等10多个村民，把下乡骚扰的3个日军撵至姚家圩，当场打死1人，其余2人被追至二十铺水泊塘，围至夜晚，被迫自杀。同年秋的一天夜晚，霍邱县进步人士李耕野带30多人奔袭驻叶家集的日军军营，毙敌数人，夺枪10多支。叶家集台家洼农民杨德智组织数人，追赶下乡骚扰的日军，用扁担打死1名日军。皖西地区人民群众自发抗击日本侵略者的事迹，不胜枚举。

新四军第四支队、地方武装和国民党驻皖西部队的共同抗战，以及广大群众的全力支援，使入侵之敌陷入人民战争的汪洋大海之中。

四、桂系破坏统一战线与党组织、新四军的转移

1. 桂系反共反人民活动的逐步猖獗

1938年10月，武汉失守以后，抗日战争进入战略相持阶段，国民党政府转而采取积极反共、消极抗日的政策，在大别山区的桂系开始破坏抗日民族统一战线，逐步暴露其反动本质。

10月24日，廖磊接任国民党安徽省政府主席。他按照白崇禧的意图，“改编”了积极打击日寇的安徽抗日自卫军，后又强令其解散。廖磊为了把动委会领导权控制在自己手里，开始排挤动委会中的左派分子。1939年5月下旬，章乃器调离安徽，加上此前周新民、朱蕴山等人已被迫离皖，动委会各部主要职务逐步由廖磊的亲信担任。廖磊还以国民党省政府的名义缩小动委会的工作范围和权力，并令特务机关严密监视动委会、工作团、民众团体和文化团体的活动，禁止发行进步书籍和报纸。

桂系尤其注意新四军第四支队的活动，蛮横无理地向新四军提出不得宣传共产主义，要在指定的地点上作战，不准收缴民枪，要无条件地服从领导，组织民众团体要得到许可，不准擅自派粮筹款等要求。国民党省政府还拖欠和克扣第四支队的薪饷，把供应区划在土匪猖獗的六安县南官亭、张家店一带。国民党不顾新

四军英勇杀敌的事实，攻击第四支队“游而不击”。廖磊还向第五战区诬告第四支队“在皖西横行骚扰”，图谋杀害高敬亭司令员。

1939年1月召开的国民党五届五中全会制定了一整套“溶共、防共、限共、反共”的反动方针，桂系在安徽进一步转向反共。廖磊在召开的反共会议上公开说：“第一个敌人是日本，第二个敌人是共产党。”廖磊后患病猝死，李品仙继任国民党安徽省政府主席，掀起了第一次反共高潮。11月，国民党在金家寨召开豫鄂皖三省边区会商防遏共产党活动会议，制定反共计划，从政治、军事、经济、民运、宣传诸方面，打击共产党及其领导的人民抗日力量。

桂系首先从动委会、工作团下手。李品仙指使国民党省党部机关报《皖报》社长杨绩荪于12月炮制了《动委会是怎么动的？》一文，诬蔑动委会“乱动、盲动”，为迫害动委会制造舆论。同时，桂系在思想战线方面对共产党发动了进攻。他们还封闭进步报刊，将《大别山日报》并入《皖报》，并于12月在全省范围内掀起“清壁”恶浪，把宣传抗日的标语、墙报、壁画等全部刷掉。

接着，李品仙先是“改造省政府机构”，洗刷上层进步分子，继而又向省以下各级行政机构施威，撤换各县进步县长等政府工作人员。为了培植新的反共力量，成立“安徽省干部训练团”，大批招收反共分子，经过训练后分派到各级政府中任职。各县也成立特务训练班，组织“扫荡团”，在公务人员和青年学生中强行集体发展国民党员。

最后，桂系进一步对共产党员和进步人士进行镇压。国民党安徽省政府曾于1939年密令“对新四军中少数人员可逮捕枪决，不以上闻，以不了了之”。此后，共产党和新四军派往各地的通信联络人员，被暗杀及“失踪者”达数十人。1940年2月，李品仙调程树芬第一七二师进驻霍山，伙同反动县长隆武功等封锁县城和南乡，断绝交通7天7夜，到处搜捕共产党员和进步人士。3月下旬，袭击共产党掌握的桐城补充团，补充团400多人大部牺牲，团政委、共产党员华兆江等被捕杀害。

2. 新四军第四支队从皖中的撤离

在桂系开始制造反共摩擦的形势下，新四军第四支队抓紧时机，独立自主地发展壮大队伍，建立以舒城为中心的皖中抗日根据地。1938年12月，高敬亭在庐江县东汤池召开会议，根据党中央关于“有计划地建立几个基干游击队和游击区”的指示，讨论扩大部队，继续东进抗日和建立皖中抗日根据地问题。

正当第四支队积极扩大部队，建立舒桐庐抗日根据地之时，中共中央东南局书记、新四军军分会书记、副军长项英依然执行王明的“一切经过统一战线、一切服从统一战线”的主张，派军参谋长张云逸率军部特务营到达舒城县西港冲，向第四支队主要领导人传达指示：停止发展部队，不忙于建立根据地，准备到立煌找廖磊谈判。

1938年12月底，张云逸和戴季英一起去立煌与国民党安徽省当局谈判，批驳国民党诬蔑第四支队“游而不击”的谰言。谈判中，廖磊代表蒋介石提出：一、第四支队撤到津浦路东来安、天长、盱眙地区；二、工作人员也全部撤走，皖中地区由皖中专员李本一接管；三、国民党的第一七六师进驻皖中地区；四、第四支队立煌兵站要撤销。对此，项英表示同意，并指令执行。高敬亭虽然陈述了自己的不同意见，但仍然执行项英的指示，改变建立皖中根据地的决定，领导和指挥部队继续东进。

1939年5月3日，新四军军长叶挺从皖南来到江北，于5月5日在庐江县东汤池成立新四军江北指挥部，张云逸兼任指挥。新四军江北指挥部前敌委员会同时成立，张云逸任书记。江北游击纵队也同时宣告正式成立，孙仲德任司令员，黄岩任政委。5月10日，叶挺到达舒城西港冲并召开军事会议，决定进一步扩大第四支队，争取在8月1日前扩至20个团，并与第三支队配合进攻南京，截断津浦线；在舒城与皖东各建一个游击队支点，要求第四支队尚在舒城的教导大队和一些后方机关尽快转到淮南铁路下塘集、定远一带活动。

第四支队挺进皖东和淮南铁路沿线后，继续积极袭扰日军。到1939年6月，第四支队在1年零4个月的抗战中，由3100多人发展到1万多人，并开展了广泛的敌后游击战争。据不完全统计，第四支队先后进行了90多次战斗，共毙伤敌2300多名，俘敌400多名，消灭反动武装和土匪3700多名，缴获长短枪1400多支、轻机枪17挺、军马20多匹，击毁汽车156辆、汽船2艘，有力地打击了日军和伪军。

1939年6月底，第四支队分编成立第四、第五支队。此后，第四支队以定远藕塘为中心，第五支队以来安半塔为中心，开辟了皖东抗日根据地。

3.中共鄂豫皖区委员会的成立及其应变措施

新四军第四支队转移到皖东，使皖西、皖中地区的中共组织和人民失去了主力部队依靠，中共地方组织根据党中央的指示，及时调整了领导机构，坚持抗日游击斗争，同时反击国民党投降反共的逆流。

1939年2月，中共安徽省工委在立煌县白水河召开会议，传达党的六届六中全会精神，研究如何巩固与扩大抗日民族统一战线。根据中共中央指示，撤销安徽省工委，成立中共鄂豫皖区委员会，领导津浦路以西、平汉路以东、浦信公路以南地区工作。区党委由郑位三任书记，何伟任组织部部长兼统战部部长，彭康任宣传部部长，张劲夫任民运部部长，谭希林任军事部部长，机关设在立煌县白水河新四军第四支队兵站内。区党委在中原局领导下，继续“武装民众”，发动游击战争，建立抗日根据地。

区党委及时调整了各地党的组织机构和管辖范围，积极发展党的组织。1939年四五月间，区党委将中共商城县委与立煌县委合并为立煌县委员会。1939年春，区党委将寿六霍中心县委改为六安中心县委员会，管辖六安、霍邱、霍山3县，吴皓任书记，赵君哲任组织部部长兼六安县委书记，王光任宣传部部长。9月，六安中心县委将机关从六安县丁家集移驻霍邱县众兴集，改为霍邱中心县委员会，管辖范围扩大到河南省固始等县。在中心县委领导下，各县党组织和地方抗日武装有了较大的发展。到1939年底，六安县委先后建立了6个区委和7个直属支部，共有党员200多人。霍邱县委先后在南部和县城建立党组织，党员有1300多人。中共霍山工委于1939年春改为霍山县委员会，由徐达文任书记，先后建立了2个区特支和3个农村支部，有党员40多人。

为建立皖中抗日根据地，区党委于1939年3月将舒城中心县委改为中共舒无地委，黄岩任书记，领导舒城等7县党的工作。在舒城中心县委和舒无地委领导下，舒城县党的基层组织和地方抗日武装发展较快。1939年春，建立了7个支部，同年夏又建立了7个区委，全县党员发展到2000多人。县委于1939年春组建了东西港冲游击队，有80多人。沙河观区委在巡逻队的基础上组建了一支40多人的游击队。

中共安徽省工委和后来的鄂豫皖区党委在加强党组织和人民抗日武装建设的同时，同桂系反共反人民的行径进行了针锋相对的斗争。1938年10月，中共安徽省工委通过省动委会，邀请日本朋友石锦昭子根据自己的所见所闻，控诉日本帝国主义的罪行，借此来促进团结抗日。鄂豫皖区党委编印《三日新闻》小报，转发新华社的消息和重要文章，通过评论回应国民党桂系在政治思想上的挑战。中共霍邱县委利用桂系与地方势力的矛盾，以县动委会名义呼吁声讨桂系破坏抗日的罪行。国民党安徽省政府先后将

霍邱县长李佩珩、陈应行撤职。桂系第一三八师营长谢骙继任县长后，支持共产党开展工作，后被区党委接收为中共特别党员。谢骙协助共产党将中共地下党员吴健、许午言、戴铸九、吕友佩、张翼中等人安排到县军政机关工作。从此，全县形势逐步好转。

尽管中共各级党委同桂系进行斗争，但已不能从根本上扭转大别山区的抗日形势。1939 年 7 月 24 日，中共鄂豫皖区委将机关由立煌白水河东迁到庐江县东汤池。9 月，决定成立中共立煌市委员会，接替区党委在立煌的工作。10 月，立煌市委成立，不久与立煌县委合并，成立中共立煌中心县委员会，李丰平任书记，负责立煌、霍山、商城 3 县工作。

4. 中共皖西省委的成立及其组织大批同志的转移

中共中央中原局鉴于大别山区形势逆转，鄂豫皖区党委转到皖东不便领导工作，便于 1939 年 11 月中旬决定撤销鄂豫皖区党委，成立豫鄂边区党委和中共皖西省委，领导大别山区及周围地区的工作。

1940 年 2 月，中共皖西省委在新四军驻立煌办事处正式成立，李丰平任书记，吴皓任组织部部长，江明任秘书，领导立煌、霍邱两个中心县委。省委的主要任务是组织已经暴露身份的同志撤离大别山区，分别转移到皖中、皖东和淮北地区参加建立抗日根据地工作；整顿留下的党组织，安排一些同志留在国民党军政内部和学校工作，继续坚持大别山区抗日反顽斗争。

皖西省委成立不久，李品仙就以“集训”为名，图谋将动委会、工作团、广西学生军中的共产党员和进步分子一网打尽。皖西省委领导立煌、霍邱两个中心县委立即动员和组织不易立足的同志撤离。到1940年4月底，先后有3000多名共产党员、爱国人士和进步工作人员，从皖西安全撤离到皖中、皖东和淮北等地区。皖西省委机关获悉李品仙要发动袭击，于3月上旬迁到霍邱县洪集西北的刘家仓房。

皖西省委迁至霍邱后，鉴于霍邱群众基础好，并有2000多人为共产党控制的地方武装力量，便与霍邱中心县委、霍邱县委共同制订了以霍邱为中心的武装暴动计划，并给中原局发了请示电。在得到中原局复电同意后，皖西省委拟定于1940年4月1日举行暴动。正当准备工作大体就绪、武装暴动即将开始的时候，突然接到中原局发来急电，命令停止暴动。皖西省委立即停止暴动，并对已经暴露的共产党员和进步分子做了撤离的安排，把谢骏护送到淮北抗日根据地，把动委会和工作团内的进步分子撤到皖中、皖东抗日根据地。皖西省委李丰平、吴皓和霍邱中心县委、霍邱县委张维城、李任之、王光宇等人先后撤到淮北。至此，皖西省委和霍邱中心县委被撤销，留下以宋孟邻为书记的霍邱县委继续领导人民坚持抗日反顽斗争。

这时，李品仙派特务到霍邱组织了“行动大队”，镇压共产党员和进步人士，一次便逮捕了50多人。在桂系血腥屠杀面前，众兴区委书记房松庭等许多共产党员表现了坚贞不屈的英雄气概。

但由于县委、区委一些人叛变，全县700多人被捕，其中共产党员有70多人。这时县委与上级又失去了联系，宋孟邻等不得不于1940年5月底转移到外地。

大批共产党员和爱国民主人士被迫撤离后，各级动委会成了桂系直接控制的反动组织，各地党组织遭到更大破坏。中共霍山县委改为霍山区委，但不久即遭破坏，书记江道之和委员喻本芳、程希敏、唐虞卿均被捕，于1940年4月21日夜被活埋于南岳山谷。5月中旬，中共立煌中心县委机关遭到破坏，魏心一将工作交给汤家汇区委负责，于6月转移到淮北，立煌中心县委被撤销。中共六安县委改为中共六安县工作委员会，活动于淠河以西地区。县工委被破坏后，书记陈锡炳等人被捕牺牲，赵凯、冯道生、朱安国等人继续利用地下交通站，搜集情报，转运武器，掩护抗日干部过境。

五、克服困难争取抗战胜利

1.日军对皖西地区的“扫荡”

1942年12月，日军向大别山区“扫荡”，先是由一个联队从武汉出发做试探性进攻，但国民党鄂东防区部队始终避战。日军遂增派一个大队和一个炮兵队，与先行部队一起共2000余人，直扑国民党安徽省政府和桂系二十一集团军总部所在地金家寨。日军计划一路以主力进攻驻罗田腾家堡的桂系第三十九军军部,另一路以一个大队进攻驻商城的桂系第八十四军军部。同时,驻安庆日军向桂系第四十八军防区(军部驻霍山县深沟铺)佯攻,驻合肥日军向桂系第七军防区(军部驻六安县独山)佯攻,驻京汉铁路沿线的日军也活动起来,摆出围攻大别山中心区的姿势。

1943 年 1 月 1 日,日军占领腾家堡,桂系第三十九军不战而逃。日军兵分两路,一路向松子关、长岭关进攻,进至白水河、南庄畈。另一路主力奔青苔关、瓮门关、中界岭,桂系第四十八军不加抵抗,军部从深沟铺向岳西撤离。从瓮门关、中界岭分路进犯之敌在龙门石会合后继续西犯,沿途烧毁房屋 600 多间,宰杀耕牛多头,逼迫 100 多名农民帮运抢劫的猪、鸡、鹅、鸭,这些农民后来全被残忍杀害。

1 月 2 日黎明前,日军进入茅坪,将国民党抓来的壮丁,六安、湖北的小商贩和运盐民工,以及当地群众共 462 人全部杀害,烧毁房屋 400 多间。同时,日军飞机轮番轰炸逃难群众,仅在杨家滩一带就炸死炸伤 1000 多人。桂系二十一集团军总部特务营和驻古碑冲第五战区干训团奉命在长冲岭进行抵抗,伤亡 30 多人后撤退。日军直奔古碑冲和金家寨,国民党 1 万多名官兵闻风逃散,日军占领立煌县城。日军奸掳焚杀,金家寨 1 万多间房屋悉成灰烬,群众死伤 100 多人。4 日,日军携带掠得的大量物资,分两路经豫南回窜。日军沿途无恶不作,仅在关山河就残杀逃难群

众200多人，在开顺街强奸妇女多人，并杀害了反抗的群众14人。

国民党在大别山区陈兵10多万，但在大别山区广大人民遭受巨大灾难之时，国民党驻金家寨的达官贵人竞相携带眷属，逃往霍邱西乡大恶霸地主李梦庚的圩子。日军撤走后，国民党军又重新盘踞金家寨，作威作福，欺压人民。

2.桂顽在皖西地区的反革命"清剿"和经济掠夺

1941年1月，蒋介石制造了震惊中外的皖南事变，把第二次反共高潮推向顶点，桂系李品仙部在皖西的反共活动也更加猖獗。他们一面紧急调兵遣将，密令第一七六师等部进驻无为县境内的长江沿岸，妄图堵击新四军的渡江突围部队；一面加紧组织土顽，在皖西地区"清剿"。

1941年，六安县反动当局成立了"行动大队"，到中共六安县工委活动的淠河以西地区，破坏共产党组织，杀害抗日干部。新安一带被国民党县党部杀害的进步分子就达42人之多。西桥乡群众荣维璜只因参加了一次抗日动员会议，就被抓去打得死去活来，其家属托亲拜友变卖家产才把他赎回。西桥乡因此被弄得倾家荡产的就有26户。

1943年6月，在国民党政府掀起第三次反共高潮时，李品仙为了"蚕食"共产党的淮南和皖中抗日根据地，在立煌县金家寨设立了"豫鄂皖三省联防办事处"及"安徽省特训党部"，在吴家店设立了立煌、麻城、罗田、英山、霍山"五县联防办事处"，并设立了寿六霍三县“剿匪指挥部”。留在立煌坚持地下工作的共产党员史迁(省动委会总务部主任干事)、詹运生(省动委会训练班副主任,时在中国农民银行安徽办事处工作)、麦世法(省民政厅秘书)、刘敦安(省行政干部训练团皖东训练班教育长)等10多人被捕,后被活埋于古碑冲附近的张家湾。霍邱县的抗日群众,一次被杀害于花果园的就达32人。六安县郭店子一家姓傅的叔侄3人被以“通共”罪名杀害,并被暴尸示众。12月,桂顽集中第四十八军和省保安第四团、第七团等共5万人,对皖中抗日根据地的舒城等县进行全面“清剿”。

桂顽还打着“抗日”的旗号,对人民进行残酷压榨。第一,通过省财政厅横征暴敛。1944年,皖西地区农业遭受旱、涝、风、蝗灾害,年产量只有前一年的三至五成,而省政府对田赋的征收非但未减,反而比前一年增加两倍半。第二,通过“立煌企业公司”和“皖西茶叶指挥所”巧取豪夺。对大别山区出产的铁砂、竹、木、茶、麻、桐油、生漆、茯苓、猪鬃等实行压价收购,运往敌伪地区高价出售,再从敌伪地区统购山区缺少的商品,牟利百倍。第三,通过省粮食管理局贪赃枉法。采取额外征收、粮食掺假、假借修缮(仓库)等办法贪污,每年贪污的赃款惊人。李品仙本人不仅贪污,而且掠夺古董、字画。1938年冬,他在担任第十一集团军司令驻寿县时,竟派出3个运输连,用了3个多月时间,盗掘楚王墓中的许多历史文物,而这些文物大都在立煌被“扫荡”时落入日本侵略者之手。

3. 皖西大别山东部、西部抗日游击根据地的开辟

中共中央对大别山区的党和人民十分关心，皖南事变后即指示新四军"对皖西、鄂东及河南方面即应布置游击战争，在皖西之桐城、舒城、潜山一带，张邓负责加强游击纵队的力量，以便不久能向大别山前进"[①]。中共中央中原局和新四军军部根据这一指示，重新组织力量，开辟大别山区抗日游击根据地。

新的新四军军部建立后，即着手整编部队。到 1941 年 5 月初，将全军编成 7 个师、1 个独立旅，共 8 万多人。其中第七师于 3 月成立后，将原第三支队挺进团改为七师挺进团，挺进团于 3 月中旬到皖西大别山东部地区，开辟抗日游击根据地。全团在桐西五聚岭会合后，找到中共舒桐潜工委负责同志，商讨向四周邻县开展工作。挺进团先后在舒城县小街、芦镇关、晓天镇以及岳西、桐城、怀宁等地，给进攻的桂系顽军以还击。

中共舒桐潜工委和挺进团先后在舒城县小街附近和岳西、潜山、桐城等地区各组建了一支游击队。到 1941 年底，舒城县共新建了 3 支游击队，其中杨启文游击队活动于平田、洪庙、夹树湾、小街、黄土关、甘家岭、查家湾等地，储德纯游击队活动于晓天、小涧冲、三里湾等地，方玉平游击队活动于东沙埂一带。同时，舒城县还恢复了安菜山、黄土关、小涧冲、驼岭、张田畈、晓天等地的中

---

① 《毛泽东等关于皖南事变后新四军行动方针的指示(1941 年 1 月 28 日)》，见中央档案馆：《中共中央文件选集(第 13 册)(1941—1942)》，北京：中共中央党校出版社，1991 年，第 24—25 页。

共党组织。

1942年初,挺进团转移到无为,与桐西独立团合编为七师五十八团。1943年1月,七师五十八团派三营七连再次挺进大别山,主要活动于舒城、桐城、潜山、岳西、霍山等县境。2月,七师以五十八团为基础扩建成沿江支队,林维先任支队长兼政治委员。副支队长傅绍甫带领几名干部进入大别山,配合地方武装,开展斗争。不久,舒桐潜工委又建立了3个行动委员会,其中以杨震为书记的行委以舒桐潜边区为活动中心。

1943年3月,中共皖中区委成立后,中共舒桐潜工委继续发展党的组织,建立抗日武装。到1943年底,在舒城西南山区建立了9个支部和1个中心支部,党员发展到100多名;在霍山县诸佛庵、东西溪各建立了1个支部;在舒城县东街、西街一带又组建了冯百川游击队。同时,给沿江支队输送了5个连以上的兵力,计500多人,400多支枪。舒桐潜工委领导游击队与进攻的桂系顽军战斗,在桂顽于1944年1月开始的"清剿"中,舒城傅冲游击队有15人被捕,安菜山党支部书记沈谋正等11人被捕,均被杀害于城关伏虎寺。工委只得将多数游击武装力量转移到无为地区,仅留下杨震带领一个排与舒城杨启文游击队、岳西吴汉卿游击队在山区与顽军周旋。由于人民群众和爱国进步人士的支持,这个游击队在战斗中逐渐扩大,杨震的一个排由30多人发展到70多人。

中共皖中区委和新四军七师在皖西大别山东部地区开辟抗日游击根据地的同时,新四军豫鄂挺进纵队(后为新四军五师)有计划地向大别山挺进。中共豫鄂边区委派游击队向大别山深入，同新四军七师在皖西的部队共同牵制桂军向东进攻皖中、皖东抗日根据地，开辟大别山工作。1943 年冬，中共鄂皖边地委和第四军分区成立了中共英岳太立霍边区工作委员会，钟子恕为书记，鲁教瑞为副书记，领导五县边区党的工作。同时，成立了五县边区抗日指挥部，鲁教瑞兼任指挥长，钟子恕兼任政委，带领一支 50 多人的精干连队，开展武装斗争。工委和指挥部发展党的组织，建立抗日武装，保持新四军五师和七师的联系，使皖西大别山区抗日游击根据地连成一片。

4. 寿六合霍抗日游击区的开辟

1941 年 5 月，中共津浦路西区委决定，由转移到皖东的寿县县委率领寿县杨守先游击大队返回寿县，创建抗日根据地。同时，新四军二师六旅决定派十八团四连到寿县掩护县委工作。寿县军政委员会成立，由杨效椿任书记。军政委员会率领寿县县委、杨守先游击大队、十八团第四连，于 6 月初进入寿县东南地区开展工作。1942 年 6 月，部队合编为新四军淮西独立团，计 300 多人、200 多支枪，由李国厚兼任团长，杨效椿兼任政委。从 1943 年起，淮西独立团广泛向敌占区出击，拔除敌伪据点，巩固与扩大寿东南抗日根据地。

路西区党委和后来的路西地委在创建寿东南抗日根据地的过程中，又组织力量开辟寿六合霍边区抗日游击区。1943 年 2

月，路西地委决定成立中共寿六工作委员会，赵凯任书记，冯道生任副书记，以寿东南抗日根据地为依托，在4县边区开辟抗日游击区。赵凯回到家乡六安县，在淠河以东鲍兴集同坚持斗争的冯道生会面，并先后向32名地下党员传达了路西地委的决定，分析形势，研究如何开展工作。经过3个多月的努力，在寿县、六安、霍邱、合肥4县边区，同10多位爱国的乡、保长和区中队长恢复了统战关系，建立了立足点。国民党县长谢鉴堂得知赵凯、冯道生返回六安，即派人带领便衣谍报人员四处寻踪搜捕，于5月下旬在华祖乡、顺河乡杀害了曾任中共合肥县委委员的赵翅生和共产党员王恩金、王汉三、梁金斗等5人。

在此严峻形势下，赵凯、冯道生等转移到霍邱县花果园、西隐贤集一带活动。寿六工委决定派冯道生去藕塘，向路西地委汇报工作，请求派精干的武工队到这一地区开展武装斗争。9月，路西地委决定抽10支短枪成立小型武工队，在寿六工委领导下首先除掉叛徒。10月下旬，武工队到达西隐贤集附近，接着南进六安，于11月21日乘叛徒张德华结婚之日，处决了张德华及其同伙曾广全，并在淠河两岸散发2万多张抗日传单。从此，中共六安西北乡的地下组织重新恢复工作，霍邱东南乡和六合两县边区的中共组织又有了新的发展，整个寿六合霍边区抗日民族统一战线得以巩固与扩大。

1945年8月15日，日本帝国主义无条件投降。六安各县城和集镇的青年学生、工人、农民、市民等纷纷集会，庆祝中国人民抗日战争和世界反法西斯战争的最后胜利。

第八章

★★★★★

千里跃进——刘邓大军经略皖西

抗日战争胜利后，国民党政府强化其在皖西地区的统治以巩固其后方。中国共产党为牵制敌人的兵力，配合人民军队在正面战场作战，在皖西地区适时重新调整了组织机构，加强党的领导。同时，调进新的部队，壮大人民武装，做好自卫战争的准备。1947年夏，全国战局开始发生根本变化，人民解放军由战略防御转为战略进攻。晋冀鲁豫野战军（刘邓大军）、华东野战军南下作战，标志着全国性战略进攻的开始。刘邓大军千里跃进大别山，其第三纵队在皖西地方武装的配合和群众的支援下，胜利实施战略展开，沉重打击了盘踞皖西之敌，解放了广大地区，使皖西根据地得以重建。从1948年9月开始，解放战争进入战略决战阶段。中共皖西区委领导全区军民配合主力，全歼地方反动势力，使皖西成为解放大军渡江前的屯兵场所和前进阵地，以及渡江后的巩固后方，以夺取新民主主义革命的最后胜利。

一、解放战争初期皖西革命斗争形势

1.皖西革命斗争的坚持

1945年冬，以李品仙为首的桂系二十一集团军总部和国民党安徽省政府由金家寨迁到合肥。李品仙积极扩充皖西地方反动武装，各县反动武装成倍增加。霍邱县自卫大队在战后由500人增加到1000多人，全县划分为8个联防区，每区有1个自卫中队，加上官僚地主自卫武装，全县计有2500多人枪。六安县在战后新组建起县常备自卫大队、地主武装2600多人枪。国民党的中统、军统特务机关还在皖西收罗爪牙，发展特务组织，调查室、中心组、情报站和防奸小组等遍布城乡，并加强保甲，实行“五家连坐”，破坏共产党基层组织，到处捕杀共产党员和爱国民主人士。

国民党地方当局对皖西人民进行残酷的掠夺，肆意榨取人民血汗，苛捐杂税名目竟有40多种。霍邱县政府为补助地方“戡乱”经费，向人民勒取8000万斤大米和800万元现金。各级贪官污吏乘机大发横财，六安县购粮委员会竟贪污运往河南灾区的粮食2000多石。国民党官僚们以法币1元兑伪币200元的比值，夺去了收复区人民的大量财富，同时滥发纸币，造成通货膨胀。从

1946年初到1948年底，六安县每斗大米价格由1400元涨到520万元，每匹棉布价格由5.8万元涨到1100万元。霍邱县官僚地主李梦庚私开银行，制发纸币10亿元，导致全县物价飞涨，92家工商业就有61家倒闭，1340名工人就有926人失业。在国民党政府的庇护下，地主乘机加租加息，逼租索债。地租一般占佃农全部收获物的50%，有的高达70%；高利贷更是利上加利，致使农村佃户破产。李梦庚的4000多户佃户，到1948年就破产3600多户。叶家集东南的平田畈14户农户中就有13户断粮，农户只得外出逃荒，或卖妻子和儿女，田地大部荒芜。

重庆谈判后，中共皖江区委和新四军七师根据华中局指示，除了留下少数对大别山区熟悉的党政军干部带领3个连坚持原地斗争以外，其余全部于1945年10月上旬北撤。留下的部队编为皖西大队，钟大湖任大队长，桂林栖任政委，共300多人。皖西大队在向大别山区转移的途中，在桐城、潜山交界的西岭与中共舒桐潜工委张伟群、杨震及其领导的游击队100多人会合。10月中旬，两支部队的领导人决定将中共舒桐潜工委改建为中共皖西工作委员会，由桂林栖任书记、张伟群任副书记，两支部队合并为皖西大队，增补张伟群为副政委，以舒城、桐城、潜山3县边区为活动中心，向周围发展。11月，桂林栖、张伟群带领的部队在潜山遭袭，张伟群负伤，电台马达丢失，同上级联系中断，部队只得转移到潜山、桐城交界的西岭与钟大湖、杨震会合。其他分散的各部亦遭受损失。皖西工委决定由七连连长张有道和手枪队指导员刘健民带领一个排去寻找新四军五师请求支援，桂林栖带手枪队长姚守永等去华中分局汇报情况。

皖西工委积极恢复和发展党的组织，一方面在部队中发展党员，使党员在指战员中占70%左右，每个大队、游击队均建立了支部或小组；一方面把地方与组织失去联系的党员重新组织起来，并吸收一些工农积极分子入党。在桐城、潜山、怀宁、舒城、太湖、庐江、六安等县，皖西工委先后恢复组织关系和发展新党员数百人，组建一些区委、支部和小组，建立了工委同各地党组织和党员的单线联系。同时，皖西工委果断地惩办了叛徒、反革命分子，保证了党的活动的开展。

在淮西独立团和区乡武装撤离后，六安、寿县的党组织纷纷转入地下，有党员六七十人。1946 年 1 月，中共苏皖区委第四地委决定成立中共寿六合霍工作委员会和寿六合霍县总队，派赵凯、杨刚、董完白、冯道生 4 人重返淮西建立根据地，做长期斗争准备。县总队由冯道生任队长，赵凯兼政委，共计 124 人，其中有党员 75 人，绝大多数是原来的基层干部，而且都是当地人，个个称得上是“活地图”。3 月 9 日傍晚，县总队从定远县吴家圩出发，冒雨越过淮南铁路，回到了淮西。4 月，工委和县总队挺进淠河以西地区，此后活动于皖西江淮丘陵广大地区。

2. 皮旅中原突围经过皖西

1946 年 6 月底，蒋介石撕毁停战协定，发动全国性的内战。

在国民党军21万多人围攻中原解放区时，中原局根据中共中央指示，决定中原军区主力突围到陕甘宁边区，留下第一纵队第一旅等部队做掩护。一旅5000多人在旅长皮定均和政委徐子荣的指挥下，在豫东南地区拖住敌人，掩护主力西越平汉铁路。接着，旅部决定穿过大别山向东突围，全旅于7月1日翻越皖豫交界处的九峰尖，进入皖西。

7月4日，皮旅进抵立煌县吴家店。部队在吴家店休整3天，在群众的支持下打开了国民党的粮库，把大部分粮食分给贫苦农民，只留给部队少量粮食。老区人民踊跃协助部队运粮碾米，并用麻袋给每个指战员打了草鞋。7月8日，皮旅向东疾进，于10日到达霍山县千笠寺。这时，前方天险清风岭已被国民党安徽第十一挺进纵队抢先占领，堵住去路。一旅一团发起两次强攻，被敌军的密集火力压了下来。二团奉命轻装从右翼上山，登上主峰，出其不意地从侧背发起冲锋，一团从正面顺着石板道直冲山巅。敌军溃逃，我军一、二团追击40多里，夺取了大量枪支和弹药。

7月10日傍晚，皮旅到达磨子潭时，旅部侦悉桂系第四十八军已经派出部队赶来截击，便立即组织部队连夜抢渡淠河。三团一个营先到达河东负责警戒，因天黑雨大，被同时赶到的敌军抢占了制高点。敌军用火力封锁河面，我军仍然奋力分路渡河，一、三团徒涉到河东后，把敌军压制到另一座山上，并用全部火力掩护二团强渡，全旅顺利渡河。为了迷惑敌人，全旅先向东南挺进二三十里，然后突然向北疾进，跳出了敌军合击圈。11 日下午，全旅到达六安县毛坦厂，歼灭了当地自卫团。旅党委在毛坦厂召开紧急会议，研究跃过皖中平原的各项具体措施；并召开全体指战员大会，做了紧急动员。此后，全旅彻底轻装，分三路纵队并肩前进，以加快行军速度。

皮旅从豫东南突围起，经过 24 天的艰苦征战，行程 2000 多里，彻底粉碎了国民党军的追击堵截，终于在 7 月下旬抵达预定目的地——苏皖解放区，与华中军区会师。

3. 皖西地区反“围剿”力量的增强和斗争的开展

中原突围时，中原军区独立第二旅在完成掩护主力突围任务后，在旅长吴诚忠、政委张体学的带领下，于 1946 年 7 月 10 日左右到达岳西县冶溪河。独立二旅就地坚持斗争，成立中共鄂皖区委，张体学任书记。旅长吴诚忠委派人去找皖西工委，在宿松县境内与敌遭遇，剩下四五十人于 8 月 13 日在潜山县后冲孔士坊与皖西工委会合。

此前，苏皖四分区定滁全县总队独立营的 2 个连，也突围到皖西大别山区。部队行到舒城县晓天镇附近，与敌军打了一仗，活捉舒城县社会科长。7 月间，部队在舒潜边区的水贵与皖西工委会合。

在此期间，皖西大队有了较大发展。根据华中局指示，中共皖西工委于 10 月间将皖西大队扩建为皖西支队，钟大湖任支队长，桂林栖、张伟群分别兼任支队正、副政委。全支队共四五百人。所辖部队编为3个大队：一大队由原七连和手枪队及挂车河游击队组成，钟大湖兼任大队长；二大队由原九连和张海游击队组成，张有道任大队长；三大队由杨震所带的部队和杨启文游击队组成，杨震任大队长，张国平任教导员。一、二、三大队分别在潜桐舒庐边区、潜怀太岳边区、舒岳霍边区开展游击活动。

1947年春，桂林栖从苏北回到皖西，在潜山县后冲华家祠堂召开中共皖西工委扩大会议，决定成立中共潜太、岳北、舒六县委和桐庐、庐北工委。根据华中分局的指示，将原五师独立二旅和二师六旅在皖西的部队编入皖西支队。全支队编为5个大队，分别同各县（工）委一起活动。一大队由荚存秀任大队长，刘健民任教导员，与岳北县委一起，主要活动于岳西、英山、霍山、六安4县边区；二大队由张有道任大队长，张国平任教导员，与潜太县委一起，主要活动于潜山、岳西、太湖3县边区；三大队由杨震任大队长，靳柱阳任教导员，与舒六县委一起，主要活动于舒城、六安2县边区；四大队由黄抑强任大队长，余平任教导员，与桐庐工委一起，主要活动于桐城、庐江、舒城3县边区；五大队由姚守永任大队长，张家英任教导员，与庐北工委一起，主要活动于庐江县盛家桥、白石山等地。

1947年3月初，鄂西北军区副司令员刘昌毅率野战旅1000多人从鄂西北转战鄂豫皖边区，于3月中旬进入皖西。在立煌县渔父潭，部队遇到该县保安团堵击和湖北省保安第十一大队追击，刘昌毅指挥部队抢占了吊桥岩，歼敌2个营和团部一部。战后，部队继续向东行动，在霍山县漫水河伏击尾追之敌，毙敌300多人，俘敌官兵100多人。部队后又在岳西县大岗岭伏击追敌，歼敌200多人。3月27日，部队在潜山县千佛寺与桂林栖、钟大湖等会合。与刘昌毅部同时向大别山突围的鄂西北军区二分区四五百人，途中被打散，政委刘健挺带领40多人转战到家乡霍山县烂泥坳。刘健挺去苏北后，余部在4月与岳北县委会合，编为皖西支队一大队二连。

1947年3月下旬，中共皖西工委和刘昌毅部在潜山官庄林家冲召开大队以上干部会议，决定成立皖西人民自卫军指挥部，刘昌毅任司令员，钟大湖任副司令员，桂林栖任政委，胥治中任副政委。会后，刘部的一大队同皖西支队二大队一起活动，二大队同皖西支队一、三大队一起活动，干部队分别被派到一、二大队及皖西支队一、二、三大队工作。

6月底，刘伯承、邓小平率领晋冀鲁豫野战军主力强渡黄河，发起鲁西南战役。国民党从皖西驻军中抽出3个师增援。中共皖西工委和寿六合霍工委主动出击，进一步扩大游击根据地。皖西人民自卫军分路在大别山区出击敌军，到8月间，先后袭击潜山、太湖、岳西以及舒城县芦镇关和六安县毛坦厂等地的敌军，歼敌3500多人，缴枪1700多支和大批物资。战斗中，皖西人民自卫军发展到4000多人，地方游击队发展到20多支。同时，寿六合霍县总队和各区人民武装在江淮丘陵区出击敌军，建立起人民

的乡政权和保一级的“两面政权”，巩固腹心区，扩大中心区。

二、刘邓大军千里跃进大别山

1. 刘邓大军第三纵队在皖西的战略展开

1947年夏，中共中央做出了伟大的战略决策，“举行全国性的反攻，即以主力打到外线去，将战争引向国民党区域”。毛泽东做出了“两翼牵制、三军配合”的部署，即山东解放军在胶东把敌人引向渤海之滨，西北解放军出击榆林，把敌人拖向沙漠边缘；由刘伯承、邓小平率领晋冀鲁豫野战军主力，在鲁西强渡黄河，挺进大别山；陈赓、谢富治率领晋冀鲁豫野战军太岳兵团挺进豫西；陈毅、粟裕率领华东野战军主力挺进陇海铁路，进入豫皖苏地区。

1947年6月30日，刘邓大军直属队和一、二、三、六纵队共12.4万余人一举突破黄河天险，发起鲁西南战役，揭开了人民解放军战略进攻的序幕。7月23日，中共中央电示刘邓大军于短期休整后，“下决心不要后方，以半个月行程直出大别山”。8月7日，刘邓大军从山东郓城出发，开始了千里跃进大别山的壮举。部队于11日跨过陇海铁路，17日通过黄泛区，18日渡过沙河，粉碎了敌人的合击、追堵计划。8月24日凌晨，部队强渡汝河，并于27日渡过淮河进入大别山区，胜利完成了千里跃进的任务。

为了实现重建大别山根据地的艰巨任务，刘邓大军迅速分兵向预定地区实施战略展开。按照部署，三纵“全部在皖西作战”，向霍邱、六安、霍山、寿县、舒城、桐城、庐江、无为等县展开。三纵在固始召开旅以上干部会议，介绍大别山的情况，研究进军路线及随军南下干部如何开展工作等问题。会议决定兵分两路，一路由陈锡联司令员率七旅、九旅直插六安、舒城、桐城，一路由郑国仲副司令员率领八旅，经金家寨直插霍山、岳西。

8月31日，七旅旅长赵兰田、政委曾庆梅率部进攻霍邱县叶家集，激战一夜，歼灭守敌第四十六师一个营和安徽保安第三团一个营，毙俘敌600多人，叶家集遂告解放。战后，七旅兵分两路：一路经独山、小七畈直指霍山县城，守敌闻风而逃，9月3日，霍山城不战而克；另一路经独山，占领苏家埠，向六安方向迂回。

与此同时，九旅旅长童国贵、政委秦传厚率部随三纵司令部经姚李庙、江店向六安进发。9月1日午夜，渡过淠河，从西、北两个方向攻城，并令二十七团绕到六安东二十铺到三十铺之间阻敌增援。由霍山赶来增援的敌第四十六师第十九旅 部被击退。9月2日拂晓，六安第一次获得解放。三纵司令部和九旅旅部驻六安，部队随即向六安县东部和合肥县西部展开。

八旅在郑国仲副司令员、旅长马忠全和政治委员卢楠樵的率领下，经叶家集、胡店，于8月31日午后进抵立煌县城金家寨。经过激战，八旅于9月2日上午解放金家寨，全歼守敌第四十六师五六四团和省保安第四总队及县自卫大队1000多人，击毙敌

团长陈铁汉，俘敌立煌县长李宣。随后，八旅继续东进，于9月4日到达霍山，同先期进城的七旅部队会合。接着，在皖西人民自卫军的配合下，他们分别向岳西、舒城、桐城、潜山和六合公路两侧展开。

八旅二十三团随旅部由霍山继续向东疾进，于9月8日进抵舒城，守敌保安团弃城逃跑，舒城不战而克。八旅二十二团经舒城沿安合公路南进，于9月11日攻占桐城，16日解放潜山。八旅二十四团经舒城、南港沿舒庐公路东进，于9月14日攻占庐江县城。

七旅二十团于9月9日至15日进入六合公路两侧的椿树岗、井王店、官亭、雷麻店一带，并在防虎山上歼灭逃亡的国民党六安县政府及县自卫大队一部。

皖西人民自卫军一支队和三纵教导团，也于9月19日解放岳西县城，继而攻望江，捣太湖，占徐桥，取华阳，共毙伤敌1000多人，宿松守敌弃城西窜。

到9月29日解放太湖县城止，三纵及二纵五旅在皖西人民自卫军配合下，不到1个月的时间，就攻占了六安、立煌、霍山、岳西、舒城、桐城、潜山、太湖、庐江等县城，解放了广大农村。

2. 张家店大捷

刘邓大军在大别山区的攻势迅速展开，直接威胁了南京的国民党政府。蒋介石慌忙从北方调兵回援，妄图乘刘邓大军立足未稳之际，争夺大别山战略要地。蒋介石将其整编的第八十八师由徐州移防合肥。第八十八师接防后于 1947 年 9 月 13 日进占舒城、庐江、桐城一带。刘邓大军主动让掉一些县城，决定先打战斗力较弱且比较孤立的滇军第五十八师。因此，三纵七旅、九旅奉命西调豫南，仅留八旅在皖西与敌周旋。

9 月上旬，刘邓大军一部在商（城）潢（川）地区歼灭敌第五十八师二十九团，击溃敌第八十五师。敌人急令桂系主力第七师和第四十八师西援。这时，皖西仅有敌第八十八师及第四十六师一部守备。刘伯承、邓小平鉴于敌军主力西调，即令三纵七旅、九旅迅急返回皖西，放手歼敌。七旅、九旅于 9 月 30 日从商城冒雨隐蔽东进。

与此同时，敌第七师、第四十八师也跟踪三纵进到六安以西地区，妄图与敌第四十六师及第八十八师对三纵进行合击。敌第八十八师师部及其六十二旅孤军深入，由舒城向西北进犯。10 月 6 日，三纵八旅二十三团在南官亭地区给该敌以杀伤后，即主动撤出战斗。敌不明我方意图，仍无所顾忌地继续向西进犯。三纵司令部决定乘敌合击尚未形成之时，集中主力歼灭敌第八十八师一部。遂即命令八旅转到毛坦厂地区集结待命，七旅一部部署在中店一带打援，九旅及七旅大部迅速向山王河东北之山地集结迎击。

10 月 7 日，敌军由南官亭进到山王河以东地区，遭三纵九旅阻击，于是掉头北窜企图与六安守敌第四十六师会合。三纵兵分两路，紧紧咬住敌人。七旅、九旅在敌西侧追击敌人，八旅在敌人东侧继续跟踪。8 日傍晚，敌逃到六安县张家店。张家店位于六安东南 60 多里处，居民约 200 户，为水网稻田地带，周围环以土丘岗岭，地形利守不利攻。敌进入张家店后，即抢修简易工事，准备据险顽抗，伺机突围。

三纵七旅二十团当即迂回到张家店北，抢占山头，堵住敌人北逃通路，并防止六安守敌南援。九旅二十六团也迅速抢占了西南外围高地。八旅一部直插东面，控制有利地形，9 日零时，三纵各旅先头部队已将敌团团围住。9 日拂晓，被围之敌对七旅二十团阵地连续三次猛扑，均被我团击退。同时，九旅二十六团也打退了敌人的反击。前来增援的敌第四十六师三个团，也被七旅二十一团阻挡在距张家店 25 里的中店槐树岗一带。下午 3 时，敌军全力突围仍未得逞，只得固守待援。

9 日下午，三纵主力到达张家店附近，决定当晚发起总攻，由九旅从西、南两面担任主攻，七旅从北、八旅从东对张家店实施围攻，速战速决。是日黄昏，在纵队炮火掩护下，经过 1 个多小时的激烈战斗，我军扫清了敌外围据点。当晚 10 时，总攻开始，纵队集中炮火，首先摧毁了敌司令部，敌八十八师副师长张世光带 10 多人抢先逃窜，敌军陷于混乱。我军勇猛歼敌，敌人整营整营地放下武器。到 10 日 4 时，我军全歼敌八十八师师部及六十二旅，共毙伤敌 900 多人，俘敌少将副旅长汤家辑及以下官兵 4700 多人，缴山炮 3 门及枪数千支，我军仅伤亡 350 人。这是刘邓大军

进入大别山以来，在无后方依托的条件下，我军首次取得消灭敌人一个正规旅以上兵力的大胜利。

张家店战斗胜利后，三纵与一纵、二纵与六纵一起沿长江北岸展开，蒋介石急令国民党第四十师和第五十二师的八十二旅向我军侧背进攻。刘邓大军集中10个旅的优势兵力，于10月下旬在湖北省蕲春县高山铺全歼进攻之敌，计1.26万多人，其中俘9500多人，并缴获大批武器和军用物资。张家店战斗和高山铺战役的胜利，鼓舞了士气，坚定了人民群众的胜利信心，这对巩固和发展大别山根据地具有重大意义。

3.皖西地方武装的配合和人民群众的支援

三纵进军皖西，得到皖西各级党委及其领导的地方武装和广大群众的积极配合。中共皖西工委通过电台与邯郸前线指挥部取得联系，当得到"刘邓大军已南下东至六安，西抵麻城。三纵司令员陈锡联即派侦察连与你们联系"的指示时，工委和人民自卫军指挥部立即召集大队以上干部会，研究布置配合刘邓大军挺进大别山的工作。会后，工委书记桂林栖和人民自卫军司令员刘昌毅携带电台，带领部队向六安方向前进，迎接刘邓大军。

1947年9月3日，三纵解放霍山县城后，在霍山县磨子潭一带活动的中共岳北县委书记滕野翔带领部分武装首先进城，会见三纵副司令员郑国仲、副政委阎红彦。接着，桂林栖、刘昌毅率第一大队进入霍山，同三纵会合。三纵八旅二十三团解放舒城后，

皖西支队第三大队即主动派人联系，于 9 月 10 日在城关会师。此后，皖西各级党委和人民自卫军紧密配合三纵行动，开辟地方工作，重新开创皖西革命的新局面。长期坚守在大别山的皖西人民武装同主力部队结合，大大增强了部队的机动性和作战能力，为三纵在皖西的顺利展开创造了有利条件。

人民群众的大力支援是三纵顺利展开的又一重要原因。皖西人民热爱子弟兵，刘邓大军进入大别山时，敌人还在暗地威胁群众，致使深受迫害的群众“暂时地对我们采取观望态度”。而当他们得知解放军就是当年的红军时，被压抑的感情便迸发出来，他们或到部队探望亲人下落，或向指战员控诉反动派罪行。群众主动给子弟兵抬担架，运粮草，传递情报，掩护伤员，直至当向导带领部队消灭敌人。群众虽然自己生活穷苦，但对部队表现出极大的热情，送粮食给部队。三纵领导机关还针对不少群众担心部队再走的思想，组织工作队，深入群众，运用各种形式向群众宣传解放战争的大好形势，表明重建大别山根据地的决心，采用秘密串联的方式来组织农会，组建民兵，领导群众清匪反霸，消除了群众的顾虑。

在三纵全面展开、地方政权建立以后，群众则采取了大规模的有组织的支援形式。在三纵七旅一部和八旅从霍山县城向全县展开时，中共岳北县委和皖西支队第一大队组织了 1500 多名群众带着 300 多副担架和 80 只毛排，帮助大军抬运伤病员，搬运物资，建立后方医院，并筹借 300 多石粮食，使 300 多名伤员得到妥善安置。张家店战斗开始后，中共舒六县委即组织200多位民工支前，皖西支队第三大队和区游击队也参加战斗，总计2000多人。战斗结束后，三纵将缴获的部分枪支和弹药分配给舒六、独山县委，以加强地方武装。在部队转移到舒城县晓天地区休整时，几天之内，当地群众即捐送大米100多石、军鞋2000多双。中共皖西工委还先后就财经工作、存积粮食、帮助野战军解决棉衣及菜金等问题，要求各级设立筹款委员会，规定皖西应筹款19.3亿元，筹粮4.5万石、棉衣2000套、鞋6万双。中共各级党委和政府克服种种困难，采取积极措施，努力完成支前任务。

刘邓大军进行无后方依托的作战，后勤保障十分困难。1947年10月，大别山区气温开始下降，指战员仍身着夏装，刘伯承、邓小平决定就地依靠群众，自己动手解决。六安县民主政府采取有物出物、有钱出钱的办法，动员城关各商家按资金比例借款借物。由于情况摸得准，措施得力，负担合理，六安县民主政府几天之内就完成了任务。部队在金寨县太平山附近的华家湾、汪家湾、铁棚岗、潘家湾、周家湾5处设立被服厂，很快使全军指战员及时换上了冬装。

三、皖西根据地的重建

1.皖西区党政军机构和各县民主政权的成立

为适应重建大别山根据地的需要，刘邓大军于1947年8月30日将该区划为豫东南、鄂皖、皖西、鄂东4个工作区。皖西工委仍由桂林栖担任书记，增调于一川任副书记，管辖13个县。皖西工委将所辖地区划分成3大片，分别成立分工委加以领导。第一分工委由何德庆任书记，领导岳西、潜山、太湖、宿松、望江及怀宁一部分。第二分工委由张伟群任书记，领导舒城、桐城、庐江及怀宁一部分。第三分工委由梁诚任书记，领导六安、霍山、霍邱、肥西。同时，将皖西人民自卫军编为3个支队：第一支队由胡鹏飞任支队长，何德庆任政委；第二支队由钟大湖任支队长，张伟群任政委；第三支队由孔令甫任支队长，梁诚任政委。

早在刘邓大军准备挺进大别山时，中共晋冀鲁豫中央局就从太行、冀南等地抽调1200多名地方干部集中整训，组成代号为"天池部队"的干部队随军南下。其中太行干部有500多人，组成一个大队，由马芳庭任大队长，刘毅任政委，随三纵行动。刘邓大军每解放一县就留下一批干部，配合原地坚持斗争的同志，建立民主政权，领导宣传工作、土地改革、剿匪反霸，并把发动群众支

前作为当时的中心任务。

随着大别山革命形势的变化，为了加强党的集中统一领导，中原局于 1947 年 10 月中旬决定撤销豫东南、鄂皖、皖西、鄂东 4 个区工委，成立鄂豫和皖西 2 个区党委、行署和军区。11 月上旬，刘伯承、邓小平在太湖县刘家畈主持召开了三纵旅以上和地方支队以上干部会议。会议决定成立中共皖西地区委员会，彭涛任书记，桂林栖、于一川任副书记，曾绍山、阎红彦、武旋声、刘昌毅、卢仁灿、马芳庭等为委员；成立皖西行政公署，罗士高任主任；成立皖西军区，曾绍山任司令员，彭涛兼政委。军区部队由三纵七旅二十团、八旅二十四团、九旅二十七团和纵队教导团、补充团以及皖西人民自卫军组成，共 1 万多人。

11 月 15 日，皖西区党委、行署和军区在岳西县汤池畈正式成立。29 日，中共皖西一、二、三地方委员会和专员公署、军分区在舒六县三石寺成立。一地委书记为卢仁灿，专员为刘秀山，分区司令员为孔令甫、政委为卢仁灿（兼），主力部队为三纵七旅二十团、军分区基干团及教导团三大队，管辖岳西、潜山、太湖、太西、太岳、宿松、望江等县；二地委书记为张伟群，专员为刘征田，军分区司令员为吴先洪、政委为张伟群（兼），主力部队为三纵八旅二十四团、军分区基干团及教导团一大队，管辖舒城、桐潜、桐庐、庐江、潜怀、怀宁等县；三地委书记为马芳庭，专员为霍衣茹，军分区司令员为朱光、政委为马芳庭（兼），主力部队为三纵九旅二十七团、军分区基干团及教导团二大队，管辖舒六、独山、霍山、岳北、

六合、肥西等县。同时，皖西区党委机关报《皖西日报》、鄂豫皖军政大学皖西分校、皖西文联小组、皖西军区文工团和新华分社等机构也先后成立。后随着解放区的扩大，皖西区党委又于1948年2月成立了四地委、专署和军分区，唐晓光任书记，赵梦明任专员，吴万银任司令员，唐晓光兼任政委，主力部队为皖西军区派去的两个连和地方武装，管辖临江、湖东、湘西、无为、无南、和含、巢合、肥西、肥东等县。

各县民主政权和人民武装也随着三纵及二纵五旅的军事胜利而逐步建立和加强起来。先后成立了六安、金寨、霍山、舒城、霍邱等12个县的县委、县政府和县大队，新划独山、六合、金东、太平、霍固等8个县，改寿六合霍工委为寿六舒合县委，成立金北、六合两个办事处。

六安解放的当天(1947年9月2日)，即宣布成立中共六安县委和六安县民主政府，县委书记为李延泽，县长为宋尔廉。9月17日，因国民党第四十六师进占六安，县委及县民主政府随部队撤离，宋尔廉、赵锦章等去苏家埠、霍山、凤凰台等地坚持工作，李延泽、赵振华、张克前、赵子厚率50多人转到独山。根据县委在撤离六安时的决定，划龙门冲、两河口、独山、南岳庙、石婆店、苏家埠等地区新建独山县，成立县委和县政府，县委书记为李延泽，县长为赵振华，县委和县政府机关设在独山镇；并以三纵九旅补充营的营部、九旅部分伤病员和三纵教导团二大队的部分武装为骨干，组建起独山县大队和6个区干队，计300多人，邹德胜任大队长。经过一个多月的工作，先后建立起龙门冲、两河口、独山、南岳庙、石婆店、苏家埠等区委和区民主政府。

皖西三地委成立后，于 1947 年 12 月初在毛坦厂以北、张家店以南地区新建六合县，并抽调三纵九旅二十七团一营的 30 多人组建起六合县大队，刘海山任大队长，在独山、漫水河、燕子河、磨子潭等地游击。1948 年初，中共六合县委和县民主政府正式成立，县委书记为赵锦章，县长为王冲霄。县委及政府机关驻东湖冲、金子冲一带，一边打击土顽，一边发动群众，建立区乡政权。短期内即建立起东湖冲、张家店、双河、凤凰台等区级政权。1948 年 4 月，三分区派邹德胜从独山县大队中抽调 20 多人，充实和加强六合县大队，不久即将其改为六合支队。

立煌县城金家寨解放的第三天（1947 年 9 月 4 日），中共立煌县委和县民主政府宣布成立，余光任县委书记，白涛任县长。几天后，一批随二纵南下的冀南干部与先期到达金家寨随三纵南下的太行干部会合，重新组成中共金寨县委，由张延积任书记，白涛任县长。11 月下旬，中共鄂豫一地委在史河以东地区新建金东县，县委书记兼县长为白涛；在北部地区新成立金北办事处，办事处主任为孙荣章。

霍山解放当天（1947 年 9 月 3 日），中共霍山县工作委员会和县民主政府成立。工委书记为王琮琪，县长为霍衣茹。县委将 100 多名南下干部组成 8 个工作队，分赴全县各地开展工作，不到一个月时间，建立起 8 个区委和区民主政府。同时，以三纵教导

团第六中队为骨干，组建起霍山县大队和8个区干队，计300多人，大队长为惠举贤。

1948年1月上旬，在霍山、岳西、英山三县毗连地区，以太平畈为中心，新建太平县，成立中共太平县工作委员会和县民主政府。工委书记为王飞，县长为白柯。先后建立起4个区委和区民主政府。同时，以三纵教导团一大队二中队部分武装为骨干，组建成太平县基干连和4个区干队，共200多人。

舒城解放后，我军于1947年9月13日主动撤出，转入西南山区。在城冲召开的干部会上，成立中共舒城县委和县民主政府，县委书记为杜野坪，县长为赵瑾山。同时，以二十四团1个连和皖西支队第三大队组成舒城县大队，计500多人，大队长为杨震。到10月下旬，全县建立起芦镇关、沙埂、西汤池、乌沙、杜家店、东沙埂、曹家河7个区委和区民主政府。

新的中共舒六县委于1947年9月上旬在霍山组成，由余光任书记，并成立了舒六县民主政府，林杰任县长。先后建立起毛坦厂、毛竹园、东西溪、晓天等区委和区民主政府。另以三纵教导团二大队四中队部分武装为骨干，组建了舒六县大队和4个区干队，计300多人，李同柱任大队长。

9月中旬，鄂豫一地委决定成立霍固、霍邱两县。霍固县辖固始县朱集、陈集、汪流集以东，霍邱县城西湖以西，淮河以南，叶家集以北地区，以扈胡为中心，成立中共霍固县委和霍固县民主政府，县委书记为路宪文，县长为张春山。以二纵俘训团部分干部

战士组成2个武工队，加上二纵五旅十四团一营为骨干组建起来的霍固支队和2个区干队，计350多人。霍邱县以毛沟洼为中心，辖白莲、宋店以南，三元店以东，河口集以南，姚李庙、大顾店以北地区，县委书记为王志杰，县长为朱广林。以二纵五旅十四团三营为骨干，组建起霍邱县大队和3个区干队，计300多人。到1948年初，霍固县先后建立周集、高塘、马店3个区政权，霍邱县先后建立河口、三元店、乌龙庙、众兴、岔路口5个区政权。

1947年冬，中共寿六合霍工委书记赵凯和副县长董完白与皖西三地委取得了联系。同年底，皖西区党委派宋孟邻、章慕云等6人到淮西，将中共寿六合霍工委、县政府、县总队改为中共寿六舒合县委、县民主政府和县总队。这时，县总队有1000多人，增派章慕云任副总队长，先后成立5个区委和区民主政府，并建立定合办事处和六合办事处。

2.解放区土地改革的初步进行

根据党中央关于"解决解放区土地问题是我党目前最基本的历史任务"的指示，皖西区党委确定把实行土地改革作为创建解放区的基本工作。随着军事斗争的胜利和各级民主政府、地方武装的建立，各地通过分浮财发动了群众，并建立起一批贫农团和农会。中原局要求各部队"一切服从于土地改革"，从每个纵队抽调一两千名干部、战士参加土改工作。因此，皖西解放区改革土地制度的条件已基本具备。

皖西区党委实行土改的基本方针：一、彻底消灭封建的统治势力、经济制度和精神束缚，以实现我党的土地政策；二、坚决依靠贫农，以他们为土改的基本力量；三、放手把民主权力交给农民，彻底走群众路线，保证党与群众的联系。为了保证土改的顺利进行，三纵和皖西军区提出“一手拿枪，一手分田”，“武装保田”，命令各部队在开展游击战争中参加土改。部队还抽调大批“品质好的干部与翻身战士”组成土改工作队。各级党委、民主政府和部队多次召开专门会议，传达全国土地会议精神，学习《中国土地法大纲》。如舒城县委于10月21日召开首次土地工作会议，制定了11条土地法的实施细则；独山县举办200多人参加的训练班，并成立土改工作队。

皖西区党委实行土改的大体方法：一、进行宣传动员，通过挖穷根、追富根，来启发贫雇农的阶级觉悟，号召群众起来打土豪，分田地；二、组织贫农团和农会，作为土改的基本队伍；三、没收地主的一切土地，征收富农的多余土地，加上公田、祠田，分给农民；四、以乡或以行政村为单位，除少数反动分子以外，不分男女老幼，一律按人口平均分配，在数量上抽多补少，在质量上抽肥补瘦，一般采取“中间不动两头平”的方法。

正当皖西地区土地改革逐步展开之际，国民党军发动了全面围攻，大部分地区土改被迫停止，但在根据地腹心区和巩固区的土改工作仍然取得了一定的成绩。

其一，到1948年3月，皖西已在50万人口的腹心区分了田，巩固区的土改也已基本完成。舒城县委控制的地区即有土改村65个,8.02万人分得了土地。鄂豫区党委也同时在金寨、霍固等县完成了巩固区的土改。霍固县共有7099户、34248人,分得土地137339亩,平均每人分得3.5亩到5亩。

其二,在土改区消灭了封建剥削制度,普遍组织贫农团,成立乡农会,推动了农村政权建设。舒六县在40多个行政村中组织包括中农在内的农会。据舒城县1947年10月统计,在腹心区组织了50多个农会,有会员3500多人。霍固县组织了95个贫农团。各县均吸收一批土改积极分子参加区乡工作。到1948年3月,舒城县脱产的基层干部已有222人。

其三,土改提高了农民生产积极性,促进了自卫武装的发展。皖西区党委把"保护土地改革,大量发展武装","把分田运动和游击战争结合起来"作为土改的重要方针,各地农会均实现武装化并组建了民兵。舒六县在39个行政村组建民兵,共400多人。舒城县的民兵到1948年3月已发展到1.25万人。霍固县的土改区建立起200多人的自卫武装。民兵在主力部队的配合下,一面作战,一面种田,武装保卫生产,发展生产。

其四,提高了群众参军、支前的热情。金寨县仅在1947年冬就有500多位农民入伍,各区的区干部人数都扩大到30人到50人,全县武装力量发展到1000多人。舒城县农民不断地送子弟参军,县大队于1948年夏发展为独立团,杨震为团长。

由于皖西解放区土地改革是在国民党军全面围攻的情况下

进行的，故要求过急，形成急性土改。加之区党委强调开展“反右倾的思想斗争”，不加分析地搬用外地的土改做法，以致在土改工作中出现了“左”的错误。皖西区党委提出的“六个月完成土改”本已过急，一些县委更是不顾客观实际，又提出三个月甚至“七天分田”的要求，出现行政发田的现象。在革命秩序尚未建立的游击区，也强调要“结合打土顽，到处点火，坚决实行”，开展“武装土改”。结果在敌人的进攻下，不仅土改成果被摧毁，而且土改积极分子也遭到迫害。

在土改中，一些地方片面强调贫农路线，把中农排斥在农会之外，甚至将中农错划为富农。个别地方将包括中农的土地在内的所有土地打乱平分，如舒六县滑水河村分田 50 石，其中有 20 石是中农的田，严重损害了中农的利益，增加了土改的困难。在对待工商业方面，有些地方不仅没收地主兼工商业者的浮财，甚至没收一些商贩的财产。如舒六县在大小 13 个镇中共没收 50 家地主兼工商业的财产，个别地方连锅厂、油坊、药店的财产也被没收，影响了工商业，也给群众生产和生活带来困难。由于过早地分浮财，社会财富分散，加重了财经困难。为了解决机关和部队的供给，只得组织民兵配合部队到外线去打土豪，有的地方未严格执行政策，侵犯了边沿区中农和工商业者的利益。

一些被清算、斗争过的乡保长和地主乘机组织土顽，配合国民党军进行反攻倒算，残酷杀害共产党员和基层干部。中共独山县委和县民主政府于 1947 年 11 月 1 日遭到国民党军第七师和土顽偷袭，县委副书记张克前等多数同志牺牲。在这种严重情况下，一些地方提出“反奸复仇”，要“压倒白色恐怖”，加上区有杀人权，审批手续又不严，混进农会的少数坏分子乘机公报私仇，短期内出现了乱打乱杀现象，造成不少地主、富农、旧人员和一些不明真相的群众外逃。敌人乘机组织还乡团，使皖西的土顽武装一下子发展到六七千人，不断进攻解放区。

3.对“左”的错误倾向的纠正

由于全国各地新解放区发生程度不同的“左”的错误，中共中央提出了“依靠贫农，团结中农，有步骤地、有分别地消灭封建剥削制度，发展农业生产”的土地改革总路线，纠正“左”的错误倾向。1948年1月，皖西区党委接到中原局电报后，立即到各地帮助召开地委扩大会，并重点帮助一些县委纠正“左”的错误。皖西三地委于1月3日到5日，在晓天召开地委成员及县委书记联席会议，提出纠正“左”的错误倾向的措施。1月28日，三地委给各县、区委和分区部队发出指示信，各县委开始以整党精神检查和总结前阶段工作。

1月15日，舒六县在晓天召开县委扩大会议，提出镇压反坏分子的十大条件，决定杀人必须组织人民法庭审判，经县民主政府批准，坚决制止乱打乱杀。会后，县委于2月15日在马鞍山召开了全县干部大会，批判了蛮干、打人、包办、脱离群众的坏作风，处分个别严重违法乱纪的干部。会议注意听取民主人士的意见，

决定尽量缩小打击面，扩大团结面，分化瓦解土顽，大量争取逃亡户归来。结果，舒六县宽大释放九井战斗俘获的土顽，瓦解土顽400多人，还争取到70%的逃亡户回乡。在春耕生产中，全县党政军干部帮助群众调剂耕牛、种子，恢复工商业。

中共霍山县委于1948年1月底在黄叶坪召开县委扩大会议，总结前5个多月的工作，检讨"左"倾蛮干的错误，做出"全党一致行动起来，坚决执行党的各项政策，为争取根据地革命斗争的新发展而努力"的决定。

中共舒城县委于3月27日做出决定：纠正对中小地主"左"的政策，扩大农会，恢复工商业；在国统区组织地下贫农团，建立"两面政权"；杀人权归县；建立财经制度。县委在党内开展了自上而下的自我批评，还在群众中公开承认自己的错误，使党的政策进一步得到贯彻。

中共鄂豫一地委于1948年1月将金寨、霍邱、霍固三县区以上干部集中到金寨，学习《中国土地法大纲》。接着，霍邱、霍固两县党政军干部集中到吴集开展"三查"(查阶级、查工作、查斗志)、"三整"(整顿思想、整顿组织、整顿作风)工作。在整风过程中将两县合并为霍固县，杨杰任县委书记，张瑞符任县长，熊家林任军事指挥长。4月20日，鄂豫一地委又在阜南县吕家大寨召开有霍固等县参加的会议，继续检查和纠正"左"倾错误，决定对已分中农的土地财产和没收的工商业限期退还，对逃走的人员争取回乡生产，对受敌人迫害的群众和革命军人家属给予优抚，在无力控制的地区应建立“两面政权”。

中原局十分注意及时总结各地纠正党内错误倾向的经验，用以加强对工作的指导。1948年3月8日，邓小平向党中央做了《关于进入大别山后的几个策略问题》的报告，阐述了对“左倾冒险急性病”的认识及其六种表现，并说明了对于纠正错误倾向所做的规定。中原局从新区工作的实际情况出发，指示各地停止打土豪分浮财的做法，在非巩固区停止土改，把工作重点放到发动群众、消灭敌人、发展生产、厉行节约、整训干部，以及加强政权工作、财经工作上来。

中共皖西区委于3月中下旬就土地改革、工商业和对敌斗争方面的问题，分别向中原局做了报告，提出纠正党内“左”倾错误的措施，并下达各地，以推动全地区的整党和指导各地的工作。3月下旬，区党委向全区发出了赔偿中农、赔偿工商业、赔偿敌占区被搞错对象、争取地主富农及俘虏、改善军民关系的五项指示。区党委负责人分头到各个地区召开会议，传达中央精神，督促贯彻执行，从而使皖西地区“左”的错误倾向进一步得到纠正，土地改革于4月基本停止，一些遗留问题在推行新区政策过程中逐步得到解决。

4. 党的新区政策的贯彻执行

1948年5月24日，毛泽东在给邓小平的电报中指出对新解放区在“相当时期内，实行减租减息和酌量调剂种子口粮的社会政策和合理负担的财政政策，把主要的打击对象限于政治上站在国民党方面坚决反对我党我军的重要反革命分子”，而“不是立即实行分浮财、分土地的社会改革政策”。据此，中原局在总结开辟新区工作经验教训的基础上，于6月6日向各解放区发出指示，检查了过去在土地改革策略步骤上的某些“急性病”错误后，着重阐明党在新区应当采取的政策。

中共皖西区委于6月中旬召开会议，学习党中央和中原局的有关指示，决定在游击区立即停止土地改革，停止分浮财，禁止到边沿区打土豪，实行减租减息，合理负担，保护工商业，并提出贯彻新区政策的具体措施。从此，新区政策在皖西全境贯彻执行。6月15日，皖西三地委召开干部会议，就贯彻新区政策做了具体部署。舒六县委在和岗、东石笋、三元观等地进行试点，并在中梅河、九井、毛竹园等集镇召开群众大会，进行宣传。区党委书记彭涛来到舒城县检查执行政策情况，并于8月13日做了《对舒城一年工作检查总结》的报告，用以指导全区的工作。

8月28日，皖西区党委和军区在联合指示中分析了新区政策的执行情况，进一步推动新区政策的贯彻执行。在停止土地改革和实行减租减息问题上，各地召开贫雇农座谈会，广泛征求意见。广大群众一致赞成不分田，实行“双减”。对于已分田的地方，有的进行土地调整，有的将已分的土地改为新的租佃关系，本着减租精神商定合理的租额。对土改中被侵占的中农和新式富农的土地财产给予补偿。对于广大尚未分田的地区，则不再进行分田，只实行减租减息。皖西军区各部队积极开展游击战争，打击国民党正规军和土顽，防止敌人抢粮，保护群众生产。在秋收秋种季节，停止支差派夫，尽可能调剂种子、耕牛，保护和支持群众抢收和多种，增强人民支援解放战争的能力。在财政经济问题上，实行了合理负担政策，对向群众征派公粮的数目做出了规定，号召比较固定的后方机关组织人员从事生产，解决自己的一部分供给。

皖西各级党组织在游击区和国民党统治区坚决执行"发展进步势力，争取中间势力，孤立顽固势力"的政治路线。对于那些长期同我党我军紧密合作的开明士绅，继续采取团结的政策，政治上信任他们，经济上保护他们。对于持中立态度的民族资产阶级及开明地主，原则上采取保护的政策，从政治上教育、争取和团结他们，从经济上照顾他们。

皖西各级党委还采取一些行之有效的措施帮助工商业发展，"恢复尚未恢复的纸厂、锅厂及商店、作坊，扩大对外贸易，以山货换回民用必需品"。舒六县委通过地方上知名人士给逃亡在外的绅商写信，宣传我党保护工商业的政策，动员他们回乡经营。不久晓天商民陆续返回，工商业逐步得到恢复和发展。舒六县毛坦厂镇外逃的工商业者全部返回，330 家商店开张营业，而且还新增加 20 家米行。霍山县大化坪、千笠寺、漫水河一带开了 10 个茶行，这使物资得以交流，便利了民生。工商业者按章纳税，帮助解决财经困难，支援了解放战争。

各地党组织特别注意争取知识分子，吸收他们参加革命工作。区党委要求对所有学校均要注意保护，帮助恢复教育，使教员、塾师有生活出路。短期内舒城县即恢复小学 91 所、中学 1 所。各地把教职员和学生组织起来，让他们了解党的有关政策，成为义务宣传员。党组织注意在国统区的进步知识分子中开展工作，吸收一些进步师生参加革命。

在争取国民党的乡保人员建立“两面政权”方面，六合县做得最好，舒城、霍山也有发展。“两面政权”建立后，乡保人员不断地给共产党提供情报，征收粮款，掩护共产党工作，保护群众利益。

党的新区政策在皖西的实施，是在刘邓大军主力转移到外线作战，地方党政军进行艰难的反国民党军“清剿”的情况下进行的。军事斗争的胜利为贯彻新区政策提供了必要的条件，新区政策的执行又保证了反“清剿”的胜利，从而开拓了皖西工作的新局面。土顽不断地被分化，在短短 4 个月中舒六县土顽由 2180 人减少到 760 人，瓦解了 65%；霍山县消灭土顽 217 人，瓦解 100 多人；六合县张家店、双河、施家桥一带大部分土顽被争取、瓦解；舒城县有上千名土顽被瓦解。这样，中心区得到巩固，新区逐渐扩大，地方武装也进一步发展。六合县解放区扩大到 7 个区、17 个乡，发展成 300 多人的革命武装；舒六县发展了沈桥，控制了梅河、石河，有村庄 126 个，十几万人口，区干队达 170 人，武工队有 50 人。

贯彻新区政策的过程，是对各级党组织和广大干部进行革命理论教育和政策思想教育的过程,也是整顿党和军队的思想作风的过程。执行新区政策后,地主、富农回家,工商业恢复,财经困难减少,土顽动摇分化,社会秩序稳定,群众拥护,根据地得到了巩固。

5. 反“围攻”、反“清剿”的胜利

1947 年冬,蒋介石集中 14 个整编师 33 个旅近 80 个团的优势兵力,发动了对大别山的全面围攻。其中第四十六师、第四十八师、第五十八师、第八十八师和第二十五师围攻皖西根据地。敌人采取军事进攻和政治欺骗相结合,“围攻”与“清剿”相结合的总体战,以达到彻底破坏根据地、摧毁共产党政权组织的目的。

12 月初,中原局对反“围攻”进行了具体部署。刘伯承、邓小平确定了内外线相配合的反“围攻”作战方针:以一部主力向外线实施战略再展开;留相当主力结合地方武装,在内线适时分遣集结,寻机歼灭孤立之敌。刘邓大军以十纵、十二纵西越平汉线,先期向桐柏、江汉地区展开。命令一纵北渡淮河,转到外线,在淮河以北、沙河以南地区展开;二纵、三纵、六纵留在大别山,二纵位于新县、金寨一线,六纵位于鄂东地区,三纵在皖西地区辗转机动。野战军司令部分成前、后方两个指挥所。刘伯承、张际春率后方指挥所同一纵北渡淮河,转到外线;邓小平、李先念、李达率前方指挥所留大别山,内线指挥作战。各部队在反围攻中,还采取长途奔袭的方法消灭敌人。12 月 13 日,三分区二十七团分兵两路

奔袭霍山城和新街，各歼敌数十人。同日，三分区基干团由舒城县山七里河奔袭九井，俘敌30多人。霍山县大队于同日晚从漫水河出发，夜行80多里奔袭舞旗河。

为配合我军主力粉碎敌人围攻，皖西区党委和军区决定在山区采取“避广打土，积极消灭反动地方武装”的军事斗争方针，不断袭击分散孤立之敌，率领群众开展斗争。当时，皖西军区主力部队采取迂回包围、各个击破的战术，对霍山、太平、舒六、舒城等县山区的土顽进行围歼。12月13日，二十七团二营在舒六县毛坦厂区民兵的配合下，将盘踞在张家店区刘家圩的六安县保安队2个中队全部歼灭，俘敌250人，缴获小炮2门、机枪1挺、步枪140多支。

在内线坚持的皖西各级党政机关工作人员和基层干部，在反“围攻”初期，由于行政建制和指挥系统被敌人分割、打乱，无法与上级领导机关取得联系，各级干部就分区组成战斗小组，各自为战。后来，各县委及时改变斗争方式，一面将力量相对集中形成对敌斗争的拳头，一面突破“县不离县，区不离区”的规定，扩大游击区。霍山县根据地被敌人从中间切开后，县委决定分东、西两线独立坚持斗争，东线与岳西县的干部结合在一起，以区武工队为骨干，扩大武装；西线与撤来的独山县干部结合，加上地方武装开展斗争。独山县委把分散的20多名干部集中起来，转移到金寨县麻埠一带活动。后在三地委增援下，又返回独山县苣王店、两河口、龙门冲一带，形势恶化后又跳出包围圈，同金寨、太平、霍

山的同志一起战斗。舒城、舒六、霍山等县把山区的群众以乡或行政村为单位组织起来，掩护我军伤病员，配合主力作战。如舒城县乌沙区的游击队和民兵，于1948年2月中旬与“清剿”敌军1000多人周旋七天七夜，使敌无获而退。

经过两个多月的反“围攻”，不仅牵制了大量敌人，还在大别山区歼敌1.1万多人。在此期间，皖西地区的反“围攻”虽然十分艰苦，但主力部队和地方武装能适时地集中或分遣兵力，内外线密切配合，使敌军因找不到目标而“徘徊无定”，并消灭了一部分敌军和土顽。但根据地也遭到相当损失，面积有所缩小。

1948年2月20日，中共中央和中央军委指示刘邓大军主力转出大别山。中原局向大别山区各级党委指示，各军区部队与地、县武装应独立自主地坚持大别山战略阵地，组织一元化的游击集团，使游击战争与发动群众结合起来。2月底到3月底，刘邓大军的二纵、三纵、六纵先后转出大别山。这时，敌人继续在大别山进行分区“清剿”，在皖西集中了5万兵力，发动“三月扫荡”。

皖西区党委要求各级从组织上、作战思想上进行转变，广泛开展游击战争。皖西三地委一方面将三纵补充团改编成三分区基干团，全团共400多人，专门寻歼弱敌，打击敌人的后方基地与交通补给线；另一方面，将分区其他武装力量组成3个游击集团，由分区统一指挥，分线负责，坚持反“扫荡”。各县也将县、区武装统一组编成若干游击集团，舒城县分为3个游击集团，舒六县分为4个游击集团。每个集团由军队干部担任指挥长，一名县委成员担任政委，在负责区域内打击地方反动武装。

三纵主力离开皖西后，敌人又发起“四月清剿”。敌人先后对皖西一、二分区和皖西二、三分区进行“清剿”，同时对鄂豫一分区的金寨、霍固等县进行“清剿”。皖西各地、县委都注意总结游击战争经验教训，逐渐改变了反“清剿”的被动局面。各地还掀起以“打土顽打得好、宣传与执行新区政策做得好、与群众联系好”为内容的“三好”运动，开展革命竞赛，坚持对敌斗争。

皖西三分区东线两个游击集团与舒六、六合等县大队一起，先后在张家店、刘大圩袭击土顽，俘敌 180 多人，缴机枪 13 挺、步枪 150 多支；在六合县江家冲、大马厂一带击退舒城县自卫大队 400 多人的进攻；在舒六县九井、沙埂子一带打垮与儿街、东河口、毛坦厂等地的地主还乡队，俘敌 210 多人，同皖西二分区一起，保住了 35 万人口的巩固区和 60 万人口的游击区。皖西三分区西线游击集团于 1948 年 3 月 30 日在太平县黄金山歼敌霍山县保警大队，毙俘敌 46 人；4 月 19 日到 20 日，在太平县击溃霍山县自卫团的 1 个营，俘敌 30 多人；4 月中旬，华野先遣支队 1 个营在黄叶坪智擒了霍山县保警大队长及其部下 64 人。5 月 2 日拂晓，西线游击集团和太平县党政机关及基干连 500 多人，被敌一个团包围于桃花冲，仅突围 200 多人，后转移到包家河、胡家河、黄尾河地区坚持游击活动。

经过反“清剿”斗争，虽然大别山区的斗争形势仍很紧张，但“我们确实已站住了脚，敌人把我们打不出来了，而 4 个野战纵队

抽出后，减少了人民负担，拖出了敌人3个师，加上最近策略上的讲求，更便利于大别山的坚持”。

6.皖西革命形势的全面好转

皖西地区的反“扫荡”、反“清剿”，虽然取得了胜利，但也付出了相当的代价。为进一步粉碎敌人军事“围剿”和经济封锁，皖西区党委于1948年5月中旬在舒城县河棚召开会议，分析形势，总结经验教训。会议决定，一方面领导各级党委彻底纠正“左”倾错误，认真贯彻执行党的新区政策，团结90%以上的群众，巩固民主政权；另一方面改变军事指导方针，由主力“分散看家”变为“集中主力外线歼敌”。

此时，敌人仍企图摧毁我大别山根据地。在1948年6月上旬到8月中旬的两个多月中，仅在皖西地区就进行了3次大“扫荡”。为加强反“扫荡”力量，皖西军区在6月间，先后将所属的二十团、二十四团、二十七团集中起来。二十四团、二十七团先后主动出击六合、舒六、霍山、舒城等县的双河、许家圩子、张家店、白塔寺、山王河、干汊河等地的反动武装，歼敌700多人。7月24日，前去鄂豫地区活动的三十七团东返。8月15日，皖西军区将这4个主力团整编成皖西军区独立旅，马忠全任旅长，曾庆梅任政委。反“扫荡”的主力更集中，并且正确运用运动战的战术，使敌疲于奔命。

皖西各地、县的革命武装也积极主动地出击敌人。三分区基

干团和六合县独立营于1948年7月9日在毛坦厂一带给国民党六安县长率领的联防团、队以打击，毙俘敌40多人。基干团于8月22日，同六合县大队在雨淋岗一带击溃舒六联防指挥部600人。霍固地区的革命武装在鄂豫一分区的指挥下，适当集中反“扫荡”。霍固县委于7月间将活动于本地区的游击队统一整编为霍固部队，仅半个月时间，就消灭土顽周集区大队、马店区大队和朱家楼、高塘集等乡小保队。到8月底，不仅恢复周集、吴集2个区政权，新建马店区政权，还建立起一些“两面政权”，并先后在周集、王截流、薛集、白马庙、南赵集、三河尖等地组织人民自卫武装。

1948年夏，在中原野战军和华东野战军连续取得睢杞战役和襄樊战役胜利后，驻皖西之敌开始被分批调到平汉线，再无力进行全面“清剿”。加之我军经过近一年的反“扫荡”、反“清剿”，俘敌4000多人、毙伤敌7000多人，敌军士气一蹶不振，土顽动摇。因此，根据地基本区不但得以保持，而且发展了一些新区，皖西革命形势开始全面好转。

四、坚持斗争迎来最终胜利

1. 皖西区党委扩大会议召开

从1948年9月开始，解放战争进入战略决战阶段。皖西区党委领导全区军民配合主力，全歼地方反动势力，使皖西成为解放大军渡江前的屯兵场所和前进阵地，以及渡江后的巩固后方，以夺取新民主主义革命的最后胜利。

9月23日到10月4日，皖西区党委先后在舒六县三石寺和潜山县官庄连续举行扩大会议，分别做关于目前形势与党的任务、政府工作、军事斗争、反对无政府无纪律现象和反对经验主义的报告。会议认为，在过去的一年里，各级党委和政府在极端艰苦的条件下，依靠人民群众，克服一切困难，完成了坚持皖西根据地的总任务。虽然在主力撤离大别山后，丧失了一些阵地，但还是发展、扩大了新区。在激烈的反“清剿”中，皖西军区各部队经受了严峻的考验，基本保持了战斗力，完成了战斗任务，认真执行了党的正确政策，使由于“左”的错误所造成的紊乱现象得到克服。由于敌人“清剿”和工作失误所造成的“最严重的粮食困难”已经过去，整个皖西出现相对稳定的局面，党群关系得到改善，社会秩序好转，生产发展，工商业开始恢复。会议对霍山县在最困难的条件下，仍保持一块完全控制区并有相当发展，对舒六、六合两县开展外线工作并得到很大发展，对三分区在“发展革命两面派”的工作中取得的重要经验，予以介绍和推广。会议提出了皖西党的具体任务，即“巩固已控制区，恢复已失地区，开展新区，求得各乡、区打通联系，逐步打成一片，进而打通与外区的联系，以改变目前被分割、孤立的形势”。

这次扩大会议是皖西区党委在党中央正确路线指导下召开的，会议全面总结了自刘邓大军挺进大别山以来皖西革命斗争的成果及经验教训，提出了为争取皖西地区全面解放的各项战斗任务和完成任务的具体措施，并在政治上、思想上、组织上为迎接全国胜利做了充分准备，推动了皖西地区革命形势的发展。会后，各地、县委先后传达贯彻中原局的指示和皖西区党委扩大会精神，使整个皖西地区很快掀起新的革命高潮。三地委提出“继续发展新区，巩固基本区及游击区”的方针，领导地、县武装配合皖西军区主力部队，在巩固控制区的同时，积极开辟新区。为了向西发展，与鄂豫一地委领导的金寨县连成一片，三地委于1948年10月上旬成立霍山中心县委，领导霍太、岳北、霍东地区，指挥东、西两集团。为了向东发展，与四分区连成一片，于10月中旬正式划六安双河以东，合肥、巢湖以西地区为肥西县。为了向北发展，打通与寿六舒合县的联系，又划六安县东南部为六安县。同时，江淮区党委四地委也在合肥县江夏店设立六合办事处，与六安县连成一片。这样，就在组织上使皖西一、二、三、四分区连成一片，

向北与江淮四分区连成一片，向西与鄂豫一分区连成一片。

2. **开展群众性政治攻势**

在辽沈、淮海、平津三大战役胜利进行之际，皖西区党委遵照中原局指示，从 1948 年 10 月下旬开始，在两个多月时间内，向敌人开展强有力的政治攻势，并做好外线工作、上层统战工作和“两面派”工作。

一是进行广泛宣传，普遍号召蒋介石方人员弃暗投明。舒六县于 11 月向蒋方军政人员发出 730 多封信，争取了 117 人投归。中共霍邱县委书记朱广林亲笔给国民党县自卫队大队长等人写信，使 300 多人的武装全部投诚。同时，皖西各地以乡或保为单位，分别召开士绅、保甲长、军政人员家属座谈会，解除其思想顾虑。每当我军取得重大战役胜利，皖西各地便以乡或保为单位召开群众祝捷大会。这极大震动了未解放的地区。另外，皖西各地还组织文字图画宣传。皖西行署和皖西军区发表《告蒋军官兵书》《告蒋管区公教人员书》，书写大幅标语，绘制图画，宣传我军的政策，揭露敌军阴谋，分化瓦解敌人。

二是主动接触蒋方人员，争取他们起义投诚。“欢迎一切土蒋与我们接头谈判”，以商讨他们的“出路问题”，并进行调查摸底，弄清对方的政治态度、家庭和社会关系。有的地方还对蒋方人员进行功过登记，促进分化。对蒋方一般人员，由我方“村干写信”，进行恳谈，由蒋方人员“家属跑腿”当面说服。对蒋方地方要

员则由我党地方负责人出面做工作，中共六安县委副书记江声跑遍十几个敌人据点，同各地国民党地方武装头子见面接谈，这些武装大都接受了改编。

三是反“左”防右，打击顽固不化的土顽头目。官亭乡土顽气焰嚣张，对我党信件加以诬谩，六合基干连采用夜间奔袭的办法，将其全部活捉。舒城县南港土顽请来敌主力配合“进剿”，沿途书写反动标语，我军则针锋相对，将其消灭。

四是收编投诚的国民党军壮大我军力量，安排蒋方投诚人员的生活出路。皖西各级党委“对一切愿意过来的各色武装实行争取与彻底改造的方针，实质上就是用政治方法，消灭反动武装”，并“发展壮大我们自己”。各地十分注意恢复农村工商业，扶持生产，兴办学校，救济饥寒，使蒋方投诚人员能找到工作，不致因缺乏生计而动摇。舒城县仅恢复学校一项，即接收了 120 多个具有一定文化知识的回乡人员。

在强大的政治攻势下，皖西敌人迅速分化，大多数乡、保人员同我党建立了联系，愿意为我党办事。1948 年 11 月，舒城外逃人员有 300 多人回乡。国民党地方武装不断起义、投诚，六安县参议员丁世全掩护我方人员，争取了双河镇商抗队等武装，共计 1300 多人枪，后将其改编为三分区基干第二团。11 月 3 日，张家店土顽一股携械投诚，我方除发给奖金外，还妥善安置其家属，这一做法推动了六合县的埠塔寺、施家桥等 6 个乡公所 170 多人起义，带来步枪 150 支、机枪 4 挺。据 1949 年 2 月下旬的不完全统

计，皖西投诚敌军有6000多人。

3.皖西全境的最后解放

皖西区党委在对敌开展政治攻势的同时，领导人民武装对土顽武装出击，并寻机对敌正规军发起进攻。早在淮海战役准备阶段，皖西独立旅和一分区基干团于1948年10月1日一举攻克岳西县城衙前镇。7日至8日，独立旅又在霍山县落儿岭击溃敌第四十六师一个团，歼敌200多人。在淮海战役的第一阶段，华野先遣纵队七支队在杨震独立团和民兵的配合下，于11月13日在舒城县南港区鹿起山歼敌第四十六师一个营，俘敌100多人。在淮海战役的第二阶段，皖西独立旅于12月3日解放霍山县城，并同华野先遣队一个团在安合公路的舒城县南港到军埠之间全歼自南港出援金牛镇之敌5个连。

皖西军区集中主力在安合公路上歼敌。独立旅二十四团于舒城县沟二口附近消灭川军杨森部梁金奎大队二三百人。1948年12月19日，敌河南省保安第一旅、第二旅及安徽省政府武装约5000人由合肥逃到舒城南港，皖西军区以独立旅4个团、华东野战军先遣纵队1个团及湖西、桐庐两县独立团共7个团的兵力，于21日在北起大关、南到胡家铺附近公路两侧，伏击自南港继续南逃之敌，歼敌1200多人。

1949年1月10日，淮海战役胜利结束。皖西区党委要求各级党委、政府和军队认真学习毛泽东为新华社写的新年献词《将

革命进行到底》,"集中一切力量截击南逃之敌,以政治攻势为主,结合有力的军事出击,分化瓦解、打击与消灭土顽,和平收编敌伪武装,扩大解放区"。皖西三分区全力追歼反革命武装。1月14日,袭占诸佛庵、麻埠,击溃立煌、霍山两县自卫队。1月21日,三分区基干一团解放六安,县自卫团800多人于24日在马头接受改编,苏家埠、独山一带的民团接着投降,六安县全境解放。22日,华野先遣纵队七支队2个连解放舒城县城。26日,皖西三分区基干三团一部和霍固部队2个连进入霍邱城,县自卫队300多人带枪投诚。

1949年1月下旬,皖西区党委、行署、军区以及皖西三地委、专署、军分区的领导机关,从舒六县的晓天、毛坦厂等地移驻六安城。同月,中共霍山县委和县人民政府从胡家河迁回霍山城,中共舒城县委和县人民政府从城冲迁入城内。皖西区党委及三地委决定:在西部恢复独山县,在东南部仍保留六合县(习惯称六南县),在北部建立六安县(习惯称六北县);在六安城区建立六安市。局势基本稳定后,皖西区党委于2月先将独山县合并于六安县,皖北区党委于6月26日又将六安市、六安县、六合县合并为六安县。鄂豫区党委及其一地委于1949年2月1日将霍固县划开,恢复霍邱县,政府机关从李家圩迁到霍邱城,县委机关迁到河口。5月,鄂豫区党委将霍邱县、金寨县划归皖西。6月,金寨县人民政府在麻埠成立。

1949年4月,皖北区党委决定成立中共六安地方委员会、六

安专员公署和六安军分区，辖六安、寿县、霍邱、舒城、金寨、霍山6个县，作为第二野战军第三集团军的后方基地，马芳庭任地委书记，刘征田任专员，曾庆梅任军分区司令员。

4.皖西人民的支前运动

淮海战役发起之后，皖西区党委把支前作为最重要、最紧急的任务，统筹安排支前、生产、治安工作。皖西革命武装积极向沿淮敌后进击，牵制和分散敌军兵力。在西线，皖西独立旅于1948年11月上旬配合鄂豫军区和鄂豫一分区部队攻占商城、固始；在东线，中共寿六舒合县委派人深入淮南、津浦铁路沿线搜集情报，切断了敌人运输线；在北线，皖西三分区和霍固部队近千人，分驻淮河北岸三河尖至南照集一线，准备打击敌之增援部队，阻击南窜之敌。当地群众1000多人帮助部队修筑工事，拿出400多副门板，在夹河、杨台子、柳店子三处搭起浮桥，提供100多只民船备用。在淮海战役后期，皖西各县民兵采取村村设防、层层布网的办法，捕捉零散南逃的残敌。

为筹集供应作战部队的粮款，皖西区党委要求各地支援前线，保证军需。各地、县委和人民政府认真执行区党委的决定，积极征收支前的粮食和筹集资金；广大群众克服一切困难，支援前线，主动缴纳，并带动和督促地主富农缴粮缴钱。淮海战役期间，皖西解放区和江淮、豫皖苏的人民共支援了粮食2.1亿斤、柴草5.3亿斤，提供担架12.5万副、牲口36万头，组织民工160万人，

对战役的胜利做出了重要贡献。

三大战役胜利结束后，皖西成为解放大军渡江前的屯兵场地和前进阵地之一。皖西地区支援渡江战役动员面更广、贡献更大。早在1949年2月初，皖西三地委连续发出文件，保证野战军完成渡江作战准备。2月中旬，全地区普遍建立起各级支前机构，皖西行政公署和各专员公署均成立战勤指挥部，县、市人民政府设支前指挥部，区设支前委员会，乡设支前小组，均由各级党政主要负责人担任领导，具体承办支前工作。各地、县委采取各种方式方法，开展大规模的宣传动员工作，让支前工作成为群众自觉自愿的行动。

皖西地区支前工作的主要内容：组织各类民工，筹集粮草、钱款，设立兵站、民站，维护交通运输。各地组成随军的常备担架队、二线的常备运输队以及临时运输队。规定常备担架队和运输队成员年龄在20岁以上35岁以下，按部队建制编成团、营、连、排、班，或编成大队、中队、小队，由地方干部和群众积极分子担任各级领导；并以连（分队）为单位建立党支部，选举产生民工委员会。据不完全统计，寿县、六合、霍山、舒城4县及六安市，参加常备担架队和运输队的民工约有1.27万人，服务期限一般为6个月。临时运输队则由地方行政机关根据任务需要随时调用，仅舒城县临时民工就出工91万多个工作日。

在筹集军需方面，从1949年2月到5月，仅舒城、六合、霍邱3县和六安、三河2市就筹集渡江粮5559万斤，筹集渡江款

1007.6万元。舒城、霍邱2县及三河市支援食油6.2万斤、食盐近20万斤、军鞋近5万双。皖西山区群众积极为部队供应烧柴,其中,霍山县支援毛竹约50万根。为了做好物资的及时供应和办理运输、通信联络等事项,皖西建立起3条主要供给线,沿线设立兵站和民站。东线自水家湖、下塘集到合肥一线,西线自三河尖、河口集、叶家集、独山、张家店、施家桥到舒城一线,中线自正阳关、隐贤集、马头集、木厂埠、六安、椿树岗、山南到桃溪镇一线。各级支前指挥部组织工程队,成立船筏委员会,担负修桥补路,增设临时车站、码头,架设电话线,维护交通运输等任务。霍邱县在支前期间修路450多里,建立汽车站10多个,修桥25座,架桥4座,组织民船300多只。六安市修公路20里,修桥梁8座,保证水陆运输的畅通与安全。

1949年4月21日凌晨,百万雄师强渡长江。23日,南京解放,宣告国民党政权统治的覆灭。皖西霍邱、六安、六合、霍山、舒城、肥西等县的常备担架团、运输团随军渡江,继续转战于皖南及苏、浙、赣等省。许多民工还在后勤工作中寻机歼敌,立下战功。舒城县民工第三营的3个炊事员曾以3条扁担俘敌1个排,缴步马枪40支、机枪2挺;第一营二连的23个民工,以3支步枪、6发子弹,俘虏敌军100多人,缴长短枪70多支、冲锋枪5支、轻重机枪各1挺、掷弹筒2门。六合县民工大队在贵池俘敌1个排。民工立功者占其总人数的9%。六合县从900名民工中,评出支前英雄27人、模范19人,记功214人,发展共产党员10人。皖西民

工在完成渡江支前任务后，从 6 月底开始陆续胜利归来。

5. 剿灭残匪的胜利

国民党军从皖西败退时，于 1949 年 2 月间成立以游权为首的“皖北行政专员公署”和“皖北保安司令部”，并成立霍山、六安、岳西、潜山、舒城 5 县联防司令部。游权等匪首以留下的部分官吏、保安团队、武装特务为骨干，网罗土匪、反动道会门、地主恶霸以及地痞流氓、散兵游勇等，组成 7 个保安团、8 个自卫团和 3 个独立营，计 1 万多匪众。国民党军政残部与土匪及封建残余势力相结合，成为皖西匪患的一大特点。此时，活动在皖西三分区的成股土匪即有 5000 多人，散匪也有 3000 多人。主要股匪有黄英、刘继渊、阮志凌、潘澍师、郑荣波，以及接受我军收编后先后叛变的岳岐山、凌致和、屠纪舟等部。

为安定生活秩序，皖西区党委把剿灭顽匪作为当时的三大任务之一。皖北区党委成立后，继续把“彻底肃清残余武装匪特，安定社会秩序”作为中心工作之一，积极进行剿匪准备工作。皖西剿匪经历了两大阶段。1949 年 8 月底前为分区清剿阶段，先是重点歼灭对支前工作和发动群众妨害最大的股匪，大军渡江以后对顽匪实行全面清剿，皖西平原地区的残匪除少数潜伏当地外，大部逃往山区。9 月以后为鄂豫皖三省会剿阶段，9 月 30 日在帽顶山活捉匪首汪宪等人。到 12 月底，基本上消灭大别山及其周围地区有活动的匪特。社会秩序得以安定，反霸斗争全面开展，基层政权全部建立，为全面实行土地改革，恢复和发展生产创造了条件。

1949年10月1日，中华人民共和国成立。消息传来，皖西广大人民奔走相告，热烈庆祝。六安地直机关召开庆祝大会，各县、市均召开万人庆祝大会，许多区镇也分别举行了数千人庆祝大会。群众手执彩旗，抬着党和国家领导人的巨幅画像和各种标语牌欢呼。夜晚，城镇和一些农村燃放焰火，表演狮子舞、龙灯、高跷、花船、秧歌、花鼓和其他各种文娱节目。人们纵情狂欢，庆祝中国人民在中国共产党的领导下，终结了帝国主义对中国的侵略和国民党政权的黑暗统治，迎接幸福美好的未来，奔向社会主义的锦绣前程。

★★★★★

结　语

六安是全国著名的革命老区，是有着光荣革命传统的一片红色土地。红色是六安的鲜明底色，是六安的亮丽名片，也是今天六安革命老区“弘扬红色精神、致力绿色振兴”的精神之源。

六安红的时间很早。早在新文化运动和马克思主义刚传入中国之际，六安革命先辈就积极传播进步思想，开展救国救民的探索实践。1920年，六安三农的进步师生组织“中国革命小组”，建立了学习传播马克思主义的组织。大革命时期，一大批六安进步青年远赴欧洲、东渡日本，或到黄埔军校、上海大学等地学习进步思想，他们回乡之后建立党团组织，传播马克思主义。1923年，安徽省第一个农村党支部——中共小甸集特支在时属六安的寿县建立；1924年，中共笔架山农校党小组在今金寨县境内成立；1925年，六安城关第一个支部——中共六安特支成立。此后，各县纷纷成立共产党组织，六安成为中国共产党在安徽省开展革命活动的重要地区。

六安红的历程很长。从中国共产党成立到新中国诞生，六安

28 年红旗不倒；从 1929 年立夏节起义和六霍起义开始，六安 20 年武装斗争从未间断。土地革命时期，六安是鄂豫皖革命根据地的中心地带，是安徽省红色区域的中心。1929 年爆发的立夏节和六霍两大起义震动全国，建立了豫东南和皖西革命根据地，为鄂豫皖革命根据地的形成奠定了基础。1932 年，红四方面军在六安苏家埠战役中歼敌 3 万余人，取得了红军史上的空前大捷，形成了鄂豫皖革命根据地的鼎盛局面；六安苏区开展了轰轰烈烈的土地革命，是全国苏区建设的模范地。第四次反“围剿”失利后，红四方面军转移川陕，六安的革命斗争始终在坚持。六安军民在中共皖西北道委的领导下，开展了长达 5 年的艰苦卓绝的游击战争，保卫土地革命斗争果实，使党的旗帜高高飘扬在大别山上。从这里走出的红二十五军，是四支红军长征队伍中第一支到达陕北的队伍，为党中央立足陕北奠定基础；留在大别山的红二十八军，是三年游击战争时期南方八省游击队中唯一一支成军级建制的红军队伍，后改编为新四军第四支队，是全面抗战初期新四军四个支队中人数最多、力量最强的一个支队。全面抗战时期，六安是安徽省的抗战指挥中心、活动中心。全面抗战初期，新四军第四支队指挥机关进驻舒城县东、西港冲，六安是第四支队抗日的指挥中心和巩固后方，第四支队在六安发展壮大，后成为江淮敌后抗日的主力军。在整个抗战期间，六安绝大部分地区未成为沦陷区，是国共两党在安徽合作抗日的指挥中心。国民党安徽省政府和第二十一集团军先后驻扎六安、立煌，在大别山建立游击根据地，六安因此成为国民党在安徽抗战的指挥中心。中共中央和长江局派出大批干部，在六安境内先后建立了中共安徽工委、安徽省工委、鄂豫皖区党委和皖西省委等党组织，六安也因此成为中国共产党在安徽开展抗日的中心之一。由国共两党合作成立的安徽省民众总动员委员会，是全面抗战初期国共合作抗日的典范。六安还是华东抗战人才的输送中心。国共两党在六安境内举办多期干部培训班，在六安受训的各类干部和人才被派往华东各根据地，为建立和发展皖江、淮南、淮北等抗日民主根据地奠定人才基础。解放战争时期，六安是解放战争中原突围和千里跃进大别山两大转折的见证地，是人民解放军夺取全国胜利的前进基地。六安见证了中原突围中皮定均铁流千里的军史奇迹，皮旅激战清风岭、强渡磨子潭等英勇故事流传至今。六安更是刘邓大军千里跃进大别山的重要目的地，刘邓大军第三纵队在六安张家店取得大捷，赢得了刘邓挺进大别山以来的第一次重大胜利，为刘邓大军在大别山站稳脚跟奠定了基础。刘邓大军的四个纵队中，第三纵队和第二纵队主要活动在六安境内，六安军民为建立大别山根据地做出了重要贡献。在解放大军进行淮海决战、渡江作战时，六安人民积极踊跃地支援前线，成为解放大军的前进基地和渡江后的巩固后方，为新中国的成立做出了重要贡献。

六安红的范围很广。革命战争年代，六安的山山水水都经历过血与火的洗礼，每一寸土地都流淌过先辈的热血，每一寸土地都有先烈英勇战斗的足迹。从六安所辖县区来看，各县区均为革命老区，其中金寨、霍山、霍邱和原六安县属苏区县。1932 年夏，鄂豫皖苏区鼎盛时期面积达 4 万平方公里、人口 350 余万，其中现六安市境苏区面积就有 1.2 万平方公里、苏区人口约 130 万，另有游击区 4000 平方公里、人口约 100 万。六安境内的苏区是当时安徽省最大的红色区域，是鄂豫皖革命根据地的重要组成部分。六安是一座没有围墙的红色博物馆，全市 500 多处红色革命遗迹，铭刻着中国共产党领导六安人民为民族独立和人民解放而英勇奋斗的光辉历程。在血与火的革命战争年代，这里发生过在全国有重大影响的立夏节起义、六霍起义、苏家埠战役、刘邓大军挺进大别山及张家店战斗等重大革命历史事件，六安境内的革命遗址遗迹数量之多、等级之高，位居安徽省各市前列。这些革命遗址遗迹既是时代的烙印、历史的记忆，也是我们今天见证初心的精神高地，在传承红色基因中发挥着重要作用。

六安红的颜色很深。六安是红军的摇篮，是人民军队的重要发源地。土地革命时期，六安的地方武装成建制地编入主力红军，在六安境内先后组建了 18 支(次)红军师级以上主力队伍。在红四方面军成立之初的 7 个师、2 个旅和 1 个团中，在六安组建的就有 5 个师和 1 个旅。先后从皖西走出的红四方面军主力、红二十五军、红二十八军等革命武装，后来成为八路军、新四军的重要组成部分，成为组建人民解放军的骨干和源头。六安为人民军队的发展壮大做出了巨大贡献。六安是一片英雄热血染红的热土，新民主主义革命 30 年间，六安有 30 万先烈英勇捐躯。新中

国成立后，六安籍在册烈士有2.56万多人，占全省的44%；《中华英烈大辞典》中全国入典英烈1.5万名，六安有635名。在幸存的革命者中，一大批六安人成为中国革命的骨干力量。在1955年至1964年被授予少将以上军衔的六安籍将军有108位，位居全国地级市第三位。革命先辈的英雄业绩彪炳于史册，镌刻在人民的心中，永远值得我们学习和继承。

大事记

1918年

9月，朱蕴山邀请桂月峰来到六安，筹集经费，开办六安三农。

1919年

春，六安三农正式开学，沈子修任校长，桂月峰任学监，朱蕴山任文牍兼修身教员，其他教员也多是思想进步的教育界名流。

5月，五四运动爆发后，六安本地的青年学生、工人、工商业者纷纷加入了反帝爱国运动的行列。

1920年

年初，六安三农教师朱蕴山、桂月峰和学生会会长翟其善等人组建了安徽最早学习宣传马克思主义的组织——“中国革命小组”。

9月，六安、麻埠等地的黄烟工人举行第一次“挂刨子”斗争，要求增加工资，并取得胜利。1920年至1924年，黄烟工人三次举行“挂刨子”斗争。

秋，霍山县第六区在燕溪小学校长徐狩西、教师刘长青的倡导下，成立了马克思主义学习小组。

是年，六安三农在六安城区创办平民夜校。

1921年

1月，高语罕编写的《白话书信》出版，这是安徽最早、最系统传播马克思主义的书籍。

4月，蒋光慈、韦素园离开上海赴俄国学习。

1922年

秋，六安三农、城关第一高小以及以许继慎、宋伟年、胡苏明、周范文为骨干的“旅外同学会”，在沈子修、朱蕴山等人支持下，与黄烟、杠抬工人一起发起“驱骆运动”，赶走反动县知事骆通。半年时间内，迫使反动政府连续撤换四任县知事。

1923年

5月4日，六安学生在学生联合会的主持下，组织500多人集会游行示威，掀起抵制日货运动。

1924年

夏，六安、霍山两县农民大刀会分别攻占两县城。1925年至1926年，中共北方区委书记李大钊两次派人来皖西，调查并争取大刀会。

1925年

冬，中共六安特别支部在六安城关建立，王绍虞任书记，直属中共中央领导。特支以开设青年实业社(经营宁波式木器)为掩

护，从事工农运动。

1926 年

2 月，许继慎在六安县土门店介绍其弟许希孟和王子久、李童入党，建立中共土门店小组，许希孟任小组长。土门店小组在郝家集、苏家埠、两河口一带做群众工作，发展党员。

2 月，樊逸仙从上海东吴大学毕业后回乡，在霍邱县乌龙庙、河口集和陡岗一带组织穷人会和烟业工会。

6 月，中共乌龙庙特支成立，樊逸仙任书记，下设 5 个分支部。

9 月，沈子修、朱蕴山在霍山和六安策划地方民军起义，后起义部队被编入国民革命军第三十三军。

1927 年

3 月，国民革命军第三十三军北伐到达霍山、六安。

8 月，根据中共安徽省临委的决定，中共六安特别区委员会在六安城西门外的紫竹林小庙成立，胡苏明任书记，领导六安、霍山、霍邱、合肥 4 个县党的工作。

10 月，中共霍山支部(舒家庙支部)在豪猪岭成立，舒传贤任书记；接着，中共霍山西镇支部成立，刘仁辅任书记；中共霍英边区支部成立，徐育三任书记。

10 月，中共霍邱特别支部成立，袁新民任书记。

10 月，国民党在皖西地区"清党"，中共六安特别区委组织共产党员陆续撤退到农村，党的工作重心转入农村。

10 月，中共安徽省临委决定以六安为重心，划六安、霍山、霍

邱、英山、寿县5个县为第一暴动区，成立中共皖中特别委员会，由省临委执委书记周范文任书记。

1928年

1月29日，中央巡视员尹宽在六安县南岳庙召开六安、霍山、霍邱3县党的活动分子会议，成立中共六霍县委，王逸常任书记，准备开展以武装起义为中心的各项工作。

7月27日，中共霍邱县委为响应阜阳四九起义，举行文字暴动。

秋，中共皖西党组织派毛正初、李野樵、刘淠西、朱体仁、汤业建、何祥仁、陈法权等党员利用社会关系，纷纷打入国民党地方党组民团。

1929年

1月，中共六霍县委撤销，六安、霍山分别成立县委，归中共安徽省临委指导。邹同祁任中共六安县委书记，舒传贤任中共霍山县委书记。

3月11日，周恩来在上海英租界召开安徽省临委和六霍县委负责人会议，解决省临委和县委对六霍暴动问题的意见分歧。

5月初，中共霍山县委领导发动诸佛庵民团兵变，由担任诸佛庵民团团总的中共霍山县委委员刘淠西率部起义。这是土地革命战争时期安徽省境内第一次武装起义，拉开了六霍起义的序幕。

5月17日，中共六安县西北区委领导发动武陟山农民暴动。

5月19日，中共六安县委委员桂伯炎、袁继安等人领导南庄畈六保联络自卫团起义，成立了六安六区游击队。

5月24日，中共中央决定撤销中共安徽省临委，由中央直接领导六安、芜湖、安庆、阜阳4个中心县委。

5月，中共六霍军事委员会成立，舒传贤任军委书记。

8月5日，中共中央巡视员方英在豪猪岭召开六安、霍山、霍邱、寿县等县党的联席会议，讨论武装暴动问题。

10月6日，方英在六安县郝家集召开六安、霍山、霍邱、寿县、英山、合肥6县党的代表会议，宣布成立中共六安中心县委，舒传贤任书记，领导6个县党的工作。会议决定根据党的六大决议精神，准备发动武装起义。

11月8日，六安县独山爆发农民起义。9日，中共六安中心县委决定扩大斗争成果，要求六安各区和邻近各县配合独山武装起义。独山起义后，组建了六安三区工农革命委员会，内设政治部、参谋部、财政部、总指挥部，鲍益三任总指挥，方英任党代表；组建六安三区游击队，冯晓山任队长。

11月16日，中共六安中心县委委员桂伯炎、袁继安等领导六安六区古碑冲、南庄畈、七邻湾一带农民起义。起义胜利后，六区游击队扩建为游击大队，桂伯炎任大队长。

11月19日，中共六安中心县委书记舒传贤和中共霍山县委书记喻石泉领导西镇农民起义。在商南红三十二师的协助下，起义队伍先后攻克闻家店、燕子河、楼房湾、长山冲、漫水河，歼敌西

镇自卫团等地主武装。起义胜利后，成立西镇革命委员会和军事指挥部，组建了一支360人的游击队，徐育三任总指挥。

1930年

1月6日，中共六安中心县委在横塘岗召开第二次全委会议，讨论军事组织原则。会议决定把独山起义武装编为安徽红军第一游击队纵队，冯晓山任队长；把霍山西镇游击队编为安徽红军第二游击纵队，徐育三任队长。

1月20日，中共六安中心县委在流波ⓓ召开常委与游击队党团负责人会议，决定成立中国工农红军第十一军第三十三师，徐百川任师长，鲍益三任党代表。红三十三师是安徽省境内组建的第一支红军主力队伍。

1月30日，红三十三师第一次攻占霍山县城。这是红军在安徽省境内攻下的第一座县城。

2月中旬，红三十三师在红三十二师配合下，先后攻克麻埠、独山，恢复皖西苏区。

3月21日至25日，中共六安中心县委在七邻湾召开六安、霍山、霍邱、合肥、英山、寿县和红三十三师党的联席会议，做出了关于反对机会主义、政治任务、六县工作计划、群众工作、军事问题、宣传教育、纪律问题、秘密问题和六县C·Y工作等9项决议案。

4月12日，霍山县苏维埃政府成立。这是安徽省境内成立的第一个县级苏维埃政权。

4月中旬，中共六安中心县委收编了活动在寿县、六安、舒城

一线的土匪权广义部,编为工农革命军第三十五师。

4月,皖西革命根据地初步形成。根据地范围包括六安、霍邱、霍山、英山、潜山5县毗邻地区,东起淠河,西接商南,南抵金家铺、水吼岭,北至白塔畈、丁家集,南北200多里,东西100多里,人口40多万。

5月23日,红一军前委在流波[石童]召开六安中心县委和红二师、红三十三师师委联席会议,决定将红二师一部和红三十三师合编为红一军第三师,周维炯任师长。红一军第三师的改编标志着鄂豫皖边区工农红军改编顺利完成。

7月初,中共六安中心县委在豪猪岭召开六安、霍山两县党的联席会议,成立六霍总暴动指挥部。会后决定建立中国工农红军中央独立第一师,徐百川任师长;另成立六霍赤卫师,车厚桥任师长。

7月,中共六安中心县委决定建立前方办事处,周狷之任主任,机关设于六安城。后因叛徒出卖,周狷之被捕牺牲,前方办事处工作亦停止。

8月上旬,因红一军主力离开皖西,敌大举进攻皖西苏区,中央独立第一师和六霍赤卫师寡不敌众,六霍总暴动失败。22日,六安中心县委决定撤销六霍总暴动指挥部,停止盲目的武装起义,剩余力量转移到商南一带。

10月,蒋介石在武汉部署第一次"围剿",国民党8个师近10万兵力进攻鄂豫皖苏区,皖西苏区遭到摧残。

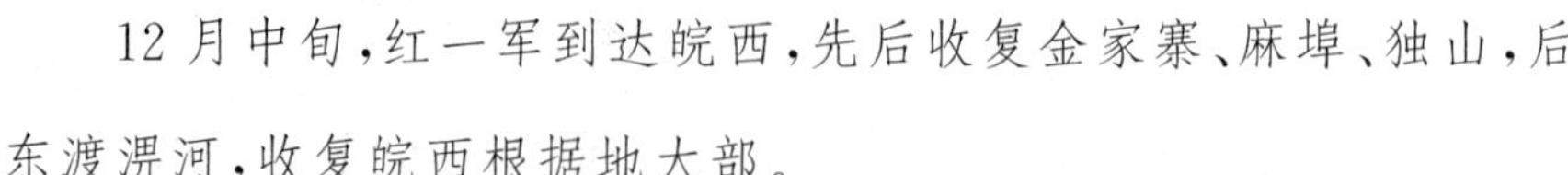

12月中旬，红一军到达皖西，先后收复金家寨、麻埠、独山，后东渡淠河，收复皖西根据地大部。

12月30日，红一军第一师、第二师在游击队和赤卫队的配合下，在六安县东、西香火岭歼敌第四十六师3个团，毙俘敌3000余人，粉碎敌人对皖西地区的“围剿”。

1931年

1月中旬，红一军和红十五军在麻城改编为红四军，旷继勋任军长。

1月20日，根据中共鄂豫皖临时特委决定，中共皖西分委成立，姜镜堂任书记，领导六安、霍山等9县工作；建立鄂豫皖特区苏维埃政府东方办事处，由余道江负责；成立皖西分军委，姜镜堂兼任主席。中共六安中心县委和六英霍行动委员会撤销。会议决定将六安、霍山两县合并成立中共六霍县委和县革命委员会，在非苏区仍设前方办事处。

2月15日，共产党员魏孟贤、柴鸿儒在驻守六安城的敌第四十六师中以年关闹饷的名义，领导发动敌二七二团两个营士兵起义，取得胜利。

2月15日，中共安徽省委员会成立，将全省划为4个中心区，红色区域以霍山为中心，白色区域以安庆、合肥、屯溪为中心。

2月25日，中共安徽省委做出《皖西工作决议案》，指出皖西党的总任务是“以苏维埃政权运动为中心，建立红军，巩固苏维埃，建立党，扩大群众的组织，解决土地问题”。

3月中旬，蒋介石调集10多个师、12万多人，开始部署对鄂豫皖苏区第二次“围剿”。

4月上旬，敌人开始进攻皖西苏区。

4月25日，红四军主力攻占独山，歼敌2000多人。

4月27日，中共皖西北特委在金家寨召开第一次扩大会议，标志着王明“左”倾教条主义错误统治开始。

5月1日，皖西北特区苏维埃政府成立，吴宝才任主席。

5月初，六安淠河以西农民起义，毛正初任总指挥，取得胜利。至此，六安县淠河以西地区全部成为苏区。

5月，六安县苏维埃政府在独山正式成立。

6月28日，中共鄂豫皖中央分局召开第一次扩大会议，全面贯彻王明“左”倾教条主义错误政策，并做出《对皖西北特委工作决议》。

9月中旬，陈昌浩奉张国焘之命到皖西麻埠开始“肃反”。至年底，皖西党组织领导人舒传贤、桂伯炎等和成批干部战士被错误杀害。

10月下旬，中国工农红军第二十五军在六安县麻埠成立，旷继勋任军长，王平章任政委。

12月，中共皖西北特委改称中共皖西北道委，王平章任书记，吴宝才任道区苏维埃主席。

1932年

3月上旬，中共皖西北道委将5县（六安、霍山、英山、罗田、商

城)边区苏维埃管辖地区和霍山县第六区及流波𥕢一带划为五星县，以燕子河为县城，成立中共五星县委、五星县苏维埃政府和少共县委。

3月21日，红四方面军发起苏家埠战役，第十师、第十一师和第七十三师渡过淠河，围攻青山店、苏家埠、韩摆渡之敌。经过48天战斗，活捉敌军总指挥厉式鼎和5个旅长、12个团长，歼敌19个团和2个警备旅，3万多人(其中俘虏18000多人)，缴枪16000多支、机枪250挺、炮44门、电台5部，击落飞机1架，取得了鄂豫皖苏区空前大胜利。

5月15日，红二十五军一部攻占霍邱县城。

5月24日，蒋介石亲任鄂豫皖三省"剿匪"总司令，部署第四次"围剿"。

6月15日，敌开始大举进攻皖西苏区。

6月，霍邱县召开苏维埃代表大会，并将霍邱县更名为"红城县"。

6月，随着第三次反"围剿"的胜利，鄂豫皖根据地达到鼎盛局面。革命势力控制面积为4万平方公里，根据地人口为350余万。红四方面军主力发展到45000多人，地方独立团、游击队、赤卫队等武装20多万人。

7月12日，红二十五军与进攻霍邱县城之敌激战，红军将士千余人牺牲，千余人被俘，军长旷继勋率100多人突围。

9月中旬，皖西苏区独山、麻埠、流波𥕢、英山、金家寨等地先

后失陷。中共鄂豫皖中央分局在燕子河召开会议，决定向西转移。

10月初，中共鄂皖工委成立，郭述申任书记；红二十七军成立，刘士奇任军长，郭述申任政委。鄂皖工委率红二十七军和2万多名地方干部群众向东线转战，保存了革命力量。

11月，国民党划六安、霍山、霍邱、商城、固始5县边区，设立煌县，以金家寨为县城。

冬，中共皖西北道委成立皖西北游击司令部，道区苏维埃主席吴宝才兼任总指挥。

1933年

4月下旬，中共皖西北道委再次组建红八十二师，卢永彬任师长。

9月10日，皖西北中心区保卫战开始。

10月初，红二十五军转到皖西修整，与红八十二师会合。中心区失陷后，红二十五军返回鄂东北，红八十二师和一路、二路、三路游击师坚持皖西斗争。

1934年

8月9日，中共鄂豫皖省委率红二十五军转移到皖西北，决定由皖西北道委负责在霍山、英山、罗田交界处开辟新的苏区。

9月28日，中共皖西北道委书记郭述申被鄂豫皖省委错误撤销职务，由高敬亭任皖西北道委书记。

11月初，中共皖西北道委派红八十二师和三路游击师前往霍山、舒城等地做试探性游击活动。

11月11日,中共鄂豫皖省委根据中央指示和根据地实际情况,决定率红二十五军向平汉路以西转移,留部分武装重建红二十八军。

11月16日,红二十五军2980余人在军长程子华、政委吴焕先的带领下,从罗山县何家冲出发,开始长征。

11月中旬,中共皖西北道委决定组建红二一八团,坚持武装斗争。

1935年

1月底,中共皖西北特委成立,刘敏任书记。特委领导合肥县委、寿县县委、舒城区委、六安张家店特支等党的工作。

2月3日,中共皖西北道委决定第三次组建红二十八军,高敬亭任政委,统一领导鄂豫皖边区党政军工作。

2月16日,红八十二师在舒城县白果树召开会议,决定在舒城、霍山、潜山、太湖4县交界处创建游击根据地;成立中共皖西特委和二四六团,由徐成基任特委书记兼团政治委员。

2月,红二十八军和地方党组织大力发展便衣队,至1936年冬发展到82个队,另有16个小队。

5月7日,红二十八军决定主力西进桐柏山,北上与红二十五军会合。

5月底,因敌人前堵后追,红二十八军返回鄂豫皖边区坚持游击战争。

7月2日，重返皖西的红二十八军与皖西特委、二四六团和皖西二路游击师会合。决定将皖西一路、二路游击师编入红二十八军，皖西特委继续巩固发展霍岳潜太游击根据地。

9月13日，红二十八军在潜山遭敌追击，林维先率部掩护高敬亭和主力脱险。此后，红二十八军决定将主力临时分散活动，由方永乐率红二十八军主力到潜山、霍山、六安、舒城一带活动。

10月上旬，方永乐率红二十八军主力在舒城与二四六团会合。对部队进行了整编，组建了五路游击师，梁从学任师长。

1936年

3月上旬，红二十八军召开营以上干部会议，高敬亭提出"化整为零、集零为整"的方针，跳出包围圈，以营为单位分散活动。其中梁从学率二四五团活动在皖西地区。

1937年

7月22日，鄂豫皖边区的共产党代表何耀榜，国民党督办公署代表刘刚夫、安徽省政府代表在岳西青天畈谈判。28日，双方达成停止内战、合作抗日的协议。

8月，在1932年7月霍邱保卫战中被捕的共产党员从国民党南京、苏州监狱释放，黄岩、吴皓、李华封等人先后回乡，开展抗日救亡工作。

10月下旬，红二十八军各部队和鄂东北、皖西北地方党组织及其所属的地方武装、便衣队等，在湖北七里坪、宣化店等地集中，暂编为"鄂豫皖工农抗日联军"。

10月,外地抗日救亡团体先后来到皖西地区,掀起了轰轰烈烈的抗日救亡运动。

1938年

1月26日,国民政府任命李宗仁为第五战区司令长官兼安徽省政府主席。

2月13日,李宗仁在六安宣誓就任安徽省政府主席。

2月23日,安徽省民众总动员委员会在六安正式成立。动委会是中国共产党与国民党合作抗日的一种组织形式,机关设在六安文庙。

2月,鄂豫皖边区红军和游击队正式改编为新四军第四支队,高敬亭任司令员,林维先任参谋长。

3月下旬,新四军第四支队会师流波𥔲,宣布成立第四支队军政委员会,高敬亭为主席。

4月初,第四支队大部抵达皖中地区,第四支队指挥机关后于5月上旬进驻舒城东、西港冲。

4月,中共中央长江局派彭康来六安,宣布成立中共安徽省工委,统一领导安徽长江以北地区党的工作。

4月,中共安徽省工委将皖中工委改为中共舒城中心县委,领导无为、庐江、巢湖、桐城、舒城五县党的工作,机关迁至舒城东沙埂(后迁往晓天)。

5月12日,新四军第四支队一部在巢湖东岸蒋家河口伏击日军船只,歼敌20多人,打响了新四军华中抗日第一枪。

5月下旬，董必武从武汉来六安，召集彭康、朱蕴山等人研究抗日问题。后到舒城视察新四军第四支队，传达中共中央关于持久开展敌后游击战争的指示。

6月15日，日军飞机轰炸流波碹，中共六安县委书记邹同礽在指挥群众避难时牺牲。

6月，中共安徽省工委、国民党安徽省政府、安徽省民众总动员委员会先后从六安迁至立煌。

8月上旬，高敬亭在舒城县西港冲召开会议，部署对日作战。

8月，以中共舒城特支为基础，成立了中共舒城县委，鲍有苏任书记，徐平任组织部部长，林轩任宣传部部长。

9月25日，日军教导队1500余人从霍山城向西进犯，在鹿吐石铺一带遭到国民党驻军和地方保安团痛击。至27日晚，日军被歼灭1370余人，被俘10余人。此战被称作“鹿吐石铺大捷”。

1939年

3月初，中共鄂豫皖区委员会成立，领导津浦路以西、平汉路以东、浦信公路以南地区党的工作。区党委机关设在白水河新四军第四支队兵站。

3月，中共舒城中心县委改为舒无地委，下辖舒城、庐江等7县，黄岩任书记兼江北游击纵队政委。

春，根据中共鄂豫皖区委指示，中共寿六霍中心县委改为中共六安中心县委，吴皓任书记，负责六安、霍山、霍邱3县党的工作。

5月5日，新四军江北指挥部成立，张云逸兼任指挥。

5月10日，叶挺、张云逸、罗炳辉抵达舒城县西港冲，召开新四军第四支队连以上干部和游击队长会议，检查布置工作。

7月24日，中共鄂豫皖区委机关和大部分工作人员由立煌县迁往庐江县东汤池。

9月，因中共六安中心县委机关迁至霍邱境内，改为霍邱中心县委。

10月，中共立煌市委成立，后同立煌县委合并为中共立煌中心县委，李丰平任书记，负责立煌、霍山、商城3县党的工作。

1940年

1月，李品仙任国民党安徽省政府主席，掀起反共高潮，共产党员和进步人士撤离皖西，桂系完全控制了省动委会。

2月，中共皖西省委在立煌县余家湾成立，李丰平任书记，领导立煌、霍邱两县中心县委。

3月8日，中共皖西省委移驻到霍邱县众兴集与洪集之间的刘家仓房。省委主要工作是组织已暴露身份的同志撤离大别山区，到4月底先后组织了3000多名共产党员、进步人士撤离。

4月，中共皖西省委和霍邱中心县委撤销。

1941年

3月，林维先率新四军第三支队挺进团开进大别山东部地区，开辟桐怀潜舒地区，创建游击根据地。

1943 年

2 月，中共皖东津浦路西地委决定成立中共寿六工委，赵凯任书记。组建寿六霍合武工大队，依托寿东南抗日根据地，在 4 县边区开辟抗日游击区。

3 月 28 日，中共桐怀潜中心县委成立，胡继亭任书记，所辖舒城、桐城、潜山工委负责 3 县边区党的工作。

1944 年

1 月，李品仙纠集桂系、省保安团及地方土顽 5 万多人，全面“清剿”皖西共产党员及武装。

1945 年

8 月 15 日，日本宣布无条件投降，皖西各县相继召开大会，庆祝抗日战争的伟大胜利。

10 月，钟大湖、桂林栖率皖西大队来到大别山东部，决定改中共舒桐潜工委为中共皖西工委，桂林栖任书记。

1946 年

1 月 3 日，中共寿六合霍工委和寿六合霍县政府成立，赵凯任工委书记兼县长。组建寿六合霍县总队，冯道生任队长。

7 月，中原军区第一纵队第一旅在旅长皮定均率领下，在完成掩护主力突围任务后，东进大别山。先后到达立煌县吴家店、霍山县漫水河，后激战清风岭、强渡磨子潭，经舒城县晓天、六安县毛坦厂跳出包围圈，于 7 月下旬抵达苏皖解放区。

10 月，中共皖西工委决定成立皖西支队，钟大湖任支队长。

至1947年2月，全支队编为5个大队。

1947年

3月中旬，鄂西北军区副司令员刘昌毅率部转战到皖西地区。

3月27日，刘昌毅率部与皖西支队会合，成立皖西人民自卫军。

8月7日，刘伯承、邓小平奉命率晋冀鲁豫野战军直属队和第一、二、三、六纵队共12.4万多人向大别山挺进。

8月27日，大军渡过淮河，进入大别山区。

8月30日，中共中央中原局发出重建大别山根据地的指示，刘伯承、邓小平命令第三纵队向皖西展开，太行南下干部大队500多人随第三纵队行动。

8月30日，中共中央中原局将大别山区划为豫东南、鄂皖、皖西、鄂东4个工作区。中共皖西工委仍由桂林栖任书记。

8月31日，三纵七旅攻占霍邱县叶家集，歼敌480多人。

8月，皖西人民自卫军整编为3个支队，共4000余人。

9月2日，三纵九旅解放六安城，后建立中共六安县委和县民主政府。

9月3日，三纵七旅十九团解放霍山县城，宣布成立中共霍山县工委和县民主政府。

9月8日，三纵八旅二十三团解放舒城。

9月中旬，中共鄂豫一地委决定成立霍邱、霍固两县。至10月，开辟霍邱、霍固县工作。

10月6日至10日，三纵将敌第八十八师六十二旅包围于六安县张家店。9日晚，三纵发起总攻，至10日4时全歼敌军，取得张家店大捷。战斗中，共毙伤敌900多人，俘敌4700余人，取得了刘邓大军在无后方依托条件下首次歼敌一个旅的重大胜利。

10月12日，中共中央中原局发出创建大别山解放区的指示，决定成立鄂豫区党委和皖西区党委、行署、军区。

11月4日至12日，刘伯承、邓小平在太湖县刘家畈召开会议，决定成立中共皖西地区委员会，彭涛任书记；成立皖西行政公署，罗士高任主任；成立皖西军区，曾绍山任司令员。三纵3个旅各分出一个团，以及纵队教导团、补充团，与皖西人民自卫军组成皖西军区部队，共1万多人。

11月7日，鄂豫一分区部队两个连进占霍邱县城。

11月15日，中共皖西区委、皖西行署和皖西军区正式成立。

11月29日，中共皖西区委在舒六县三石寺宣布成立皖西第一、二、三地委和专署、军分区。

1948年

1月1日，中共皖西区委机关报《皖西日报》创刊。

2月25日，刘伯承、邓小平命令三纵、六纵向淮河以北集结，转出大别山。

8月15日，皖西军区独立旅在舒城县毛竹园成立，马忠全任旅长。

9月23日至10月4日，中共皖西区委先后在舒六县三石寺

和潜山县官庄连续举行区党委扩大会议。

12月3日，皖西独立旅解放霍山县城。

12月下旬到1949年初，中共皖西区委、中共鄂豫区委调整行政区划，将原属皖西的县划归皖西，基本恢复了原来的县市建制和隶属关系。

1949年

1月21日，皖西三分区基干一团解放六安。

1月22日，华东野战军第七支队一部解放舒城。

1月24日，国民党六安县自卫团接受改编。

1月25日，六安市成立。

1月26日，霍邱县城解放。

1月下旬，中共皖西区委、皖西行署、皖西军区以及皖西三地委、专署、军分区领导机关，从舒六县的晓天、毛坦厂等地移驻六安城。

1月，国民党在皖西溃逃时，有计划地留下一部分保安团队、武装特务，妄图依靠大别山做垂死挣扎。

2月，皖西地区兴起支援解放大军渡江热潮。

3月下旬，第二野战军刘伯承司令员等首长进驻六安城北小学。

4月3日，第二野战军司令部抵达舒城。

4月16日，皖北军区司令部发布第一号剿匪命令，以皖西三分区为主力组成剿匪兵团，成立六安军分区剿匪司令部，曾庆梅

任指挥兼政委，重点清剿六安、霍邱、金寨地区之股匪。

4月，中共皖北区委成立，决定成立中共六安地委、六安专署和军分区，辖六安、寿县、霍邱、舒城、金寨、霍山6个县。

5月，地委、专署、军分区正式成立，马芳庭任地委书记，刘征田任专员，吴先洪任军分区司令员。

6月初，第二野战军第二十八师及徐州警备第五团开到皖西，与皖北军区剿匪部队组成剿匪兵团，在六安设立了第二剿匪指挥部。

6月，六安军分区地方武装解放流波■，皖北军区警备四团解放白塔畈。

8月，鄂豫皖边区剿匪指挥部在武昌成立，下设东线、南线、北线3个剿匪指挥部。其中东线剿匪指挥部于8月25日在麻埠成立，梁从学兼任司令。

9月30日，匪“鄂豫皖边区人民自卫军”总司令汪宪等人在金寨县白水河被活捉。

10月1日，中华人民共和国成立，六安地区直属机关和各县召开庆祝大会。

参考文献

[1]皖西革命斗争史编写组.皖西革命回忆录(第二次国内革命战争时期)(上)[M].合肥:安徽人民出版社,1980.

[2]皖西革命斗争史编写组.皖西革命回忆录(第二次国内革命战争时期)(下)[M].合肥:黄山书社,1984.

[3]谭克绳,欧阳植梁.鄂豫皖革命根据地斗争史简编[M].北京:解放军出版社,1987.

[4]中共六安地委党史工作委员会.皖西革命史[M].合肥:安徽人民出版社,1987.

[5]《六霍起义》编辑委员会.六霍起义[M].北京:中共党史资料出版社,1989.

[6]中共霍山县委党史办公室.霍山革命史(1919—1949)[M].合肥:安徽人民出版社,1989.

[7]中共六安地委党史工作委员会.皖西革命回忆录(第二部 抗日战争时期)[M].合肥:安徽人民出版社,1989.

[8]中共信阳地委党史资料征编委员会.刘邓大军挺进大别

山史[M].郑州:河南大学出版社,1989.

[9]中国工农红军第四方面军战史编辑委员会.中国工农红军第四方面军战史[M].北京:解放军出版社,1989.

[10]中国工农红军第二十五军战史编委会.中国工农红军第二十五军战史[M].北京:解放军出版社,1990.

[11]《金寨县革命史》编委会.金寨县革命史[M].合肥:安徽人民出版社,1991.

[12]中共六安地委党史工作委员会.皖西革命回忆录(第三部 解放战争时期)[M].合肥:安徽人民出版社,1991.

[13]中共舒城县委党史办公室.舒城革命史[M].合肥:安徽人民出版社,1991.

[14]中国工农红军第四方面军战史编辑委员会.中国工农红军第四方面军战史资料选编(鄂豫皖时期)(上)[M].北京:解放军出版社,1993.

[15]中国工农红军第四方面军战史编辑委员会.中国工农红军第四方面军战史资料选编(鄂豫皖时期)(下)[M].北京:解放军出版社,1993.

[16]中共霍邱县委党史工作委员会.霍邱革命史[M].合肥:安徽人民出版社,1994.

[17]中共六安地委组织部,中共六安地委党史工委办公室,六安地区档案馆.中国共产党安徽省六安地区组织史资料[M].合肥:安徽人民出版社,1995.

[18]中共六安县委党史办公室.六安革命史[M].合肥:安徽人民出版社,1995.

[19]湖北省鄂豫边区革命史编辑部.中原突围史[M].北京:军事科学出版社,1996.

[20]中共河南省委党史研究室,中共安徽省委党史研究室.鄂豫皖革命根据地史[M].合肥:安徽人民出版社,1998.

[21]中共安徽省委党史研究室.中国共产党安徽地方史(第一卷)[M].合肥:安徽人民出版社,2000.

★★★★★

后 记

红色六安是红色安徽、红色中国的一个重要组成部分。《红色六安》全书共分为八章，以时间顺序为主线，记述了新民主主义革命时期六安人民在中国共产党领导下为实现民族独立、人民解放而英勇奋斗的历史，是安徽红色历史记忆中耀眼的篇章。

在六安这片红色热土上，无数共产党人和革命志士为了民族的解放和人民的幸福，用鲜血和生命谱写了一曲曲惊天地、泣鬼神的英雄赞歌，他们不仅开创了人民的千秋大业，而且培育了崇高的革命精神。中国共产党领导六安人民革命所创造的红色历史、红色文化、红色精神，与全国其他革命老区的红色精神一起，已经融入中华民族的血脉、中华民族的文化和中华民族的情感之中。

本书在编写过程中，得到了中共六安市委党史和地方志研究室及蒋二明、汤祖祥等同志的大力支持，采用了六安市委史志室

（原市委党史研究室）征集、保存的文献资料，参考了《皖西革命史》《皖西革命回忆录》等图书资料，也得到了中共安徽省委党史研究院第七研究室、安徽大学历史系专家的支持和帮助。在此，向所有关心、支持本书编辑出版的单位和同志，向以上所参考图书的原作者表示崇高的敬意和衷心的感谢！

因考虑到"安徽红色历史记忆丛书"已将《红色金寨》《红色寿县》单独成册，故本书所述地域范围主要为六安、霍山两县区域以及霍邱、舒城部分区域，以求不与上述两书内容重复。由于撰写时间仓促，加上水平有限，书中难免会有缺漏、错误之处，恳请广大读者批评指正。

苏明波